앨리스와 함께하는 호주 여행의 진수

호주에서
꼭 가봐야 할 여행지
100

글과 사진 앨리스 리

상상출판

Prologue

진정한 호주를 만나는 방법

2013년에 OECD 회원국을 대상으로 총 11개의 항목을 평가해 선정하는 '더 나은 삶의 지수(Better Life Index)'에서 3년 연속 가장 삶의 질이 좋은 국가로 선정된 호주는 6개의 주와 2개의 특별구로 이루어진 큰 규모의 대륙이다. 세계에서 유일하게 대륙 하나가 한 나라로 되어 있는 호주는 천혜의 자연이 주는 아름다움과 함께 지역별로 다른 분위기와 특징이 호주 국민뿐 아니라 여행객에게도 충분히 매력을 발산하고 있다.

그럼에도 대부분 사람들이 하는 호주 여행은 단순 패키지 상품이나 각 주별 대표 도시만 찍고 돌아가는 수박 겉핥기식의 여행으로 더 많이 보고 느끼고 체험할 수 있음에도 그러지 못하는 것에 안타까움을 느꼈다. 그래서 호주의 매력을 더 알리기 위해 『호주에서 꼭 가봐야 할 여행지 100』을 쓰기 시작했다.

유럽 여행과 비교하기에는 워낙 다른 매력을 가진 호주 여행이지만, 4~5곳의 나라를 방문하는데 약 한 달간의 일정을 잡아야 하는 유럽 여행처럼 3~4개의 주를 방문하는데 약 한 달간의 일정을 잡아야 하는 것은 비슷한 점이라고 할 수 있다. 그만큼 각 주가 가지고 있는 여러 얼굴을 만나 보려면 하나의 주를 하나의 나라로 생각하는 것이 가장 적합하다고 할 수 있다.

매력이 넘치는 호주의 그 많은 곳을 100군데로 제한한다는 것이 쉽지는 않았지만, 기존에 알려진 여행지보다 알려지지 않았던 곳이나 그곳을 여행하는 방법을 팁으로 남겨 놓았다. 모든 사람이 동일한 여행 스타일을 추구할 수 없기에 개인의 취향에 맞는 여행지와 여행 스타일을 잘 선별하여 도시만 찍고 가는 안타까운 여행이 아닌 진정한 호주를 만나고 가는 데 이 책이 흥미를 안겨 주는 첫걸음이 되었으면 좋겠다.

앞으로는 호주 안의 하나의 주, 하나의 도시를 여행하더라도 그 도시가 가진 매력과 특징, 음식, 문화를 충분히 느끼고 체험하여 개인이 발전할 수 있는 계기가 되길 바란다. 용기와 모험심이 가득하다면 끝없이 펼쳐지는 붉은 사막 아웃백을 달리며 호주의 엄청난 에너지를 얻어 가고 그 어느 곳에서도 만날 수 없는 해양 생물과 자연환경에서 지친 몸과 마음을 힐링할 수 있는 호주 여행이 되길 바란다.

마지막으로 『호주에서 꼭 가봐야 할 여행지 100』을 준비하면서 도와주신 모든 분께 감사의 인사를 전하고 싶다. 좋은 기회를 주신 상상출판 유철상 대표님과 열심히 도와주신 손지영 에디터님, 서은주 디자이너님, 꾸준히 지켜봐 준 남편과 부모님, 아무것도 모르지만 늦게 들어오는 엄마를 이해해 주는 에이든, 자료 조사에 도움을 준 동생 이동균, 오래 비운 자리임에도 회사가 잘 운영되도록 도와준 트레블 센터 식구들. 모두 감사합니다.

2013년 6월 겨울이 다가오는 시드니에서
앨리스 리(이은아)

Contents

프롤로그 002

NSW
:New South Wales

001 환상의 짝꿍 **오페라 하우스 & 하버 브리지** 008
002 과거와 현재를 드나드는 **서큘러 키 & 록스** 014
003 당신의 오픈 마인드를 보여 주세요 **옥스퍼드 스트리트 & 뉴타운** 018
004 사랑을 만나다 **달링 하버** 022
005 빼놓을 수 없는 낭만 **시드니 동부 해안** 026
006 현지인이 사랑하는 **시드니 북부 해안** 030
007 과거의 명성은 어디로 **킹스 크로스** 036
008 살아 있는 시드니를 만나다 **시드니의 마켓** 040
009 도심 속 휴식 공간 **시드니의 공원** 046
010 시드니의 대표 쇼핑센터 **퀸 빅토리아 빌딩 & 피트 스트리트 몰** 050
011 누구나 알고 있는 그곳에서 누구도 모르는 그곳까지 **시드니 포토 포인트** 054
012 이유 있는 세계 3대 미항 **시드니 항 여행** 060
013 작지만 아름다운 해안가 마을 **울릉공** 064
014 이름만큼 신비로운 호주 속 그랜드 캐니언 **블루 마운틴** 068
015 뉴 사우스 웨일스 주 최고의 휴양지 **포트 스티븐스** 074
016 화이트 와인을 찾는 그대라면 **헌터 밸리** 078
017 NSW 북부, 호주 최동단 포인트 **바이런 베이** 082

ACT
:Australian Capital Territory

018 호주의 수도? 수도! **캔버라** 086
019 이벤트로 어우러진 알록달록 **캔버라의 봄과 가을** 092

VIC
:Victoria

020 멜버른의 여행은 이곳에서 시작한다 **플린더스 스트리트 역 & 페더레이션 광장** 098
021 세인트 폴 대성당에서 세인트 패트릭 성당까지 **이스트 멜버른** 102
022 멜버른 칼튼의 작은 이탈리아 **라이곤 스트리트** 106
023 멜버른 시내의 아름다운 조화 **스완스톤 스트리트 & 멜버른 센트럴** 110

024 야라 리버를 따라 즐기는 **사우스뱅크** 114
025 멜버른의 현재와 미래를 만날 수 있는 **도클랜드** 120
026 쇼핑과 맛집의 또 다른 발견 **멜버른의 작은 골목** 124
027 멜버른의 문화와 유산이 깃든 **멜버른의 마켓** 126
028 낭만이 가득한 그곳 **세인트 킬다 & 브라이튼 비치** 130
029 시작을 알리는 **멜버른의 세계적인 이벤트** 134
030 새롭게 주목받는 **모닝턴 반도** 138
031 끝없는 자연의 신비로움 **그레이트 오션 로드** 142
032 세계에서 가장 작은 펭귄을 만나요 **필립 아일랜드** 146
033 멜버른 근교 단데농과 어린 시절의 추억 **퍼핑 빌리** 150
034 빅토리아 주의 와인 산지 **야라 밸리** 154
035 빅토리아 주를 대표하는 바위산 **그램피언스 국립공원** 158
036 호주 골드러시의 본거지 **발라랫 & 소버린 힐** 162

SA
:South Australia

037 애들레이드 시내의 중심 **빅토리아 스퀘어**와 애들레이드의 명동 **런들 몰** 166
038 애들레이드의 여행 명소가 모두 **노스 테라스**에 170
039 애들레이드 센트럴 마켓부터 푸라카 선데이 마켓까지 **애들레이드의 마켓** 176
040 호주 와인을 알고 싶다면 **호주 내셔널 와인 센터** 180
041 애들레이드 시민이 사랑하는 해변 **글레넬그** 182
042 남호주의 독일인 마을 **한도르프** 186
043 호주 최대 와인 산지 **바로사 밸리** 190
044 호주 최대 야생동물 서식지 **캥거루 아일랜드** 194
045 남호주의 아웃백을 느끼려면 **플린더스 산맥으로** 198
046 호주 최대의 오팔 광산 **쿠버 페디** 202
047 수백만 가지 얼굴을 가진 **애들레이드의 축제** 206

WA
:Western Australia

048 퍼스 시내의 유행을 선도하는 **해이 스트리트 몰 & 머레이 스트리트 몰** 210
049 무료 시내버스 시스템 **퍼스 캣** 214
050 퍼스의 이태원 **노스브리지** 218

051 **스완 리버**와 함께 하는 여유의 시간 222
052 젊음과 낭만의 도시 **프리맨틀** 226
053 인도양의 보석 **로트네스트 아일랜드** 232
054 신비한 돌기둥 피너클스와 함께하는 **남붕 국립공원** 236
055 자연이 만들어 낸 위대한 파도 바위 **웨이브 록** 238
056 와인 애호가가 사랑하는 서호주 대표 와이너리 지역 **마가렛 리버** 242
057 에메랄드빛의 신비로움이 가득한 **샤크 베이 해양공원** 246
058 해양 동물들의 천국 **닝갈루 해양공원** 250
059 아웃백 여행의 진수를 느끼자 **필바라 & 킴벌리** 254

060 신성한 곳으로의 출발 **앨리스 스프링스** 260
061 노던 테리토리 주의 아름다운 계곡 **맥도넬 산맥** 264
062 신성하고도 신비로운 **울루루** 268
063 시간과 자연의 오케스트라 **카타 추타** 272
064 지옥과 천국을 만나는 **킹스 캐니언** 276
065 로드 트립의 오아시스 **데빌스 마블스 & 테넌트 크릭** 280
066 노던 테리토리의 톱 엔드 **다윈** 282
067 현지인에게는 삶의 활기를, 여행객에게는 소소한 재미를 주는
 다윈의 마켓 & 이벤트 286
068 생태계의 보고 **카카두 국립공원** 290
069 스펙터클한 폭포와 열대우림의 만남 **리치필드 국립공원** 296
070 그레이 노마드족이 사랑하는 그곳 **캐서린** 300

071 에스플러네이드 라군과 함께 여유로운 도시 **케언즈** 304
072 머리부터 발끝까지 짜릿함을 원한다면 **레포츠의 천국 케언즈** 308
073 정적인 힐링의 시간 **쿠란다** 312
074 고대의 숨결이 살아 있는 퀸즐랜드의 보석 **데인트리 & 케이프 트리뷸레이션** 316

075 새로운 관광지로 떠오르는 **타운즈빌** 320
076 다양한 매력을 숨기고 있는 아름다운 **마그네틱 아일랜드** 324
077 휘트선데이 제도의 대표 섬 **해밀턴 아일랜드** 328
078 시간이 멈춘 곳, 요트 세일링의 천국 **에얼리 비치** 332
079 빼놓긴 아쉬운 퀸즐랜드 주의 작은 도시 **번다버그 & 록햄튼** 338
080 혹등고래와의 만남 **허비 베이** 342
081 세계에서 가장 큰 모래섬 **프레이저 아일랜드** 346
082 호주인이 사랑하는 휴양지 **선샤인 코스트 & 누사** 350
083 다양한 색깔을 지닌 **모튼 아일랜드** 354
084 행운을 만날 것만 같은 낭만 도시 **브리즈번** 358
085 시내에서 즐기는 문화와 예술, 그리고 휴양 **사우스 브리즈번** 362
086 무언가 아쉬울 땐 바로 **브리즈번 외곽**으로 366
087 동부 해안 중앙의 최대 아열대 보존지구 **래밍턴 국립공원** 370
088 끝없이 펼쳐진 황금빛 해변 **골드 코스트** 374
089 열정 가득한 젊은이여, 함께 즐겨라 **골드 코스트의 낮과 밤을!** 378
090 그냥 가면 섭섭해 **골드 코스트의 테마파크** 382

TAS
: Tasmania

091 보물이 가득한 그곳, 타즈매니아의 주도 **호바트** 386
092 독특한 즐거움이 있는 곳, 호바트의 명물 **살라망카 플레이스** 390
093 호바트 시민과 함께하는 **마운트 웰링튼** 394
094 슬프고도 아름다운 **포트 아서** 398
095 우아하고 아름다운 여성미를 보여 주는 곳 **프레이시넷 국립공원** 402
096 타즈매니아 여행의 하이라이트
    크레이들 마운틴-레이크 세인트 클레어 국립공원 406
097 유칼립투스가 만든 톨 트리 숲과 시원한 폭포를 만나는
    마운트 필드 국립공원 410
098 중세의 도시 풍경과 때 묻지 않은 자연이 어우러진 **론체스톤** 414
099 평화로운 항구도시 **데본포트** 418
100 청정 지역의 은혜를 맛보다 **타즈매니아의 와인 루트** 422

001 **뉴 사우스 웨일스** 오페라 하우스 & 하버 브리지

환상의 짝꿍 **오페라 하우스 & 하버 브리지**
Opera House &

Harbour Bridge

이들이 없다면 시드니도 없다. 호주 여행의 시작은 시드니라고 하고 시드니 여행의 시작은 바로 오페라 하우스와 하버 브리지라고 한다. 오래되지 않은 역사이지만, 그들이 가진 여러 가지 이야기와 함께 어우러진 아름다운 장관은 관광객의 기대치를 충분히 채워 줄 만하다. 현지인에게도 사랑받는 두 아이콘인 오페라 하우스와 하버 브리지의 마력에 빠져 보자.

시드니 여행을 계획한다면 가장 먼저 떠오를 두 아이콘, 바로 오페라 하우스(Opera House)와 하버 브리지(Harbour Bridge). 오페라 하우스 하나만으로 또는 하버 브리지 하나만으로도 많은 관광객이 찾겠지만, 이들이 함께 만들어 내는 환상적인 풍경은 실제로 가 봐야만 알 수 있다. 누군가는 사진 또는 영상으로 보는 오페라 하우스와 하버 브리지가 더 아름답다고 하지만, 이 건축물들이 만들어 내는 이야기와 함께 눈앞에 펼쳐지는 경치를 감상한다면 봐도 또 보고 싶고, 가도 또 가고 싶은 사랑스러운 장소가 될 것이다.

오페라 하우스보다 나이를 더 먹은 하버 브리지는 1923년에 착공을 시작해 1932년에야 완공되었으며 영국 도먼 롱 사(Dorman Long and Co., Ltd.)가 뉴욕의 지옥문 다리(Hell Gate Bridge)에서 영감을 받아 디자인하고 시공하였다. 하버 브리지는 길이가 1,149m, 높이가 59m 그리고 폭이 49m로 캐나다의 새로운 포트 만 브리지(Port Mann Bridge)가 건설되기 전까지는 세계에서 가장 넓은 아치형 다리였으나 지금은 그 자리를 물려주었고 길이로는 세계에서 5번째이다. 또한, 높이는 59m이나 수면에서부터는 134m로 세계에서 가장 높은 아치형 다리이다.

9년이라는 공사 기간 동안 1,500명이 넘는 노동자가 일해야 했기에 대공황 이후에 일어난 실업률을 떨어뜨리는 데는 성공하였으나 영국으로부터 빌린 건설비가 어마어마하게 쌓여 개통한 후에는 통행료를 받을 수밖에 없었다. 1988년

세계에서 가장 높은 아치형 다리 하버 브리지

에드디어 그 빚을 다 갚을 수 있었지만, 이후에도 이어지는 유지 보수 비용과 늘어나는 교통량을 분산하기 위해 해저터널인 하버 터널(Harbour Tunnel)을 만들었다. 시내에서 북쪽으로 나가는 차량에는 통행료를 징수하지 않지만, 터널의 공사 비용과 유지 보수 비용을 위해 시드니 북쪽에서 시내로 들어가는 교통편에는 아직까지도 통행료를 받고 있다. 다만, 더 이상 사람이 근무하지 않기 때문에 차량을 이용한 여행을 계획하고 있다면 자동결제 시스템인 이-톨(E-Toll)을 준비하거나 다리 통과 후 RTA(도로 해양 관리국)로 연락하여 신용카드 결제가 가능하다. 또는 차량을 대여하였을 경우 하버 브리지를 통과한 기록이 있다면 차량 대여 업체에서 차량 반납 시 결제를 요청할 수도 있다. 혹 가볍게 생각하고 결제를 하지 않았다가는 연체료가 붙게 되어 호주를 다시 방문할 시 큰돈을 내게 되니 꼭 기억하길.

하버 브리지는 차량만 건너갈 수 있는 것이 아니다. 시드니 시내와 시드니 북쪽을 잇는 기찻길과 자전거도로, 인도로 나누어져 있다. 시드니를 여행하는 사람이라면 꼭 하버 브리지를 도보로 건너보길 추천한다. 하버 브리지에서 만나는 시드니 항은 한 걸음 한 걸음을 뗄 때마다 다른 모습을 보여 주니 그 다양한 매력에 빠지지 않을 수 없다.

다양한 매력의 중심에는 오페라 하우스가 있다. 가장 유명하고 인상적인 20세기의 건축물 중 하나인 오페라 하우스는 1957년에 뉴 사우스 웨일스 주 정부가

아이디어와 기술이 만들어 낸 예술품 오페라 하우스

근처의 **야외 바와 카페에서는** 멋진 날씨와 함께
오페라 하우스와 하버 브리지가 자아내는 **환상의 아름다움을**
즐기는 사람이 많아 보는 이로 하여금 더욱 즐겁게 한다.

주최한 디자인 콘테스트에서 잘린 오렌지 조각에서 영감을 얻어 디자인한 덴마크의 건축가 요른 우츤(Jorn Utzon)의 우승으로 현재의 모습을 갖추게 되었다. 요른 우츤은 오페라 하우스를 통해 2003년에 건축가의 명예라고 하는 프리츠커 상(Pritzker Prize)을 받기도 했다.

1959년에 착공하여 총 3단계에 걸쳐 지어진 오페라 하우스는 1단계로 1963년에 연단을 완성하고 2단계로 1967년에 지붕을 완성하였으며 마지막 단계로 1973년에 인테리어를 마무리할 수 있었다. 공사 초기 단계에는 궂은 날씨와 폭우가 공사의 지연을 야기했고 지붕을 받치기에 어려울 수도 있다는 구조적인 결함을 발견하여 많은 어려움이 있었으나 가장 힘들었던 부분은 바로 2단계인 지붕이었다. 조개껍데기라고 부르는 지붕 부분을 받쳐 줄 뼈대를 만드는 데 필요한 튼튼하고도 저렴한 재질을 찾기 어려웠기 때문이다. 하지만 요른 우츤의 지붕을 조립식으로 할 수 있다는 아이디어와 함께 다시 공사는 제 궤도를 찾게 되었다. 공사 중간에 있었던 요른 우츤의 사직으로 마지막 인테리어 단계에서 다시 한 번 위기를 겪었지만, 결국 1973년에 완공되었다.

오페라 하우스에는 콘서트홀, 오페라 극장, 드라마 극장, 연극관까지 4개의 극장과 더 스튜디오(The Studio), 우츤 룸(Utzon Room), 앞마당을 뜻하는 포코트(Forecourt)까지 다양한 행사장과 레스토랑, 바, 도서관, 갤러리, 기념품 가게 등이 있다. 오스트레일리아 오페라 극단과 시드니 극장단, 시드니 교향 관현악단이 상주하여 매일 공연이 개최되며 이외에도 세계적으로 유명한 오페라, 연극, 발레 등의 다양한 공연으로 오페라 하우스의 극장은 항상 사람들로 붐빈다. 기발한 방식의 인테리어가 음향 기기의 설치 없이도 극장 앞 좌석에서 마지막 좌석까지 같은 소리 크기의 효과를 발휘하는데 이를 느껴 보기 위해서는 직접 공연을 보는 방법이 가장 좋다. 공연 표는 오페라 하우스 홈페이지에서 예매할 수 있다. 파란 하늘과 대조적인 아이보리색이 더욱 신비로움을 발하는 오페라 하우스의 외관은 보는 각도마다 다른 모습을 보여 준다. 특히 오페라 하우스 근처의 야외 바와 카페에서는 멋진 날씨와 함께 오페라 하우스와 하버 브리지가 자아내는 환상의 아름다움을 즐기는 사람이 많아 보는 이로 하여금 더욱 즐겁게 한다.

::Travel Tip **아는 사람만 즐길 수 있는 노른자 여행** 하버 브리지를 도보로 건너가는 것은 꼭 해 보아야 할 것이지만 하버 브리지 4개의 교각 중 남동쪽에 있는 교각의 파일런 전망대를 방문하거나 비싸긴 하지만, 하버 브리지 등반을 하는 것도 좋다. 세계적인 유명 인사들도 많이 오르고 프러포즈 장소로도 유명한 하버 브리지에서 색다른 경험이 기다리고 있을지 누가 알까? 오페라 하우스 공연이 부담스럽다면 한국인 가이드와 함께하는 오페라 하우스 내부 투어를 즐기는 것도 좋다. 30분의 짧다면 짧은 시간이지만, 저렴한 금액에 오페라 하우스를 직접 둘러볼 수 있으니 일석이조의 효과를 누릴 수 있다. 물론 영어가 부담스럽지 않다면 현지인 가이드와 함께하는 1시간짜리 에센셜 투어(Essential Tour) 또는 2시간짜리 백스테이지 투어(Backstage Tour)도 좋다.

002 **뉴 사우스 웨일스** 서큘러 키 & 록스

과거와 현재를 드나드는 **서큘러 키 & 록스**
Circular Quay & Rocks

시드니의 과거를 알고 싶다면 고민하지 말고 서큘러 키와 록스 지역으로 이동하자. 호주 예술가의 기부로 지금의 모습을 갖춘 현대미술관과 세계문화유산인 커스텀스 하우스, 미로 같은 록스를 구석구석 살피며 만나는 테라스 하우스와 오래된 펍, 사암 벽돌 하나하나에 새겨진 옛 선원과 노동자의 체취까지. 현재 속에서 과거를 만날 수 있는 신비로운 경험이 기다리고 있다.

매주 주말 각종 수공예품, 기념품, 예술품을 만날 수 있는 록스 광장에는 거리의 공연가와 여행객, 현지인으로 때 아닌 축제의 장이 형성된다.

시드니 시내의 가장 북쪽에 하버 브리지와 오페라 하우스를 끼고 있는 시드니 항만의 본거지인 서큘러 키(Circular Quay)는 1788년 1월 26일에 영국의 첫 번째 함대가 선원들과 영국계 이주민을 데리고 호주에 처음으로 닻을 내려 정착한 지역으로 호주의 역사가 시작된 지점이기도 하다. 실제 키 모양을 하고 있어 세미 서큘러 키(Semi Circular Quay)라는 이름을 사용하였으나 편의를 위해 지금의 이름인 서큘러 키로 줄여 부르게 되었다. 주로 운송의 요지로 이용되었지만 시간이 지나면서 레저와 관광의 명소로 발전하게 되었다. 하지만 아직 교통의 요지로 많은 사람이 오가는 곳이다. 시드니 북쪽 지역의 시민이 출퇴근용으로 이용하는 페리는 서큘러 키가 시드니의 남과 북을 잇는 교통의 중심지임을 다시 한 번 알게 해 준다.

서큘러 키에 있는 현대미술관(Museum of Contemporary Art)과 세계문화유산에 등재되어 있는 커스텀스 하우스(Customs House)의 시드니 시립 도서관(City of Sydney Library)은 서큘러 키 여행의 빼놓을 수 없는 명소이다. 이름에 걸맞게 호주를 비롯한 전 세계의 현대미술품을 전시하고 있고 특별전을 제외한 모든 전시는 무료이므로 작은 관심만 있다면 방문해 보는 것이 좋다. 커스텀스 하우스는 세관이었으나 현재는 시드니 시립 도서관이 위치하고 있다. 150여 개국의 신문, 책, 잡지 등을 열람할 수 있으며 다양한 전시회도 개최된다. 도서관 입구의 인포메이션에서는 서큘러 키나 록스 지역에서 개최되는 음악회나 전시회에 대한 정보도 구할 수 있다. 날씨 좋은 날에는 옥상의 카페 시드니(Cafe Sydney)에서 향기로운 커피와 함께 분위기를 만끽하는 사람이 가득하다.

::Travel Tip **시드니 비비드 페스티벌** 서큘러 키와 록스의 다양한 모습을 보고자 한다면 세계적으로 유명한 예술가들이 참가하는 시드니 비비드 페스티벌(Sydney Vivid Festival) 기간을 이용해 보는 것도 좋다. 매일 밤 레이저로 수놓아지는 오페라 하우스와 서큘러 키, 현대미술관, 커스텀스 하우스 등은 낮과는 또 다른 얼굴을 보여 준다. 매년 5월 말에서 6월 초에 진행되는 페스티벌은 시드니의 여러 지역에서 시행되지만, 서큘러 키와 록스 지역이 단연 으뜸이다.

현대미술관을 뒤로하고 걷다 보면 어느새 록스 지역(Rocks)이 시작된다. 대부분의 건물과 길이 호주의 유산으로 지정되어 있어 옛날 모습 그대로 간직하고 있다. 과거와 현재의 공존을 보여 주는 록스 지역의 하이라이트는 시드니에서 가장 오래된 펍(Pub)을 방문하며 그들이 가지고 있는 이야기들을 듣고 즐기고 공유하는 것이 아닐까. 물론 펍을 방문하면 술과 음식은 빼놓을 수 없다. 1800년대 선원과 군인, 노동자들의 이야기가 벽에 새겨져 있는 펍에서 그들의 고통과 외로움을 달래 주던 맥주를 한잔하는 것도 좋다.

록스 광장에는 다양한 상점과 음식점이 있어 눈과 귀가 즐겁다. 매주 주말 열리는 록스 마켓은 각종 기념품을 비롯하여 수공예품, 도자기, 향신료, 보석, 초콜릿뿐 아니라 거리 공연가들의 다양한 공연으로 귀까지 즐거워진다. 입구에 있는 타로 점집도 유명세를 타고 있다. 미로처럼 연결된 록스 지역을 구석구석 둘러보려면 반나절 이상을 계획하는 것이 좋다. 길게 이어진 테라스 하우스 사이사이 자리 잡고 있는 작은 카페와 펍은 오래 전 도적들의 지하 소굴이었다고도 한다. 록스 지역을 떠돌고 있는 유령들을 만나는 고스트 투어 또한 록스의 또 다른 모습을 보는 방법이다.

록스에서 열리는 비비드 페스티벌의 나이트 마켓

003 뉴 사우스 웨일스 옥스퍼드 스트리트 & 뉴타운

당신의 오픈 마인드를 보여 주세요 **옥스퍼드 스트리트 & 뉴타운**

Oxford Street & Newtown

세상의 다양한 문화를 만날 수 있는 호주. 그중 매년 2월에 열리는 세계 동성애자 축제는 국적, 성별을 뛰어넘어 남녀노소 모두가 즐길 수 있는 축제이다. 그 축제의 장인 옥스퍼드 스트리트와 뉴타운이 자아내는 독특한 분위기는 축제가 열리는 시즌뿐 아니라 평소에도 사람들의 발걸음을 사로잡는다.

옥스퍼드 스트리트를 따라 만나는 패딩턴에는 유니크한 아이템과 패션으로 호주 부유층이 좋아하는 디자이너 숍이 즐비하다. 세상에 몇 벌 없는 나만의 아이템을 만나고 싶다면 주저 말고 이곳으로 가 보자.

세상엔 다양한 종류의 사람이 있다. 이 다양한 사람들을 남과 여라는 성별로 또는 국적, 인종, 종교 등으로 구분할 수 있지만, 누군가를 좋다 혹은 나쁘다고 판단할 자격은 없다. 사람의 존재를 그대로 받아들이고 인정하는 게 우선 아닐까. 호주는 여러 인종이 살고 있고 그만큼 다양한 문화도 받아들이고 있다. 매년 뜨거운 여름인 2월에 약 2주간 진행되는 세계 동성애자 축제 마디그라 페스티벌(Mardi Gras Festival)은 동성애자만을 위한 축제라기보다 국적, 성별 가릴 것 없이 남녀노소 모두가 동성애자들과 함께 즐기는 화끈한 축제이다. 시작은 시드니의 동성애자와 성전환자들이 동성애 차별 법에 대항하기 위한 것이었으나 1994년에 ABC 방송국에서 마디그라 퍼레이드를 호주 전역으로 방송한 것이 이슈가 되었다. 이를 계기로 유명해졌고 관광 수입이 늘어난 시드니 주민과 단체, 지방의회가 축제를 후원하게 되면서 좀 더 세계적인 축제로 발전하였다.
축제가 진행되는 2주 동안 여러 가지 전시, 영화제, 콘서트 등의 행사가 진행되어 시드니의 낮과 밤을 뜨겁게 달구지만, 하이라이트는 마지막 날에 열리는 퍼레이드이다. 동성애자뿐 아니라 양성애자, 성전환자 등 세계 각국의 사람들이 그들을 상징하는 무지개 깃발과 함께 다양한 콘셉트로 무장하고 진행하는 퍼레이드의 중심에는 옥스퍼드 스트리트(Oxford Street)가 있다. 시드니 시내의 하이드 파크(Hyde Park)와 옥스퍼드 스트리트가 만나는 곳에서 시작되는 퍼레이드를 보기 위해서는 한두 시간 전부터 자리를 잡는 것이 좋으며 편견과 차별을 버리고 오픈 마인드로 함께 즐기는 것이 마디그라 축제를 즐기는 진정한 방법이다.
마디그라가 없는 옥스퍼드 스트리트가 밋밋할 거라고? 천만의 말씀. 평소에도 옥스퍼드 스트리트는 많은 사람으로 활기가 넘친다. 양쪽에 늘어선 아기자기한 카페와 레스토랑은 옥스퍼드 스트리트만의 분위기를 자아내고 거리를 따라 올라가면 만나는 패딩턴(Paddington)에는 호주 부유층이 좋아하는 다양한 디자이너 숍이 많기로 유명하다. 또한, 특이한 형식의 테라스 하우스가 많은 곳으로 테라스 하우스는 골드러시(Gold Rush)가 한창일 때 호주로 들어오는 세계 각

::Travel Tip **당신의 오픈 마인드를 보여 주세요** 호주에서는 동성애자를 쉽게 만날 수 있다. 간혹 그들을 동물원의 원숭이처럼 보다 싸움이 일어나는 경우도 적지 않다. 현명하고 똑똑한 여행자가 되기 위해서는 그들도 우리와 똑같은 사람이므로 절대 색안경을 끼고 보지 않기를 바란다.

국의 이주민을 수용하기 위한 대책으로 지은 것이다. 집과 집이 붙어 있는 형태로 그 사이는 좁고 뒤로는 길게 뻗은 모습이 독특하다. 옥스퍼드 스트리트 연합교회 옆 공터에서 매주 토요일에 열리는 패딩턴 마켓은 오래된 골동품과 액세서리를 거래하는 벼룩시장으로 패딩턴만의 분위기를 느끼기에 충분하다.
옥스퍼드 스트리트와 비슷하지만, 또 다른 곳이 있다. 시드니 시내에서 기차를 타고 서쪽으로 약 20분 정도 이동하면 만나는 뉴타운(Newtown)이 바로 그곳이다. 동성애자들에게 우호적인 분위기로 옥스퍼드 스트리트와 함께 동성애자들이 즐겨 찾는 곳이기도 하다. 뉴타운의 킹 스트리트(King Street)에 즐비하게 늘어서 있는 카페에서는 언제나 향 좋은 커피를 즐길 수 있고 눈이 휘둥그레지는 옷차림의 소유자들이 펼치는 거리의 패션쇼와 예술가들이 보여 주는 거리의 공연 등으로 지루할 틈이 없다. 또한, 대학교가 근처에 있어서 저렴하고 맛 좋은 식당이 많은데 시내와는 비교할 수 없는 저렴한 가격과 다양한 맛으로 사람들의 입맛을 사로잡고 있다.

좌 마디그라 페스티벌 마지막 날의 퍼레이드 **우** 성별을 벗어나 즐기는 마디그라 페스티벌

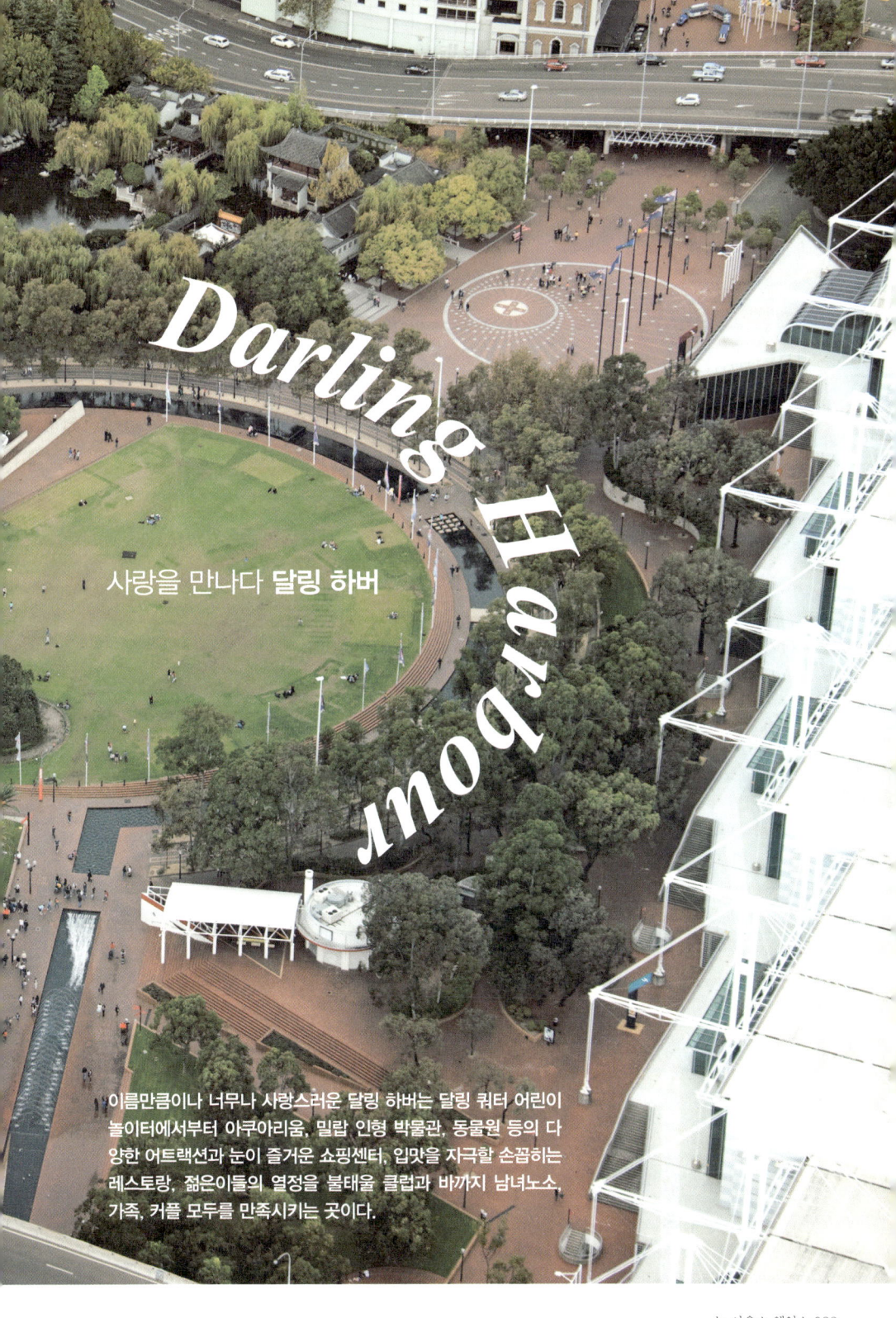

Darling Harbour

사랑을 만나다 달링 하버

이름만큼이나 너무나 사랑스러운 달링 하버는 달링 쿼터 어린이 놀이터에서부터 아쿠아리움, 밀랍 인형 박물관, 동물원 등의 다양한 어트랙션과 눈이 즐거운 쇼핑센터, 입맛을 자극할 손꼽히는 레스토랑, 젊은이들의 열정을 불태울 클럽과 바까지 남녀노소, 가족, 커플 모두를 만족시키는 곳이다.

달링 하버에 위치한 와일드라이프 시드니에서는 코알라와 함께 아침 식사를 즐길 수 있는 특별한 경험이 기다리고 있다.

그 이름도 너무나 달콤한 달링 하버(Darling Harbour). 달링 하버의 낮은 이제 막 사랑을 시작한 풋풋한 연인 같고 밤은 불타오르는 사랑을 느끼기에 충분하다. 시드니 시내의 끝자락에 자리 잡고 있는 달링 하버는 중국 정원(Chinese Garden)을 시작으로 커먼웰스 은행(Commonwealth Bank) 건물과 놀이터, 카페, 레스토랑이 줄지어 있는 달링 쿼터(Darling Quarter), 유명한 레스토랑이 있고 매일 밤이 뜨거운 코클 베이(Cockle Bay), 시드니 아쿠아리움(Sydney Aquarium), 와일드라이프 시드니(Wildlife Sydney), 마담 투소(Madame Tussauds)와 같은 어트랙션과 선착장이 있는 달링 하버 구역으로 나뉜다.

중국 정원은 1988년에 이루어진 시드니와 중국 광저우의 자매결연을 기념하기 위해 지어진 곳으로 도교의 원리인 음양 이론과 땅, 불, 물, 나무, 금의 5가지 요소를 골고루 조화시켜 중국 현지의 건축가가 직접 디자인하고 건축한 곳이다. 정원 곳곳에서 중국식 요소와 이국적인 식물을 감상할 수 있으며 정원의 찻집에서는 중국 전통차를 마시며 휴식을 취하기에 좋다. 정원 안에 있는 정자에서는 시드니의 중국 교민뿐 아니라 현지인의 결혼식과 같은 행사가 열리기도 한다.

새롭게 완공된 달링 쿼터에는 호주 대표 은행 중 한 곳인 커먼웰스 은행 본사가 들어와 상권을 형성하고 있고 1층에는 다양한 식당과 카페가 있어 많은 사람으로 붐빈다. 또 어린이들을 위한 무료 놀이터가 있는데 한쪽에는 직접 펌프질을 해서 물을 직접 끌어올릴 수도 있고 분수처럼 물이 솟아오르는 워터 스크루(Water Screw)까지 갖추고 있어 어린이와 청소년을 위한 산 교육의 장소가 따로 없다.

::Travel Tip **어트랙션 티켓 저렴하게 구입하기** 달링 하버에 위치한 다양한 어트랙션인 아쿠아리움, 와일드라이프 시드니, 마담 투소, 아이맥스 등의 티켓은 직접 가서 구매하는 것보다 현지 여행사를 이용하는 것이 저렴하다. 또한 한 군데 이상을 방문하는 경우 콤보 티켓을 이용하면 추가 할인을 받을 수 있다. 한국인 여행사인 트레블 센터(Travel Center)에서 할인받은 금액으로 일반 티켓이나 콤보 티켓을 구매할 수 있으니 저렴한 금액으로 어트랙션을 방문하는 알뜰 여행객이 되자.

오래전 해변이었던 코클 베이는 유명한 레스토랑과 바, 카페, 클럽 아이맥스 영화관까지 있어 밤낮할 것 없이 많은 사람이 붐빈다. 아이맥스 영화관은 세계에서 가장 큰 스크린을 가진 곳으로 2D와 3D 영화를 관람할 수 있다. 사랑하는 연인들로 더 뜨거워지는 저녁의 코클 베이는 스테이크가 일품인 미트 & 와인(Meat & Wine) 레스토랑, 세계적으로도 유명한 하드 록 카페(Hard Rock Cafe), 팬케이크가 달콤한 팬케이크 온 더 록스(Pancake on the Rocks), 푸짐하고 맛있는 포크 립의 대명사 허리케인(Hurricane) 등 맛집까지 풍부하다.

또한, 시드니 아쿠아리움과 와일드라이프 시드니, 마담 투소는 달링 하버의 빼놓을 수 없는 명소이다. 시드니 아쿠아리움에는 수천 종의 열대어와 민물에서만 볼 수 있는 천연 동물 오리너구리 등을 만날 수 있으며 수중 유리 터널에서 볼 수 있는 다양한 종류의 상어들은 등골을 오싹하게 한다. 혹시 짧은 여행 일정으로 호주 대표 동물을 만나지 못해 고민하고 있다면 바로 시드니 수족관 옆에 위치한 와일드라이프 시드니가 해답이다. 캥거루, 왈라비, 코알라뿐 아니라 다양한 파충류와 곤충까지 만날 수 있다. 또한, 새롭게 오픈한 세계적 어트랙션인 마담 투소는 호주를 대표하는 운동선수, 음악가, 역사적 인물 등 세계적으로도 유명한 인물의 밀랍 인형을 전시했다.

그 외에도 후플라 페스티벌(Hoopla Festival), 재즈와 블루스 페스티벌(Jazz and Blues Festival), 피에스타(Fiesta), 크리스마스 인 달링 하버(Christmas In Darling Harbour) 등 다양한 축제가 개최되므로 1년 중 언제 방문하더라도 만족할 곳이 달링 하버이다. 시드니를 여행한다면 꼭 일정에 넣어 제대로 된 달링 하버를 느껴 보길!

코클 베이에 다양한 시설이 들어서 형성된 달링 하버

005 **뉴 사우스 웨일스** 시드니 동부 해안

시드니의 부촌 더블 베이와 로즈 베이에서 호주인의 삶을 둘러보고 깎아지른 해안 절벽에 부서지는 파도와 끝없이 펼쳐지는 타즈만 해를 감상하고 파란 하늘과 해변의 반짝임이 눈부신 본다이 비치에서 수영과 일광욕을 만끽하는 모습을 상상해 보라. 그야말로 제대로 된 여행이 아닌가!

빼놓을 수 없는 낭만 **시드니 동부 해안**
Sydney Eastern

절벽을 따라 이어지는 숨 막히는 해안선과 힘차게 솟아오르는 파도가 장관을 이루는 시드니 항 국립공원. 그중 갭 파크는 가장 대표적인 포토 포인트로 영화 「빠삐용」의 마지막 촬영지와 비슷해 많은 여행객의 발길을 사로잡는다.

시드니 여행을 계획한다면 시드니 시내와 근교, 외곽에서 각각 하루나 이틀 정도를 계획하는 것이 좋다. 그동안 시드니 시내를 구석구석 여행했다면, 이제는 시드니 동부 해안으로 눈을 돌려 보는 것이 어떨까? 더블 베이(Double Bay)를 시작으로 로즈 베이(Rose Bay), 왓슨스 베이(Watsons Bay), 갭 파크(Gap Park), 본다이 비치(Bondi Beach), 본다이 정션(Bondi Junction)까지 호주인의 삶과 여유를 함께 볼 수 있는 코스로 다 둘러보려면 꼬박 하루가 걸린다.

추천하는 시작점은 페리 선착장인 서큘러 키. 하루 동안 버스, 기차, 페리까지 시드니 교통편을 모두 이용할 수 있는 마이 멀티 데이 패스(My Multi Day Pass)를 준비하지 못했다면 페리 선착장에서도 구매 가능하며 서큘러 키의 4번 선창에서 우리의 첫 번째 목적지인 더블 베이로 출발하는 페리를 탈 수 있다. 오페라 하우스와 시드니 항의 아름다운 모습을 감상하며 시드니의 부촌인 더블 베이로 향하다 보면 절로 흥얼거려진다. 더블 베이의 고급스러운 주택가와 부티크 숍을 거닐며 호주인의 모습을 둘러보고 다시 페리에 오른다. 그 후 로즈 베이 선착장에 내려 선착장 앞 공원에서 잠시 휴식을 취하며 여유를 만끽하고 동쪽 끝 선착장인 왓슨스 베이에서 커피 한 잔을 즐기다 보면 어느새 호주 현지인이 다 된 것 같다. 왓슨스 베이에서 동쪽 언덕을 따라 오르면 시드니 항 국립공원(Sydney Harbour National Park)의 갭 파크가 펼쳐지는데 절벽을 따라 이어지는 해안선, 힘차게 솟아오르는 파도와 함께 끝없이 펼쳐진 타즈만 해가 장관을 이룬다. 하지만 이 아름다운 모습 뒤에 숨겨진 슬픈 이야기도 있는데 수십

::Travel Tip **마이 멀티 데이 패스** 위의 코스를 여행하는 장점은 이동하는 동안 페리와 버스, 기차 등의 현지 교통편을 골고루 이용해 볼 수 있다는 것이다. 따라서 하루 동안 페리와 버스, 기차를 무제한으로 이용할 수 있는 마이 멀티 데이 패스를 구매하는 것이 경비 면으로나 여러 가지로 효율적이다. 티켓은 시드니 시내의 버스 정류장에 있는 버스 티켓 판매소나 기차역, 뉴스 에이전시(News Agency)나 한국인 여행사인 트레블 센터에서 구매할 수 있다.

미터 높이의 깎아지른 절벽에서 많은 사람이 스스로 몸을 던져 자살 바위라는 곳이 있기 때문이다. 또한, 갭 파크는 영화 「빠삐용」의 주인공이 몸을 던졌던 마지막 촬영지와 비슷해 「빠삐용」의 마지막 촬영지로 유명해졌지만, 실제 촬영지는 하와이라는 사실.

갭 파크 앞에 위치한 버스 정류장에서 버스를 타고 약 30분간 달리면 '바위에 부서지는 파도'라는 뜻의 원주민 언어의 이름을 가진 본다이 비치가 펼쳐진다. 남녀노소, 여행객과 현지인 모두에게 사랑받는 본다이 비치는 사시사철 많은 사람으로 붐비며 이름에 걸맞게 서핑을 즐기는 젊은이를 많이 찾아볼 수 있다. 한여름의 크리스마스를 만끽할 수 있는 호주에서 크리스마스의 본다이 비치는 젊은 여행객들의 파티 장소로도 유명하며 12월 31일에서 1월 1일까지는 세계적으로 유명한 DJ들과 불꽃놀이가 함께하는 새해맞이 축제가 벌어지기도 한다.

아직 체력이 남았다면, 본다이 비치에서 브론테 비치(Bronte Beach)까지 이어지는 신이 선사한 아름다운 사암 절벽 해안 길을 걸어 보는 것도 좋다. 바다의 풍경이 조금 지겨워졌다면 다시 버스를 타고 본다이 정션으로 이동하여 현지의 쇼핑 문화를 접할 수 있는 웨스트필드 쇼핑센터(Westfield Shopping Centre)를 방문해 보는 것도 좋다. 특히 알렉스 페리(Alex Perry), 밴조 앤 마틸다(Banjo and Matilda), 돌체 앤 가바나(Dolce & Gabbana), 메이건 파크(Megan Park) 등의 다양한 디자이너 숍과 명품 숍이 눈을 더욱 즐겁게 해 준다. 시내로 가는 교통편은 브론테 비치에서 버스를 이용하거나 본다이 정션에서 기차를 이용해 이동하면 된다.

감탄을 자아내게 하는 본다이 비치

006 뉴 사우스 웨일스 시드니 북부 해안

Sydney

해변이 많은 시드니라지만 해변마다 뿜어내는 색깔은 모두 다르다. 좀 더 이국적인 해변을 기대한다면 맨리 비치가 제격이다. 단, 튼튼한 두 다리도 함께 준비하는 것이 좋다. 저자가 소개하는 시드니 최고 삼각 구도지를 감상할 수 있는 노스 헤드 포인트가 바로 맨리 비치에서 시작되기 때문이다.

현지인이 사랑하는 **시드니 북부 해안**

Northern Beaches

현지인과 관광객 모두에게 사랑 받는 시드니 동부 해안을 다녀왔다면 현지인에게 더욱 인기가 좋은 시드니 북부 해안으로 눈을 돌리자. 제대로 된 호주 스타일의 비치 라이프를 즐겨보고자 한다면 비치 타월과 튼튼한 운동화, 시원한 물이 가득 찬 물병 하나를 챙기고 이른 아침부터 움직여야 한다.

모든 준비가 끝났다면 서큘러 키의 3번 선착장에서 맨리행 페리에 몸을 싣자. 약 30분 정도 페리를 타고 도착하는 곳은 맨리 선착장. 혹시 선착장이 있는 해변을 맨리 비치(Manly Beach)라고 생각한다면 분명 실망을 금치 못할 것이다. 하지만 그건 오산. 선착장을 빠져나와 진행 방향으로 뻗어 있는 코르소 거리(Corso)를 따라 끝까지 걸어가야 한다. 맨리의 가장 번화가라고 불리는 코르소 거리에는 기념품 가게, 부티크, 카페, 레스토랑 등이 즐비하며 버스커의 거리 공연도 쉽게 찾아볼 수 있다. 주말이면 수공예품을 파는 작은 주말 시장도 들어선다. 코르소 거리를 끝까지 걸어가면 가슴속 끝까지 시원하게 만들 진짜 맨리 비치가 눈앞에 펼쳐진다.

아서 필립 제독이 맨리를 발견했을 때 맨리 지역에 살고 있던 원주민들의 모습이 자신감이 넘치고 남자다웠다고 하여 '남자답다'는 뜻의 맨리가 이름이 되었

::Travel Tip **해양 레포츠 즐기기** 맨리 선착장과 맨리 비치 그리고 셸리 비치는 시드니 근교에서 해양 레포츠를 즐길 수 있는 곳으로도 유명하다. 맨리 선착장 앞 해변에서는 제트 보트, 파라세일링과 같은 짜릿함을 만끽할 수 있고 맨리 비치에서는 강도 높은 서핑을, 셸리 비치에서는 잔잔한 물결로 스노클링과 스쿠버 다이빙에 안성맞춤이다. 서핑과 스노클링 장비는 맨리 비치 앞의 여러 숍에서 대여할 수 있으며 장비만 있다면 언제든 상관없지만 다른 레포츠들은 예약이 필수이다.

시드니 북부 해안의 시작점인 맨리 비치는 시원하게 뻗은 해변과 다양한 색을 발하는 바다로 현지인에게 많은 사랑을 받고 있다.

다. 맨리 비치는 본다이 비치와는 또 다른 면모를 보여 준다. 관광객보다 현지인이 더 많이 찾고 마치 호주가 아닌 남태평양의 다른 섬 휴양지에 온 듯한 느낌이 들기도 한다. 서퍼들을 만족시켜 줄 만한 양쪽 해변 끝의 높은 파도는 보기만 해도 시원하며 그 뒤로 펼쳐지는 바다빛은 신비롭다. 특히 오른쪽으로 이어지는 산책로는 자전거를 타거나 조깅을 하기 제격이라 현지인에게도 인기가 좋지만, 오른쪽 가파른 경사 위로 보이는 고급 주택들과 왼쪽의 잔잔한 만은 바다를 사랑하는 호주인의 진면목을 볼 수 있는 기회이다. 산책로 끝자락에 있는 작은 해변인 셸리 비치(Shelly Beach)는 보석 같은 곳이다. 비치는 깊숙이 들어온 만의 형태로 파도가 거의 일지 않아 어린이와 함께하는 가족 여행에도 안성맞춤일 뿐 아니라 스노클링과 스쿠버 다이빙을 즐기기에도 좋다. 비치 옆의 작은 레스토랑은 신선한 메뉴에 멋진 분위기까지 덤으로 얻을 수 있다.

자, 이제부터는 운동화와 물병을 준비한 이유를 알 수 있다. 셸리 비치 위로 뻗은 계단을 따라 올라가면 주차장이 보이고 주차장에서 노스 헤드(North Head) 표지판을 찾아 산책 코스를 걸어 보자. 말이 산책 코스지 오르막이기 때문에 꽤 힘들다. 도보를 이용할 경우 왕복 3시간 정도 소요되기에 시간을 넉넉히 잡는 것이 좋다. 너무 힘이 들면 버스를 이용할 수도 있는데 다시 맨리 비치로 나와야 버스를 탈 수 있고 게다가 노스 헤드로 가는 버스는 자주 있지 않기에 미리 확인해야 한다. 버스를 이용하더라도 노스 헤드에서 전망대까지는 꽤 걷기 때문에 운동화는 무조건 준비하는 것이 좋다. 노스 헤드 전망대에 도착해서 보는 전망은 고생한 값을 충분히 하고도 남는다. 깎아지른 해안 절벽은 마치 빅토리아 주의 그레이트 오션 로드를 보고 있는 것 같고 끝없이 펼쳐진 남태평양의 바다는 모든 걱정과 시름을 한 번에 앗아 가 준다. 맞은편에 보이는 동부 해안의 끝자락 갭 파크와 왓슨스 베이, 그와 연결되는 시드니 시내와 시드니 항 그리고 발모랄 해변까지의 삼각 구조는 단연 시드니의 베스트 포인트라고 할 수 있다.

맨리 비치를 바라보고 오른쪽으로 이어지는 산책로를 끝까지 따라가면
숨어 있는 보석, 셸리 비치를 만난다. 깊숙이 들어온 만의 형태로
파도가 잔잔하고 물이 맑아 그 속을 훤히 들여다 볼 수 있어
스노클링과 스쿠버 다이빙을 즐기기에 제격이다.

007 뉴 사우스 웨일스 킹스 크로스

과거의 명성은 어디로 **킹스 크로스**
Kings Cross

술집과 나이트클럽이 성업하고 있는 남반구 최고의 환락가 킹스 크로스. 지금 말하는 이곳의 과거를 우리는 알고 있는가?

시드니 시내에서 동쪽으로 약 2km 정도 떨어진 킹스 크로스(Kings Cross)는 포츠 포인트(Potts Point), 엘리자베스 베이(Elizabeth Bay), 러시 커터스 베이(Rush Cutters Bay)와 달링허스트(Darlinghurst)를 아우르는 곳으로 원래 이름은 1897년에 빅토리아 여왕의 즉위 60년을 기념하여 딴 퀸스 크로스(Queens Cross)였다. 하지만 1905년에 에드워드 7세 국왕이 즉위한 후, 킹 스트리트(King Street)에 위치하고 있는 퀸스 스퀘어(Queens Square)와 헷갈린다는 이유로 킹스 크로스라는 지금의 이름을 갖게 되었다지만, 어찌 보면 여왕에서 왕으로 권력이 바뀌면서 퀸스에서 킹스로 이름이 바뀐 것 같은 느낌을 지울 순 없다. 이름에서도 느껴지는 것처럼 19세기의 킹스 크로스는 명망과 권위 높은 사람이 많이 살던 곳이었다. 그중 포츠 포인트 지역은 시내와 가깝지만, 소음과 먼지에서 벗어날 수 있고 높은 지대에 위치하고 있어 아름다운 시드니 항의 전경을 만끽할 수 있다. 날씨 좋은 날에는 서쪽의 블루 마운틴까지 전망할 수 있어 넓은

좌 다양한 사람들을 만날 수 있는 킹스 크로스의 바 우 보헤미안의 정취가 남아 있는 킹스 크로스

정원을 자랑하는 고급 맨션이 많았다. 하지만 지금은 대부분이 철거되고 엘리자베스 베이 하우스(Elizabeth Bay House)만이 현재까지 예전의 모습을 간직하고 있다. 물론 당시 자랑이었던 넓은 정원은 사라지고 없지만, 최고급 건축자재, 인테리어를 자랑하는 모습과 세련된 가구, 화려한 식기는 과거의 화려함을 경험하기에 충분하다.

20세기가 되면서 킹스 크로스는 시드니 보헤미안의 정착지가 되었다. 케네스 슬레서(Kenneth Slessor), 크리스토퍼 브레넌(Christopher Brennan), 할 포터(Hal Porter)와 같은 작가, 시인, 저널리스트가 모여들었고 피터 핀치(Peter Finch)와 같은 배우와 윌리엄 도벨 경(Sir William Dobell) 등의 화가도 자리 잡기 시작했다. 이들 덕분에 킹스 크로스는 예술의 풍년을 맞이했고 한때는 시드니 관광객이 꼭 방문해야 할 장소로 손꼽히기도 했다. 하지만 동시에 불법 주류가 가장 많이 유통되고 매춘과 마약까지 난무하는 환락가로 바뀌기 시작했다.

현재의 킹스 크로스에 들어서면 윌리엄 스트리트(William Steet)와 달링허스트 로드(Darlinghurst Road) 코너에 있는 대형 간판인 코카콜라가 먼저 우리를 맞이한다. 먼 거리에서 확인할 수 있을 정도로 큰 간판은 킹스 크로스의 아이콘으로 자리 잡아 밤낮으로 킹스 크로스의 시작점임을 알려 준다. 간판을 받치고 있는 건물에는 대형 할인점이 자리 잡고 있는데 바로 킹스 크로스 주민의 쇼핑 1번지이다. 달링허스트 로드를 따라 걷다 보면 피츠로이 가든(Fitzroy Garden) 입구에 킹스 크로스의 중심임을 알려 주는 엘 알라메인 분수(El Alamain Fountain)가 보인다. 1961년 뉴질랜드 출신의 건축가인 로버트 우드워드(Robert Woodward)의 디자인으로 제2차 세계대전에 참전했던 병사들을 기념하기 위해 만들어진 엘 알라메인 분수는 마치 공작이 날개를 펼친 것 같다. 환락가로 바뀌었다고는 하지만 낮에 킹스 크로스를 방문한다면 시드니의 여느 동네와 크게 다르지 않다. 시드니 시내 중심의 비싼 숙소에서 벗어나 저렴한 숙소를 찾아 들어온 젊은 배낭여행객도 만날 수 있고 주말에는 브런치를 즐기는 현지인으로 카페와 식당이 북적거린다. 날이 저물고 간판에 불이 들어오기 시작하면서 조금씩 그 면모를 드러내는 킹스 크로스에는 고급 레스토랑과 바들도 꽤 있어 다양한 계층의 사람이 찾는 곳이기도 하다.

::Travel Tip **킹스 크로스의 저렴한 숙소** 킹스 크로스 지역은 많은 여행자가 저렴한 숙소를 위해 찾는 곳이기도 하다. 시내까지는 기차와 버스로 편리하게 이동할 수 있고 시드니 시내에 위치한 백패커 하우스(Backpacker House)는 호스텔보다 1박당 $5~$10 정도, 호텔은 $50~$80가 저렴하기 때문이다. 물론 매일 밤 벌어지는 파티와 시끄럽게 오가는 순찰차 등은 감수해야 하지만 밤늦게 돌아다니지 않는다면 나쁘지 않다.

008 **뉴 사우스 웨일스** 시드니의 마켓

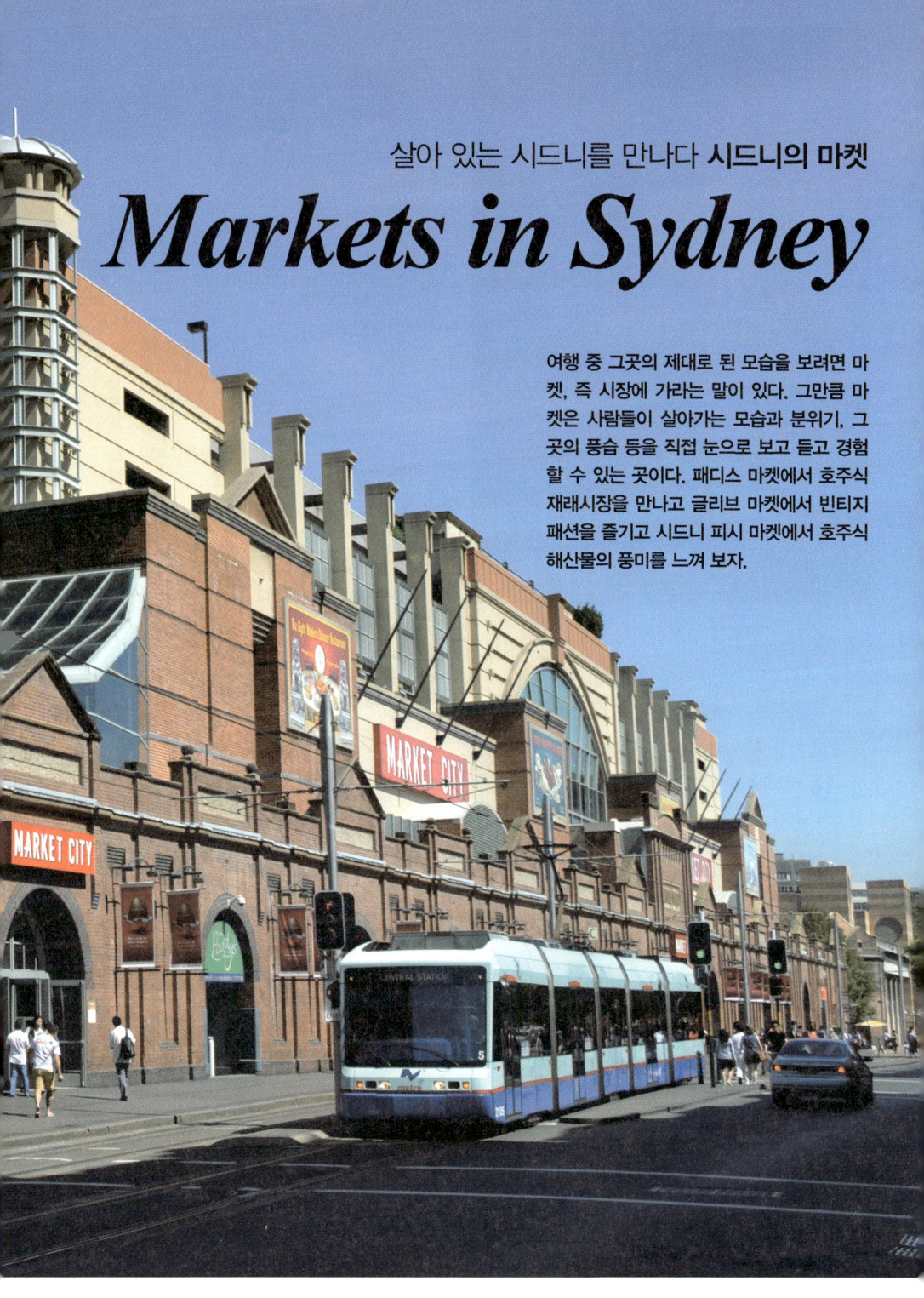

살아 있는 시드니를 만나다 **시드니의 마켓**
Markets in Sydney

여행 중 그곳의 제대로 된 모습을 보려면 마켓, 즉 시장에 가라는 말이 있다. 그만큼 마켓은 사람들이 살아가는 모습과 분위기, 그곳의 풍습 등을 직접 눈으로 보고 듣고 경험할 수 있는 곳이다. 패디스 마켓에서 호주식 재래시장을 만나고 글리브 마켓에서 빈티지 패션을 즐기고 시드니 피시 마켓에서 호주식 해산물의 풍미를 느껴 보자.

차이나타운 중심부에 자리 잡고 있는 패디스 마켓은 신선한 야채와 과일, 의류와 잡화, 기념품 등을 구매할 수 있는 1층, 패션 아웃렛과 잡화 매장으로 이루어진 2층, 푸드코트가 마련된 3층으로 구성된 마켓 시티의 1층을 일컫는다.

호주의 색깔이 그대로 녹아들어 그 분위기까지 함께 둘러볼 수 있는 마켓은 쇼핑의 소소한 재미와 함께 각 마켓이 가지고 있는 문화와 색깔도 체험할 수 있어 한 번쯤 방문해 보는 것이 좋다. 시드니 시내 근교에 있는 여러 마켓 중에도 현지인과 관광객 모두에게 인기가 좋은 패디스 마켓(Paddy's Market), 수공예품이 눈에 띄는 글리브 마켓(Glebe Market), 그리고 호주의 해산물을 맛볼 수 있는 시드니 피시 마켓(Sydney Fish Market), 다양한 액세서리와 소품으로 여심을 유혹하는 록스 마켓(Rocks Market)은 마켓 이상의 무언가를 체험할 수 있는 곳으로 손꼽힌다.

패디스 마켓은 두 곳에 위치하고 있는데 하나는 시드니 시내의 차이나타운에 있고 또 다른 하나는 시드니 마켓 2129(Sydney Markets 2129)라는 이름으로 플레밍턴(Flemington)에 위치하고 있다. 플레밍턴에 위치한 시드니 마켓 2129는 시드니에서도 가장 규모가 큰 도매시장으로 시드니 근교의 농부들이 직접 농산품을 가지고 와 판매를 하는 경우가 많기에 신선한 농산품들을 저렴하게 구매할 수 있다. 다만 도매시장이기 때문에 다량으로 구매해야 한다는 단점이 있다는 게 흠인데, 여러 명이 함께 구매하기엔 좋다. 시내의 차이나타운 남쪽, 헤이 스트리트(Hay Street)와 토머스 스트리트(Thomas Street) 코너에 위치한 패

패디스 마켓은 시드니 마켓 2129의 소매 버전이라고 할 수 있다. 매주 수요일에서 일요일까지만 문을 열고 오전 9시 개장하여 오후 5시에 폐장한다. 신선하고 다양한 청과물과 생선을 저렴하게 살 수 있고 폐장될 즈음에는 $1를 외치는 상인과 저렴하게 구매하려는 손님으로 북적인다. 농산물 시장 옆에는 의류나 잡화, 캥거루와 코알라 등의 기념품 등을 저렴하게 살 수 있는 상점이 많아 간단한 선물을 구매하기에 좋다. 패디스 마켓의 1층에는 의류와 기념품 가게가, 2층에는 중저가 브랜드의 아웃렛이, 3층에는 푸드코트가 있는데 현지인이 많이 찾는 곳으로도 유명하다.

글리브 마켓은 시드니 시내에서 버스로 약 15분, 라이트 레일(Light Rail)로 15~20분이면 도착하는 가까운 거리에 있지만, 시드니 시내와는 사뭇 분위기가 다르다. 글리브만의 독특한 분위기가 젊은 예술가를 하나둘씩 불러 모으고 아기자기한 상점과 카페는 정겹지만 히피스럽고 항상 활기가 넘친다. 그래서인지 매주 토요일 오전 10시에서 오후 4시까지 개장하는 글리브 마켓은 시드니의 여느 마켓과는 다른 느낌이다. 패션과 디자인의 쇼케이스라고 할 만큼 다양한 디자인의 옷과 보석, 액세서리를 만날 수 있고 집에서 직접 만든 작은 수공예품은

여러 가지 기념품을 저렴하게 구입할 수 있는 패디스 마켓

호주에서 가장 큰 수산 시장인 피시 마켓. 한국에선 비싸서 자주 접하지 못하는 로브스터를 저렴한 가격에 만끽할 수 있다. 신선한 야채와 과일이 가득한 패디스 마켓은 폐장 시간이 오후 5시로 폐장 10분 전이면 $1를 외치는 상인으로 시끌벅적하다.

호주의 짧은 역사에도 불구하고 전통을 자랑하는 패디스 마켓은 매주 수요일부터 일요일까지 문을 연다. 다만 수요일에는 열지 않는 매장이 꽤 있으니 주의하자.

만든 이의 열정을 느끼기에 충분하다. 또한, 마니아 층이 두꺼운 구제 제품을 많이 찾아 볼 수 있다.

시드니 시내에서 약 2km 서쪽으로 내려가면 만나는 블랙와틀 베이(Blackwattle Bay)에 자리 잡고 있는 시드니 피시 마켓은 아는 사람은 알고 모르는 사람은 모르는 세계에서 세 번째로 큰 수산 시장이다. 선착장과 도매시장, 신선한 소매시장, 즉석식품점, 스시 바, 베이커리, 기념품 가게, 해산물 요리 학교 등이 있다. 한국의 수산 시장과는 사뭇 느낌이 다르지만, 호주인에게 인기가 좋은 생선인 연어와 킹피시(방어), 돔이 주를 이룬다. 또한, 생선보다는 여러 종류의 새우, 스캠피, 로브스터, 크랩, 홍합, 굴 등을 저렴하게 즐길 수 있다는 점에서는 한국의 수산 시장과도 비슷하다. 분위기 좋은 레스토랑에서 즐기는 식사도 좋지만, 맑은 날 시드니 피시 마켓의 테라스에 앉아 상큼한 화이트 와인과 함께하는 해산물 만찬은 좀 더 저렴하면서 더욱 신선하게 즐길 수 있기에 많은 사람이 피시 마켓의 테라스를 찾는다.

매주 주말에는 시드니의 록스에서도 마켓이 열린다. 바로 록스 마켓인데 오전 10시에서 오후 5시까지 문을 연다. 아기자기한 상점과 분위기 있는 레스토랑이 들어선 록스 거리의 분위기를 더 살려 주는 마켓은 애버리진의 예술품을 비롯해 액세서리, 옷, 잡화, 아로마 제품 등을 팔고 있어 여성 고객을 끌어들이고 있다. 그리 크진 않지만, 쇼핑에 지칠 때 쯤 노천카페에서 휴식을 취하고 있으면 금방 하루가 간다.

::Travel Tip **시드니 마켓의 개장 시간** 대부분 한국에서 온 여행객은 한국에서처럼 늦게까지 개장하는 마켓을 기대하지만, 시드니의 마켓은 특정 요일만 개장하는 곳도 있고 문을 여는 시간도 길지 않으므로 방문 시 개장 요일과 시간을 확인하는 것이 좋다. 패디스 마켓의 그라운드에 위치한 시장과 기념품 가게는 매주 수요일에서 일요일 사이에 오전 9시에서 오후 5시까지 개장하며, 글리브 마켓은 매주 토요일 오전 9시에서 오후 4시까지만 개장한다. 시드니 피시 마켓은 오전 7시에서 오후 4시까지 개장하며 크리스마스를 제외하곤 연중무휴이다.

009 **뉴 사우스 웨일스** 시드니의 공원

도심 속 휴식 공간 **시드니의 공원**
Sydney's Parks

바쁜 일정을 소화하는 여행도 좋지만 한 시간이라도 잠깐 휴식을 취해 보는 것은 어떨까. 현지인들 속에 녹아들어 커피 한 잔을 음미하며 샌드위치를 먹고, 책 한 권과 함께 일광욕을 만끽하고, 여유가 있다면 여행하는 친구들을 모아 바비큐까지. 여행이라고 해서 꼭 바쁠 필요는 없다.

호주 여행을 하다 보면 가장 쉽게 찾아볼 수 있는 곳이 바로 도심 속 구석구석 숨어 있는 공원이다. 특히 호주의 공원은 한국의 공원과는 달리 '잔디를 밟지 마시오'라는 사인을 찾아볼 수도 없고 누구나 집 앞마당 이용하듯 즐기고 있는 모습을 볼 수 있다. 여행자라고 다를 필요는 없다. 여행의 피로를 잠깐 풀어가도 좋고 커피 한 잔의 여유를 즐기거나 식사를 하는 것도 괜찮고 만남의 장소로도 이용할 수 있는 공원을 알고 즐긴다면 여행의 풍미가 더해질 것이다.

시드니 시내의 동쪽에 위치하고 호주에서도 가장 오래된 공립 공원인 하이드 파크(Hyde Park)는 런던의 하이드 파크에서 유래된 이름으로 그 넓이만 하더라도 40ac에 달한다. 시드니 시내 한복판을 이렇게 큰 공원에 내주는 것은 한국에서 상상할 수 없는 일이기에 놀라고 하이드 파크에 심어져 있는 나무에 한 번 더 놀란다. 나이를 알 수 없을 정도로 굵은 나무둥치는 성인 두세 사람이 함께해야 앉을 수 있고 높이 솟은 줄기와 무성한 잎은 가로수를 따라 아치형 지붕을 만든다. 입구나 출구 쪽에서 공원을 바라보면 마치 동화 속 어느 한 장면처럼 지저귀는 새와 각종 산속 동물이 튀어나올 것만 같다.

공원의 남쪽에는 아르데코 양식의 콘크리트 구조물인 앤잭 전쟁 기념관(ANZAC War Memorial)이 있다. 평소에는 누구나 방문할 수 있도록 문을 열어 놓고 있으며 앤잭 데이(ANZAC Day)와 제1차 세계대전 휴전 기념일에는 주요 행사로 많은 사람이 붐비는 곳이다. 제1차 세계대전에 참전했던 지원병들을 의미하는 금으로 만들어진 12만 개의 별이 돔 형식의 천장에 장식되어 있어 눈여겨볼 만하다. 좀 더 북쪽으로 이동하면 공원의 중심에 자리 잡고 있는 아치볼드 분수(Archibald Fountain)를 만난다. 분수는 1932년에 호주 연합군이 제1차 세계대전의 프랑스 참전을 기리기 위해 설계되었고 호주로 기증되었다. 하이드 파크를 따라 뻗은 칼리지 스트리트(College Street)에 있는 세인트 매리 대성당(St Mary's Cathedral)은 사암으로 지어진 화려한 외곽이 인상적이며 미사가 없을 때는 관광객에게도 내부를 공개하기에 언제든 방문할 수 있다.

하이드 파크를 지나 조금 더 북쪽으로 이동하면 로열 보타닉 가든(Royal Botanic Gardens)을 만난다. 과거 맥콰리 총독이 개인적인 공간으로 사용했을

::Travel Tip **센테니얼 파크에서 바비큐 파티** 여행의 구성원이 가족이거나 인원이 많을 경우에는 반나절 정도 시간을 내어 센테니얼 파크로 떠나 바비큐 파티를 하는 것도 좋다. 한국에서는 쉽게 하지 못하기도 하고 현지인과 동화될 수 있는 또 다른 기회로, 바비큐라고 해서 어렵게 생각하지 않아도 된다. 근처의 대형 할인점에 들러 스테이크와 소시지, 야채와 빵을 준비해 지글지글 구워 음료와 함께 먹으며 즐거운 시간을 보내는 것이야말로 여행 중 경험할 수 있는 가장 쉬운 현지 체험이 될 것이다.

만큼 다양한 수종의 나무와 꽃을 만날 수 있는 아름다운 곳이다. 현재는 시드니 내에 위치한 3대 식물원 중의 하나로 여유로운 한때를 즐기는 가족과 사랑을 속삭이는 연인, 연못 속의 동식물과 신 나는 한때를 보내는 아이들에게 인기가 좋으며 종종 큰 공연이 펼쳐지기도 한다.

시드니 시내 가까이에 위치한 센터니얼 파크(Centennial Park)는 1988년 호주 개척 200주년을 기념하기 위해 건설된 곳으로 100ha의 자연유산 지역과 40ha의 공원 지역으로 나뉜다. 특히 현지인과 가족 여행객에게 사랑받는 곳으로 관광뿐 아니라 여가, 자연보호와 살아 있는 환경 교육의 장으로 이용된다. 공원 곳곳에 숨겨진 생태 학습장이 아이들을 만족시켜 주기에 충분하다. 재미난 점은 공원을 한 바퀴 도는 트랙이 자동차전용도로, 자전거전용도로, 사람을 위한 인도 그리고 승마용 도로로 나뉘어 있다는 점이다. 센터니얼 파크에서는 누구도 차별 대우받지 않고 공평하게 산책할 수 있고 여유로운 시간을 보낼 수 있다. 특히 커플이거나 가족 여행객이라면 자전거를 대여해서 한 바퀴 도는 것도 좋다.

이처럼 시드니 곳곳의 공원을 둘러보면 도시에 아름답고 큰 공원이 있다는 것이 큰 축복인 것처럼 생각된다. 우리나라와 스케일 자체가 다른 대자연을 시내에서 만날 수 있는 시드니에서 여행자의 신분으로라도 잠시나마 축복을 누려 보자.

시드니 시내 한복판의 하이드 파크

010 뉴 사우스 웨일스 퀸 빅토리아 빌딩 & 피트 스트리트 몰

시드니의 대표 쇼핑센터
퀸 빅토리아 빌딩 & 피트 스트리트 몰

Queens Victoria Building & Pitt Street Mall

세계적인 디자이너 피에르 가르뎅이 극찬한 아름다운 쇼핑센터 퀸 빅토리아 빌딩에서부터 리모델링 후 새롭게 오픈한 피트 스트리트 몰의 웨스트필드 센터포인트, 미드 시티 센터, 오픈 당시의 모습을 그대로 가지고 있는 전통적인 스트랜드 아케이드, 곡선의 미학을 안겨 주는 시드니 아케이드까지. 눈이 휘둥그레지는 명품 브랜드에서 10대 후반, 20대 초반의 젊은이들이 좋아하는 스포츠 브랜드까지 쇼퍼홀릭이라면 꼭 발 도장 찍어야 할 시드니의 대표 쇼핑센터만 모았다.

시드니 시내의 대표적인 쇼핑센터로 손꼽히는 아름다운 퀸 빅토리아 빌딩(Queen Victoria Building)은 비잔틴의 강한 영향을 받은 로마네스크 양식으로 1898년에 완공되었다. 시드니 시내 중심인 조지 스트리트(George Street)와 마켓 스트리트(Market Street), 요크 스트리트(York Street), 드루잇 스트리트(Druitt Street)에 둘러싸인 직사각형 건물로 그 길이만 해도 190m에 폭은 30m이다. 지하로는 2층, 지상으로 3층인 건물에는 각종 명품 브랜드 상점과 부티크 숍, 카페, 레스토랑 등 200여 개 점포가 입점해 있어 쇼핑의 중심지이기도 하지만 퀸 빅토리아 빌딩만이 가지고 있는 매력도 여기저기 숨겨져 있어 쇼핑을 하지 않더라도 꼭 한번 방문해 보길 추천한다.

사실 시드니 시내를 자유롭게 여행하다 보면 퀸 빅토리아 빌딩을 자주 지나가게 된다. 건물의 지하 1층이 시드니 시내 곳곳으로 연결되는 지하도로 각종 상점이 입점해 있기도 하지만 타운 홀 기차역과 울워스(Woolworths) 마켓을 시작으로 북쪽의 마이어(Myer) 백화점까지 이어지기 때문이다. 지하와 지상으로는 계단이나 에스컬레이터, 엘리베이터를 이용해 이동할 수 있는데 기회가 되면 엘리베이터를 이용해 보는 것도 좋다. 처음 건물이 지어졌을 당시 함께 설치된 엘리베이터가 지금까지 운행되고 있는데 좁고 느리지만 과거로 돌아가는 체험을 할 수 있다. 1층에는 오로톤(Oroton), 큐(Cue), 지그소(Jigsaw) 등의 호주 유명 상점과 명품 상점, 주얼리 숍이 입점해 있고 매년 여름 시즌이 되면 스와로브스키의 협찬 아래 1층에서부터 3층까지 이르는 멋진 스와로브스키 크리스털로 장식된 트리가 관광객의 눈길을 끈다.

2층과 3층에는 오팔이나 호주 기념품 가게와 디자이너 숍이 위치해 있다. 퀸 빅토리아 빌딩의 매력에 빠져 시간 가는 줄 모르고 걸었다면 3층의 더 티 룸

::Travel Tip **매주 목요일은 쇼핑 데이** 물론 한 번에 둘러보는 것도 좋지만, 2박 3일, 3박 4일 등의 시드니 일정을 계획하고 있다면 여유 시간을 이용해 방문지를 나누는 것이 좋다. 한꺼번에 방문할 경우 각 쇼핑센터만이 가지고 있는 특징이나 공간의 인테리어적 즐거움을 놓칠 수 있기 때문이다. 특히 매주 목요일은 쇼핑 데이로 밤 9시까지 연장 영업하는 곳이 많으니 짧은 일정이라면 목요일을 공략해 볼 것.

시드니 시내를 도보로 여행하다 보면 몇 번을 지나치는 퀸 빅토리아 빌딩. 지상과 지하가 시드니 곳곳에 연결되어 있어 쇼핑뿐 아니라 교통의 허브 역할도 함께하고 있다.

(The Tea Room)에서 잠깐 숨을 고르는 것도 좋다. 결혼식이나 비즈니스 미팅 장소로도 많이 이용되는 더 티 룸은 예쁘고 깜찍한 찻잔에 담긴 감미로운 모닝 티나 애프터눈 티와 함께 다양한 디저트가 준비되어 있어 쇼핑과 여행의 피로를 눈 녹듯 녹여 준다. 다만 행사로 인해 문을 닫는 경우가 종종 있어 예약을 하는 것이 좋다. 그 외에도 계단 유리창을 장식하고 있는 스테인드글라스, 건물 중앙에 매달려 있는 로열 시계, 건물 입구에 세워져 있는 빅토리아 여왕상과 행운을 주는 개 조각상도 퀸 빅토리아 빌딩의 매력이다.

퀸 빅토리아 빌딩을 나와 마켓 스트리트를 따라 올라가면 피트 스트리트(Pitt Street)가 나온다. 보행자 전용 거리로 길 양 옆을 따라 세계적인 쇼핑센터인 웨스트필드 센터포인트(Westfield Centrepoint)부터 미드 시티 센터(Mid City Centre), 스트랜드 아케이드(Strand Arcade), 시드니 아케이드(Sydney Arcade), 호주 대표 백화점인 마이어와 데이비드 존스(David Jones)까지 이어지는 피트 스트리트 몰(Pitt Street Mall)은 시드니 쇼핑의 중심지라고 해도 과언이 아니다. 그중 웨스트필드 센터포인트는 최근 새롭게 개장해 세계에서 9번째로 럭셔리한 쇼핑몰이 되었다. 굳이 쇼핑을 하지 않더라도 번쩍번쩍 빛나는 쇼윈도와 화려하게 꾸며진 매장들은 아이쇼핑을 하기에 충분하고 넓게 꾸며진 각 층의 휴게소는 쇼핑으로 지친 다리를 쉴 수 있도록 도와준다. 특히 5층의 푸드코트는 쇼핑몰의 명성에 걸맞게 고급 식당에 와 있는 듯한 착각을 가지게 해 푸드코트계의 새로운 강자로 떠오르고 있다.

웨스트필드 센터포인트 맞은편에 위치하고 있는 미드 시티 센터는 보수를 마치고 새롭게 오픈해 웨스트필드와 함께 쇼퍼홀릭의 사랑을 한 몸에 받고 있다. 1892년 개장한 그 당시 모습을 그대로 지니고 있는 스트랜드 아케이드는 빅토리아풍의 쇼핑센터로 호주 유행 상품뿐 아니라 독특한 디자이너 숍이 곳곳에 숨어 있어 일정한 고객층을 보유하고 있으며 바로 옆의 곡선 형태의 시드니 아케이드에는 호주 젊은이들의 사랑을 받는 스포츠 브랜드들이 입점해 있다.

시드니 쇼핑 중심지 퀸 빅토리아 빌딩

011 뉴 사우스 웨일스 시드니 포토 포인트

여행하면서 보고 듣고 느끼고 맛보는 것도 좋지만, 그를 추억할 만한 사진을 남기는 것도 중요한 부분이라 할 수 있다. 특히 사진은 하나의 사물도 어느 각도에서 촬영하느냐에 따라 다른 모습을 보여 주고 시드니도 어느 곳에서 만나느냐에 따라 그 느낌이 사뭇 다르다. 많은 여행 책자나 인터넷에 소개된 장소는 물론이거니와 저자만이 숨겨 두고 아껴 두었던 특별한 포인트도 함께 소개하고자 한다.

누구나 알고 있는 그곳에서
누구도 모르는 그곳까지
시드니 포토 포인트

Photo Points of Sydney

시드니라는 단어만 들어도 떠오르는 상징성.
오페라 하우스와 하버 브리지가 아름답게 어우러진 시드니 항은
보는 각도, 서 있는 각도에 따라 여러 가지 얼굴을 보여 준다.

가장 많이 알려져 있고 쉽게 찾아갈 수 있는 포토 포인트인 미세스 맥콰리 포인트는 오페라 하우스와 하버 브리지가 바다와 하늘을 사이에 두고 만들어 낸 조화를 만날 수 있는 곳이다.

시드니라는 단어만 들어도 떠오르는 상징성. 오페라 하우스와 하버 브리지가 아름답게 어우러진 시드니 항은 보는 각도, 서 있는 각도에 따라 여러 가지 얼굴을 보여 준다. 시드니 항의 여러 모습을 보여 주는 곳 중 많은 사람이 다녀갔고 또 다녀갈 장소에서부터 현지인도 잘 모르는 그곳까지 모두 소개하고자 한다. 호주의 맑은 날과 사진기만 있다면 시드니 항의 다양한 매력을 느낄 수 있는 포인트로 출발해 보자.

시드니 시내에서 가장 쉽게 갈 수 있는 곳이 바로 미세스 맥콰리 포인트(Mrs. Macquaries Point)이다. 시내에서 오페라 하우스 방향으로 바다와 맞닿을 때까지 걷다 보면 만나는 곳으로 도중의 도메인 파크(Domain Park)도 휴식처로 좋다. 미세스 맥콰리 포인트에서 바라보는 오페라 하우스와 그 뒤로 펼쳐지는 하버 브리지, 그리고 노스 시드니의 오피스 건물들이 만들어 낸 스카이라인이 감탄을 자아낸다. 밤낮 가리지 않고 아름다움을 뿜어내는 곳이지만 해 질 녘은 추천하지 않는다. 태양과 마주 보아 역광이 되기 때문에 사진을 찍기에는 좋지 않기 때문이다.

미새스 맥콰리 포인트가 시드니 엽서 사진의 기본이라고 한다면 시드니 천문대에서 바라보는 시드니 항은 아름다운 여성의 뒷모습을 보는 듯 묘한 분위기를 자아낸다. 하버 브리지를 앞에 두고 뒤로 보이는 오페라 하우스는 제 모습을 다 보여 주지 않아 묘한 매력이 있다. 오페라 하우스 맞은편의 시드니 북쪽 키리빌리(Kirribilli)의 집들은 시드니 항을 바라보며 옹기종기 앉아 있으며 하버 브리지 왼편을 채워 준다.

::Travel Tip **야경 포인트 가이드 투어 이용** 모든 포인트를 도보로 이동하기에는 쉽지 않으므로 차량을 빌리거나 시드니 현지의 한국인 가이드 투어를 이용하는 것이 좋다. 현재 밀슨스 포인트와 블루스 포인트, 볼스 헤드 리저브를 야경 포인트로 방문하는 가이드 업체는 한국인과 현지인 업체를 통틀어 한국인 업체인 트레블 센터가 유일하다. 매주 3회, 저녁 7시부터 약 2시간 30분간 운영되므로 저녁 시간을 알차게 보내고 싶다면 야경 투어에 참여해 보는 것도 좋다.

밀슨스 포인트에서 바라본 시드니

하버 브리지가 빠진 시드니 항도 또 다른 매력을 가지고 있다. 하버 브리지를 횡단하며 숨 고를 때마다 보이는 오페라 하우스와 시드니 시내, 천문대와 부둣가의 건물, 시드니 북쪽의 루나 파크(Luna Park)와 밀슨스 포인트(Milsons Point), 키리빌리는 시드니 항이 세계 3대 미항으로 꼽힌 그 이유를 설명해 준다.

하버 브리지를 건너 시드니 북쪽으로 넘어가면 기차역이 있는 밀슨스 포인트를 중심으로 키리빌리 지역과 라벤더 베이(Lavender Bay)로 나뉜다. 일반적으로 가이드 회사가 시드니 야경 포인트로 가장 많이 방문하는 곳이 바로 밀슨스 포인트이다. 차량 이동도 좋지만 꼭 한번 도보로 이동해 보길 권한다. 키리빌리 방향으로 내려오다 보면 주차 공간과 함께 작은 평지가 보인다. 많은 사람이 이곳에서 시드니 전경 사진을 찍는다. 물론 이곳에서 보는 전경도 아름답기 그지없지만, 조금만 더 욕심을 부려 길을 따라 내려가면 하버 브리지를 아래에서 올려다보게 된다. 머리 위로 웅장하게 뻗어 있는 철제 다리인 하버 브리지는 올려볼 때만 느낄 수 있는 그 무언가를 가지고 있다. 하버 브리지를 머리 위에 두고 라벤더 베이 쪽으로 걸어가면 루나 파크라는 작은 놀이공원이 있다. 입장료는 무료이기에 누구나 방문할 수 있고 놀이기구나 편의 시설에만 돈을 지불하면 된다. 루나 파크 안쪽으로 들어가며 바라보는 하버 브리지와 오페라 하우스, 시

드니 시내의 얼굴은 맞은편의 시드니 천문대에서와는 또 다른 모습이다.
여기까지의 포인트가 많은 사람이 알고 있거나 현지인도 지인이나 가족이 왔을 때 꼭 함께 찾는 곳이다. 하지만 이제부터가 숨은 포인트. 라벤더 베이에서 라벤더 스트리트(Lavender Street)를 따라 걷다 보면 블루스 포인트 로드(Blues Point Road)를 만난다. 이 블루스 포인트 로드를 타고 끝까지 가 보면 기대하지 않았던 시드니 항의 또 다른 얼굴을 만날 수 있다. 블루스 포인트까지는 라벤더 베이에서 도보로 걷기에는 꽤 오랜 시간이 소요되므로 차량이 있다면 더욱 좋다. 현지에서도 아는 사람만 아는 장소로 친구, 연인과 함께 시드니 항을 감상하며 우정과 사랑을 속삭이기도 하는 곳이다.

마지막으로 소개할 곳은 현지인도 그곳에 사는 사람만 아는 장소로 실제 관광객이 많이 찾지 않는다. 바로 볼스 헤드 리저브(Balls Head Reserve). 시내에서 블루스 포인트보다 좀 더 멀리 있지만 시드니 북쪽 지역에서부터 하버 브리지와 오페라 하우스, 시드니 시내에 이르기까지 파노라마 같은 뷰가 펼쳐져 충분히 기대해도 좋다. 추천하자면 볼스 헤드 리저브에서부터 블루스 포인트와 밀슨스 포인트까지 거치며 시드니 항을 점점 가깝게 보거나 반대로 점점 멀어지며 보는 것이 시드니 항의 여러 모습을 발견하는 방법이다.

012 **뉴 사우스 웨일스** 시드니 항 여행

이유 있는 세계 3대 미항 시드니 항 여행
The way to enjoy Sydney harbour

이탈리아의 나폴리, 브라질의 리우데자네이루와 함께 세계 3대 미항으로 꼽히는 호주 시드니 항은 어떻게 여행을 하느냐에 따라 그 감동도 달라진다. 여행 경비가 빠듯하다면 튼튼한 두 다리를 믿어 보는 것도 좋고, 현지 교통편을 알뜰하게 이용하는 것도 또 다른 방법이다. 많은 사람이 선호하는 크루즈도 개인 취향에 맞게 선택하는 것이 좋으며 경비가 여유롭다면 하버 브리지를 등반하거나 수상 비행기를 이용해 보는 것도 색다른 경험이 될 것이다.

시드니 항을 여행하는 가장
대표적인 방법은 크루즈 이용하기.
커피 크루즈에서부터 점심
혹은 저녁 식사 크루즈까지
선택의 폭이 넓으니
개인의 취향에 맞게 잘 선택하자.

이탈리아의 나폴리, 브라질의 리우데자네이루와 함께 세계 3대 미항으로 꼽히는 호주의 시드니 항. 시드니 여행을 계획하고 있다면 시드니 항은 빼놓을 수 없는 여행 명소이다. 바로 이 시드니 항을 즐기기 위한 다양한 방법을 안내하고자 한다. 여러 가지 방법이 있지만, 그중 가장 쉽고 저렴한 방법이 시드니의 교통수단 중 하나인 페리를 이용하는 것이다. 페리는 정부에서 운영하는 교통수단이지만, 날씨 좋은 날 페리를 타고 시드니 항을 여행한다면 그 어떤 비싼 크루즈와도 비교할 수 없다. 서큘러 키를 시작으로 더블 베이, 로즈 베이, 왓슨스 베이까지 동부 해안을 따라 이동하는 것도 좋고 밀슨스 포인트와 달링 하버까지의 짧은 코스도 오페라 하우스와 하버 브리지, 시드니 항을 끼고 있는 마을의 풍광과 함께 아름다움을 제공한다.

여행객이 가장 선호하고 분위기를 돋우기 위해 많이 이용하는 것은 크루즈이다. 서큘러 키 또는 달링 하버에서 출발하여 짧게는 1시간, 길게는 약 2시간 30분가량 걸린다. 음료를 즐기며 타는 크루즈, 점심 식사와 함께하는 크루즈, 저녁 식사와 함께하는 크루즈 등으로 나뉘는데 대표적인 크루즈 회사로는 캡틴 쿡 크루즈(Captain Cook Cruises), 마틸다 크루즈(Matilda Cruises), 마지스틱 크루즈(Magistic Cruises), 쇼보트 크루즈(Showboats Cruise)가 있다. 페리보다는 편안하고 아늑한 좌석을 제공하는 크루즈는 회사마다 특징이 있다. 짧은 시간 동안 음료와 함께 시드니 항을 즐기고자 한다면 마틸다 크루즈를, 코스 음식과 함께 라이브 음악을 즐기고 싶다면 캡틴 쿡 크루즈를, 뷔페를 먹고 또 먹으며 즐기고 싶다면 마지스틱 크루즈를, 다양한 쇼와 함께 식사하며 시드니 항의 밤을 즐기고자 한다면 쇼보트 크루즈가 적합하다.

::Travel Tip **크루즈 예약** 일반 교통에 속하는 페리는 예약이 없이도 언제든 이용이 가능하지만, 커피나 차 등과 같은 음료나 식사가 함께 곁들여지는 캡틴 쿡 크루즈, 마지스틱 크루즈, 쇼보트 크루즈 등은 예약이 필수이다. 또한, 크루즈 회사로 직접 예약하는 것보다 한국인 회사를 통해 예약하는 것이 좀 더 저렴하므로 팁으로 알아 두면 좋다.

많은 사람이 이용하지 못하지만, 여행 경비가 여유롭다면 권하고 싶은 방법도 있다. 하버 브리지를 등반하며 짜릿함과 함께 시드니 항을 감상하거나 수상비행기를 이용하여 높은 하늘에서 시드니를 바라보는 것이다.

마지막 방법으로는 튼튼한 두 다리를 이용한 도보로 즐기기. 시드니 시내에서 가장 가깝게 방문할 수 있는 곳인 미세스 맥콰리 포인트에서 시작하여 팜 코브(Farm Cove)를 따라 이어지는 산책로는 왼쪽의 도메인 파크와 함께 포스터나 광고 촬영지로 유명하다. 하버 브리지 반대쪽인 천문대에서 바라보는 시드니 항도 또 다른 모습을 연출한다. 하버 브리지를 따라 시드니 북쪽으로 통과해 보는 것도 좋다. 하버 브리지 등반은 비용이 발생하지만 하버 브리지를 통과하는 것은 무료로 누구든지 가능하다. 하버 브리지를 건너며 중간 중간 바라보는 시드니 항은 오페라 하우스와 함께 수많은 모습과 색을 보여 준다. 하버 브리지 끝까지 건너갔다면 브리지를 중심으로 키리빌리 방향과 밀슨스 포인트 방향으로 나뉘는데 이 두 군데에서 바라보는 시드니 항 또한 느낌이 다르다. 비슷하면서도 오묘하게 다른 포인트들을 구석구석 방문하면 시드니 항이 뿜어내는 수천만 가지의 매력에 빠지지 않을 수 없다.

시드니 항 근처에서 자전거를 타는 사람들

013 **뉴 사우스 웨일스** 울릉공

Wollongong

작지만 아름다운 해안가 마을
울릉공

시드니 여행 중 렌터카 여행을 계획한다면 꼭 들러야 할 장소. 시드니에서 남쪽으로 1시간 정도만 달리면 만날 수 있는 울릉공에서부터 아름다운 해안가의 등대, 자연의 기교인 키아마의 블로홀, 빅토리아 주의 그레이트 오션 로드만큼 드라이브하기에 좋아 두 말이 필요 없는 그랜드 퍼시픽 드라이브까지. 차와 키를 준비했다면 지금 바로 떠나 보자.

울룽공은 뉴 사우스 웨일스 주 일라와라(Illawarra) 지역에 위치한 해안 도시로 시드니에서 남쪽으로 약 80km 정도 떨어져 있다. 원주민어로 '바다의 소리' 또는 '커다란 물고기의 향연'이라는 뜻의 울룽공은 이름에 맞게 소름 돋도록 아름다운 해안 절벽에서 바다의 소리를 만끽할 수 있고 어업이 광산업, 철광업과 함께 주요 산업이다.

울룽공은 시드니에서 멀지 않기에 하루 정도 나들이 가는 장소로 유명하다. 대중교통을 이용하기에 나쁘지 않지만, 자가용 또는 렌터카를 이용해 여행하는 것이 좋다. 시드니에서 출발하여 남쪽으로 1시간 정도 달리다 보면 울룽공 대학교를 만난다. 이를 시작으로 펼쳐지는 울룽공 시내는 그리 크지 않지만, 주차한 후 도보로 둘러보기엔 안성맞춤이다. 해안 쪽을 따라 산책을 즐기다 보면 파란 하늘을 점점이 수놓는 무언가를 발견할 수 있는데, 바로 스카이다이빙을 즐기는 사람들이다. 뉴 사우스 웨일스 주에서는 유일하게 해변에서 스카이다이빙을 즐길 수 있는 곳으로 용기 있다면 꼭 한번 도전해 보자. 좁은 경비행기를 타고 14,000ft 상공까지 올라갈 때의 긴장감은 아드레날린을 머리끝까지 분비시키고 두려움을 느끼지도 못할 정도로 높이 올라갔다고 느껴지는 그 순간 지상을 향해 점프하는 그 기분이란. 해 보지 않고는 말하지도 말라.

타즈만 해를 끼고 이어지는 에메랄드빛의 해변에서는 서핑을 즐기거나 책을 읽으며 한낮의 여유를 즐기고 있는 현지인들이 마냥 부럽기도 하지만 계속해서 발걸음을 옮겨 해변 끝까지 걸어가 보자. 언덕 위에 자리 잡고 있는 등대와 함께 펼쳐지는 바다의 모습을 보고 있노라면 공기 속에 숨어 있는 시원함까지 가슴속 깊이 들어온다. 파란 하늘, 하얀 등대 그리고 에메랄드빛 바다. 사진 한 장

서양 속 동양을 느낄 수 있는 난 티엔 사원

::Travel Tip 호주에도 절이 있다?! 울릉공과 키아마 사이에 위치한 난 티엔 사원은 남태평양에서 가장 큰 규모를 자랑하는 절이다. 외곽에 떨어져 있어 방문하기 쉽지 않지만, 사원의 규모에 한 번 놀라고 많은 스님과 수도자, 그리고 끊임없는 방문객으로 한 번 더 놀라게 된다. 곳곳에 있는 부처님과 달마상은 동양 문화권 여행객의 발길을 이끌고 가이드 투어와 1박 2일의 템플 스테이는 젊은 호주 학생들에게 동양 문화권에 대한 교육과 체험의 장을 마련하고 있다.

을 찍어 사진엽서를 보내야 한다면 바로 이곳 아닐까. 혹 여행하는 시기가 늦봄에서 초가을 정도라면 등대 뒤쪽의 숨은 장소, 현지인들만 아는 보석 같은 해상 수영장에서 시간을 보내는 것도 좋다.
다시 차량으로 약 20분가량 더 남쪽으로 달려 키아마(Kiama)로 가 보자. 원주민어로 '바다가 만들어 내는 소음'이라는 뜻의 키아마. 이곳의 자연이 만들어 낸 또 하나의 위대한 작품 블로홀(Blowhole)은 오랜 시간 파도를 맞은 바위에 풍화, 침식작용으로 하나의 구

멍이 생성된 것인데, 파도가 칠 때마다 솟아오르는 물기둥이 마치 분수와 같다. 최고 60m까지 솟아오르는 자연의 힘을 바로 앞에서 볼 수 있는 기회가 될 것이다. 또한, 근처에 있는 남반구 최대 규모를 자랑하는 난 티엔 사원(Nan Tien Temple)을 방문하여 서양 속 동양을 느껴 보는 것도 색다르다.

아직 울릉공 여행의 하이라이트가 남아 있다. 시드니로 귀환하는 길에 펼쳐지는 약 140km의 그랜드 퍼시픽 드라이브(Grand Pacific Drive)는 해안 절벽을 따라 놀라운 기술로 만들어진 드라이브 코스이다. 곳곳의 전망대에서는 깎아지른 해안 절벽에 맞닿은 하늘과 바다가 장관을 이루고 있고 하얗게 부서지는 파도는 수많은 바다의 이야기를 가지고 오는 듯하다. 해가 지기 전에 출발해야 이 놀라운 풍광을 담을 수 있으니 시간 분배를 잘하는 것이 좋다. 특히 절벽에서 굽이쳐 나와 있는 665m의 시 클리프 브리지(Sea Cliff Bridge)에서 보는 장관은 숨 막힐 듯 아름답다.

014 **뉴 사우스 웨일스** 블루 마운틴

시드니에서 서쪽으로 약 1시간 정도 떨어진 블루 마운틴은 그 이름만큼이나 아름다운 푸르스름한 빛을 만날 수 있는 곳이다. 유칼립투스와 함께 쥐라기의 고대 수풀이 만들어 낸 매력적인 푸른 기운은 블루 마운틴을 찾는 모두에게 자연의 신비로움을 느끼게 해 준다. 수억 년이라는 시간이 만들어 낸 계곡과 폭포, 수풀이 다양한 매력을 뿜어내는 블루 마운틴은 시간을 가지고 구석구석 둘러보아야 그 모습을 제대로 만날 수 있다.

이름만큼 신비로운 호주 속
그랜드 캐니언 **블루 마운틴**

Blue Mountain

블루 마운틴 내에 위치한 시닉 월드에서 케이블카, 궤도열차, 스카이웨이를 이용해 다양한 모습의 블루 마운틴을 만날 수 있다.

시드니에서 서쪽으로 약 1시간 정도를 달리면 네피언 리버(Nepean River)의 서쪽 부분을 시작으로 푸른빛의 산악 지대인 블루 마운틴이 펼쳐진다. 넓게 자리 잡은 유칼립투스 원시림은 무려 5억 년 전에 형성이 되었으며 이로 인한 가치로 블루 마운틴은 2000년도에 유네스코가 선정한 세계문화유산으로 지정되었다. 대부분 사암으로 구성되어 있으며 몇 백만 년의 시간이 만들어 낸 계곡은 그 나이를 짐작하기 어렵다. 그중 가장 깊은 협곡 지역은 760m의 깊이를 자랑한다. 가장 높은 포인트는 마운트 웨롱(Mount Werong)으로 해발 1,215m에 이르지만 한국의 산에 비하면 높은 것이 아니어서 실망할 수도 있다. 하지만 그건 블루 마운틴을 수박 겉핥기식으로 본 경우라 해도 과언이 아니다. 곳곳에 숨어 있는 가파른 계곡과 멋진 폭포, 푸른 원시림과 감탄을 자아내는 트레킹 코스는 블루 마운틴이 왜 호주 속 그랜드 캐니언이라는 명성을 가지게 되었는지를 몸으로 느끼게 한다.

블루 마운틴의 매력 속으로 들어가기 전에 왜 블루 마운틴이라는 이름을 갖게 되었는지 궁금하지 않은가? 인터넷으로 블루 마운틴을 검색해 보자. 여러 가지 사진을 찾아 볼 수 있지만 그중 가장 특이한 것을 손꼽으라 하면 전망대에서 찍은 산자락의 사진이다. 맑은 날에 찍은 사진을 자세히 들여다보면 멀리 보이는 산자락과 계곡이 푸르스름한 빛을 발하는 것을 느낄 수 있다. 실제로 블루 마운틴의 여러 전망대에서 먼 산자락과 계곡들을 바라보고 있노라면 그곳이 산인지 바다의 경계선인지 헷갈릴 때가 많다. 하지만 신비롭게도 그 경계선은 블루 마운틴을 휘감고 있는 유칼립투스가 만들어 낸 마법 같은 기운이다. 유칼립투스는 알코올 성분을 포함하고 있는데 나무의 수액이 뜨거운 햇볕으로부터 발생되는 자외선과 만나면 그 주변의 대기가 푸르스름해지는 현상이 일어난다. 이로 인해 유럽인들이 정착하였을 때, 다른 이름이 붙여졌는데도 불구하고 그대로 블루 마운틴이라 불리게 되었다.

블루 마운틴에서도 가장 관광객이 많이 찾는 전망대는 바로 에코 포인트(Echo

Point). 블루 마운틴 국립공원 관광 안내소가 위치하고 있어 블루 마운틴 여행의 시작점이 되기도 하고 자연이 만들어 낸 뛰어난 조각품인 세 자매 봉(Three Sisters)이 있어 포토 포인트로도 유명하다. 특히 세 자매 봉은 블루 마운틴 지역에 거주했던 원주민으로부터 오래된 전설이 내려와 더욱 시선을 끌고 있는데 여러 가지 전설이 조금씩 다르게 전해져 오고 있지만 가장 널리 알려진 전설은 이러하다. 옛날 옛적에 블루 마운틴의 에코 포인트 지역에 마법사와 아름다운 세 자매가 살고 있었다. 어느 날 마왕이 부하를 시켜 인간 세상을 둘러보고 오라는 지시를 내렸는데 돌아와서 하는 이야기라고는 에코 포인트의 아름다운 세 자매에 대한 내용뿐이더란다. 세 자매를 궁금하게 생각한 마왕이 인간으로 가장하여 세 자매를 찾아 나섰고 이 소식을 들은 마법사는 딸들을 데려갈까 노심초사하여 마법 지팡이를 이용해 세 딸을 바위로 변하게 한 다음 마법 지팡이를 숨겼다. 다행히 마왕은 딸들을 찾지 못했지만 이로 인해 화가 나 마법사의 목숨을 빼앗았다. 아직까지 마법에서 풀리지 못한 세 자매가 바위로 남아 있다는 슬프고도 안타까운 이야기. 전설을 듣고 세 자매 봉을 바라보고 있노라면 처연하게 느껴지기도 한다.

세 자매 봉 뒤로 시원하게 펼쳐진 블루 마운틴의 모습을 볼 수 있는 에코 포인트는 여행의 피로를 날려 버리고 전형적인 사암층을 볼 수 있는 곳이기도 하다. 모래가 쌓이고 침식되어 만들어진 사암층은 단단하기도 하지만 의외로 부드러워 침식작용이 일어나면 돌판처럼 부서져 수직으로 벽면을 형성하게 된다. 벽면 앞에서는 수억 년이라는 시간이 만들어 낸 장엄함에 숨소리마저 잦아든다.

블루 마운틴의 그랜드 캐니언과 유칼립투스 원시림 모습

유칼립투스 원시림을 시원하게 가르는
카툼바 폭포와 웬트워스 폭포는
블루 마운틴의 또 다른 명소.
호주 원주민으로부터 전해진
여러 가지 전설이 숨어 있는
세 자매 봉은 아름다운 경치뿐 아니라
호주 원주민의 이야기를
접할 수 있는 기회를 안겨 준다.

블루 마운틴의 외관을 둘러봤다면 그 속으로 한번 들어가 보자. 가장 쉽고 재미있게 경험할 수 있는 곳은 시닉 월드(Scenic World). 세계에서 가장 가파른 관광 열차로 절벽을 따라 52도 경사로 만들어진 415m의 궤도 열차는 기네스북에도 등재되어 있다. 과거 석탄과 광부들을 실어 나르기 위해 설치되었던 것이므로 놀이기구가 아닌 관광 열차로 속도는 현저히 떨어지지만, 깎아지른 절벽을 따라 가파르게 이동하는 궤도 열차의 짜릿함은 타 본 사람만이 알 수 있다. 내려갈 때도 재미있지만 놀이기구를 좋아하지 않는 사람이라면 올라오는 궤도 열차를 타 보는 것도 좋다. 궤도 열차를 타고 내려가 만나는 울창한 수풀은 대부분이 쥐라기의 고대 수풀로 마치 영화 속 한 장면을 걷고 있는 듯한 착각을 일으킨다. 산림욕 코스는 길이와 시간에 따라 나뉘므로 여정과 취향에 맞게 선택하는 것이 좋으며 산림욕 코스 끝자락에 케이블카가 위치하고 있어 케이블카를 타고 오르면 좋다. 물론, 반대 코스로 케이블카를 이용한 후 궤도 열차를 타는 것도 나쁘지 않다. 또한 계곡과 계곡을 잇고 있는 스카이웨이는 케이블카의 바닥을 유리로 만들어 놓아 발 아래로 블루 마운틴도 감상할 수 있도록 해 놓았는데 색다른 재미를 선사한다.

시간적인 여유가 있다면 블루 마운틴이 가지고 있는 또 다른 매력을 만나 보는 것도 좋다. 블루 마운틴에는 현지인과 관광객을 위한 다양한 트레킹 코스가 많은데 짧게는 20~30분의 가벼운 산책로에서부터 길게는 3박 4일에서 4박 5일까지 소요되는 트레킹 코스도 있다. 그중 빼놓을 수 없는 장관을 자랑하는 곳으로 웬트워스 폭포(Wentworth Falls)가 있는데 시닉 월드에서 보이는 카툼바 폭포(Katoomba Falls)와는 규모도 다르고 수량도 차이가 난다. 특히 웬트워스 폭포를 중심으로 다양한 하루 코스의 트레킹 루트가 마련되어 있어 진정한 호주 속 그랜드 캐니언, 블루 마운틴을 만나고 싶다면 웬트워스 폭포로의 여행을 권하고 싶다. 또한 블루 마운틴을 뒤로하고 좀 더 서남쪽으로 이동하면 세계에서 가장 오래된 석회암 동굴들을 만날 수 있는데 그중 제놀란 동굴(Jenolan Caves)이 가장 유명하다. 아름다운 석순과 석호를 만날 수 있는 기회도 놓치지 말자.

::Travel Tip **블루 마운틴 제대로 즐기기** 블루 마운틴을 여행하는 방법은 여러 가지가 있지만 가장 일반적인 방법은 시드니에서 출발하는 현지인이나 한국인 가이드의 일일 투어에 참여하는 것이다. 금액도 다양하지만 수박 겉핥기식의 블루 마운틴 여행은 큰 아쉬움을 남기므로 방문하는 장소와 일정 등을 확인하고 선택하기를 권한다. 잠깐 둘러보고 오는 블루 마운틴과 그 속을 구석구석 만나고 오는 블루 마운틴의 차이는 말로 표현하기 힘들 정도로 크므로 여행 일정에 여유가 있다면 기차를 타고 블루 마운틴을 여행하거나 블루 마운틴에서 1박을 하며 실제 트레킹하며 제놀란 동굴에 다녀오는 것이 좋다.

015 뉴 사우스 웨일스 **포트 스티븐스**

뉴 사우스 웨일스 주 최고의 휴양지 포트 스티븐스
Port Stephens

재미와 휴양을 동시에 선사하는 아름다운 휴양지 포트 스티븐스. 시드니에서 일일 투어로 다녀오는 것이 일반적으로 알려져 있지만, 1박 정도 숙박하며 여유롭게 여행하는 것도 좋다. 넬슨 베이에서 출발하는 병코돌고래 관찰 크루즈와 애나 베이에서의 샌드 보딩은 남녀노소 누구에게나 인기가 좋고 시원하게 부서지는 파도와 크리스털같이 맑은 바다는 휴식을 즐기기에 안성맞춤이다.

한국인에게 포트 스테판으로
더 잘 알려진 포트 스티븐스는
시원하게 뻗은 해변 옆에
모래언덕이 형성된 신비로운 곳이다.

Port Stephens. 제대로 발음하자면 포트 스티븐스이지만 한국 사람들에게는 포트 스테판으로 더 잘 알려진 곳이다. 뉴 사우스 웨일스 주의 다양한 휴양지 중에서도 단연 으뜸으로 손꼽히는 곳으로 시드니에서 북쪽으로 약 200km 떨어져 있으며 차로는 2시간 반 정도 걸린다. 대부분의 관광객은 시드니에서 출발하는 일일 투어를 이용하지만, 차량을 가지고 포트 스티븐스를 방문한다면 뉴 사우스 웨일스 주 대표 공업 도시인 뉴캐슬(Newcastle)도 함께 둘러보는 것도 좋다. 뉴캐슬은 공업 도시라는 이미지가 더 강해서 여행자가 많이 찾지는 않지만, 포트 스티븐스로 가는 길목에 있어 잠시 쉬어 가기 좋다. 관광 안내소가 자리 잡고 있는 헌터 스트리트(Hunter Street)가 중심 도로로 한 바퀴 둘러보면서 호주 유명 아티스트들의 작품을 소장하고 있는 뉴캐슬 아트 갤러리(Newcastle Region Art Gallery)를 방문하거나 뉴캐슬의 역사와 환경 등을 알 수 있는 뉴캐슬 박물관(Newcastle Region Museum)을 둘러보는 것도 좋다. 또는 관광 안내소에 들러 호주의 역사를 직접 눈으로 볼 수 있는 뉴캐슬 이스트 헤리티지 워크(Newcastle East Heritage Walk)가 안내된 지도를 받아 한 바퀴 둘러보는 것도 또 다른 재미가 있다.

포트 스티븐스는 넬슨 베이(Nelson Bay), 애나 베이(Anna Bay), 핀갈 베이(Fingal Bay), 숄 베이(Shoal Bay), 샐러맨더 베이(Salamander Bay), 타닐바

::Travel Tip **포트 스티븐스의 일일 투어** 가족과 연인에게 특히 인기가 많은 포트 스티븐스는 시드니에서 출발하는 한국인이나 현지인 가이드 회사의 일일 투어로도 다녀올 수 있으며 돌고래나 고래 크루즈, 모래 썰매, 사륜구동 오토바이, 승마, 낙타 타기, 낚시, 수영, 스노클링, 골프 등의 다양한 레포츠를 즐기기에도 안성맞춤이다.

베이(Tanilba Bay), 윌리엄스타운(Williamstown), 레이먼드 테라스(Raymond Terrace), 카루아(Karuah) 등의 9개 구역으로 나뉘며 휴양지로 유명한 만큼 지역마다 호텔과 리조트, 홀리데이 하우스가 잘 마련되어 있다. 가장 인기 있는 장소는 넬슨 베이와 애나 베이로 금빛 모래의 해변과, 크리스털같이 맑고 깨끗한 바다, 높고 푸른 하늘이 뉴 사우스 웨일스 주 최고의 휴양지로 꼽히는 이유이다. 넬슨 베이에는 자연이 만들어 놓은 방파제 덕분에 높은 파도가 일지 않아 약 70마리 이상의 병코돌고래가 서식하고 있다. 운이 좋은 날이면 병코돌고래들이 크루즈 앞과 옆으로 춤을 추듯 놀아 주고 바닷물 위로의 점프 실력까지 뽐내는 모습을 볼 수 있지만 매일 그 행운이 따라 주진 않는다. 또한, 매년 5월 말에서 11월 초 즈음에는 남극으로 이동하는 혹등고래를 관찰할 수 있다. 혹등고래는 고래류에서도 대형 고래로 분류되는데 보통은 단독 또는 2~3마리가 함께 이동한다. 호주에서 혹등고래를 보는 기간이 번식 기간에 포함되어 새끼 고래를 보는 행운을 누릴 수도 있다.

또 하나의 인기 있는 곳인 애나 베이는 포트 스티븐스의 남쪽에 위치한다. 애나 베이에서 시작되는 스톡턴 만 모래언덕(Stockton Bight Sand Dunes)은 스릴감 넘치는 레포츠 장소로도 유명하다. 자연이 빚어낸 스톡턴 만의 모래언덕은 폭 1km, 길이 32km에 이르며 가장 높은 곳은 40m 높이를 자랑하는 호주에서도 가장 큰 모래언덕이다. 짜릿한 모래 썰매는 남녀노소 할 것 없이 모두가 좋아하며 사륜구동 오토바이, 승마, 낙타 타기는 또 다른 즐거움을 선사한다. 또한, 많은 이에게 감동을 선사하여 죽기 전에 꼭 보아야 할 영화로도 손꼽히는 「매드 맥스」의 촬영지로도 유명하다.

넬슨 베이에서 즐기는 돌고래 크루즈

016 **뉴 사우스 웨일스 헌터 밸리**

화이트 와인을 찾는 그대라면
헌터 밸리

Hunter Valley

와인의 신대륙이라 불리는 호주. 그중 뉴 사우스 웨일스 주의 헌터 밸리는 화이트 와인의 세미용과 레드 와인의 쉬라즈가 유명하다. 와인을 잘 모르는 초보자도 다양한 와인을 접하면서 와인과 친해질 수 있고 와인을 좋아하는 사람에겐 다채로움을 제공하는 헌터 밸리로 와인 여행을 떠나 보는 건 어떨까?

헌터 밸리는 뉴 사우스 웨일스 주의 주도인 시드니에서 약 150km 떨어져 있으며 시간으로는 약 2시간에서 2시간 30분 정도 소요되는 곳이다. 총 7개의 마을로 구성되어 있고 어퍼 헌터(Upper Hunter)와 로어 헌터(Lower Hunter)로 나뉜다. 1820년대 초반, 유럽의 이주민이 포도나무를 옮겨 심으며 시작된 헌터 밸리는 느리지만 점차적으로 포도원을 확장해 갔으며 1930년대에 헌터 밸리의 포콜빈(Pokolbin) 지역에서 생성된 와인이 유명세를 타며 알려지기 시작했다. 약 120여 개의 크고 작은 와이너리가 있는 헌터 밸리에서도 화이트와 레드 와인의 여러 포도나무를 기르고 있다. 헌터 밸리 와인의 으뜸은 화이트 와인의 세미용과 레드 와인의 쉬라즈라고 할 수 있다. 특히 맥윌리엄스 마운트 플레즌트 엘리자베스 세미용(McWilliams Mount Pleasant Elizabeth Semillon)은 세계적으로도 인정받고 있으며 브로큰우드 그레이브야드 쉬라즈(Brokenwood Graveyard Shiraz)는 오랜 전통을 자랑한다.

헌터 밸리의 크고 작은 와이너리들은 각자의 노하우로 포도나무를 재배하고 제각기 다른 맛의 와인을 생산하고 있기에 한 군데의 와이너리만 들러서는 헌터 밸리를 제대로 알 수 없다. 특히 와인은 음식과의 궁합도 중요하기 때문에 카페나 레스토랑에서 음식과 함께 선보이기도 한다. 따라서 시간을 두고 취향에 따라 여러 곳의 와이너리를 방문하며 그곳만이 가진 향과 맛의 와인을 경험하고 또 그에 맞는 음식과 함께하는 것이 와인 여행의 첫걸음이라 할 수 있다. 또한, 와인 제조 과정을 직접 경험해 보거나 와인과 어울리는 올리브 농장 방문, 올리브유 시음, 치즈 공장 방문과 시식, 열기구를 이용한 포도 농장의 풍경 감상 등을 할 수 있는 헌터 밸리 가든을 방문하는 것도 좋다.

1년 내내 다양한 이벤트와 축제가 열리는 헌터 밸리이지만, 헌터 밸리를 방문하기 가장 좋은 시기는 포도나무에서 포도를 수확하는 철인 1월에서 4월 사이. 이 기간에는 추수와 관련된 축제가 함께 진행되어 더 큰 즐거움을 선사한다. 3월과 4월에 열리는 헌터 밸리 추수 축제(Hunter Valley Harvest Festival)는 추수의 기쁨을 노래하고 4월에 열리는 헌터 세미용과 해산물 축제(Hunter Semillon and Seafood Festival)에서는 세미용과 어울리는 다양한 해산물 요리를 즐길 수 있다. 5월에 열리는 러브데일 롱 런치(Lovedale Long Lunch)는 헌터 밸리의 오래된 축제 중 하나로 와인과 음식의 향연을 즐길 수 있으며 5월에

::**Travel Tip 헌터 밸리 여행** 헌터 밸리를 여행하고자 한다면 시드니에서 출발하는 한국인이나 현지인 가이드의 일일 투어에 참여하는 것도 좋고 좀 더 제대로 즐기고 싶다면 차량을 직접 가지고 헌터 밸리의 다양한 숙소에서 1박 이상을 머물며 다양한 체험을 즐기는 것도 좋다.

열리는 또 다른 축제인 어퍼 헌터 와인과 음식 축제(Upper Hunter Wine and Food Affair)는 지역의 레스토랑, 올리브 재배업자, 와인 농장주가 그들의 상품과 솜씨를 뽐내는 장이다. 또한, 10월에 열리는 포도원에서의 오페라(Opera in the Vines)는 포도 덩굴 아래에서 멋진 공연이 펼쳐져 헌터 밸리의 봄을 즐길 수 있다.

헌터 밸리의 수많은 와이너리를 모두 나열할 수는 없지만 몇몇 특징적인 곳을 안내하자면, 와인과 맥주 등 호주 술 생산에 많은 부분을 기여하고 있는 린드만스 와이너리(Lindmans Winery), 아름다운 포도 농장의 모습과 멋진 공연까지 함께 즐길 수 있는 빔바젠 에스테이트(Bimbadgen Estate), 쉬라즈 와인의 탄생지이며 포도 농장에서 펼쳐지는 오페라를 즐길 수 있는 윈드햄 에스테이트(Wyndham Estate), 오랜 전통을 자랑하는 오크배일 와이너리(Oakvale Winery), 다양한 수상 경력을 자랑하는 맥구아간 와이너리(McGuigan Winery), 세계적인 세미용을 자랑하는 맥윌리엄스 마운트 플레즌트 에스테이트(McWilliams Mount Pleasant Estate) 등이 있다.

좌 각종 와인을 시음할 수 있는 헌터 밸리의 와인 셀러 **우** 헌터 밸리의 자랑은 화이트 와인의 세미용과 레드 와인의 쉬라즈

017 뉴 사우스 웨일스 바이런 베이

NSW 북부, 호주 최동단 포인트 **바이런 베이**

Byron Bay

호주 동부 해안의 많은 명소 중 쉽게 지나칠 수도 있지만 꼭 한번 들르게 되는 곳. 호주 최동단 포인트와 아름다운 해안선을 자랑하는 바이런 베이는 자연이 주는 아름다움뿐 아니라 자유로운 영혼인 히피족의 문화를 가장 가까이서 체험해 볼 수 있는 곳으로 유명하다.

시드니에서부터 무려 772km 떨어진 바이런 베이는 뉴 사우스 웨일스 주의 최북단 지역이지만 오히려 퀸즐랜드 주에 더 가까운 호주의 최동단 포인트이기도 하다. 많은 배낭여행객이 오고 가며 알려지게 된 바이런 베이는 호주에서도 자유로운 영혼을 느낄 수 있는 히피 문화를 가장 쉽게 만나고 체험할 수 있는 곳으로 젊은 유럽 배낭여행객에게는 성지와도 같은 곳이다. 그 이유가 무엇이든 지쳤던 마음을 녹이고 쌓인 스트레스를 날려 버리며 새로운 경험을 얻고 가는 곳으로도 유명하다.

가장 큰 번화가인 존슨 스트리트(Jonson Street)에는 호주 대표 장거리 버스인 그레이하운드(Greyhound)와 프리미어 버스가 서는 정류장이 있다. 정류장에 인포메이션이 있어 바이런 베이를 처음 방문하는 여행객이라면 한 번 정도는 들르게 된다. 짧은 일정으로 바이런 베이를 계획했다면 잠시 짐을 맡겨 놓을 수도 있고 긴 일정이라 하더라도 바이런 베이에 대한 정보를 얻기에는 이곳만큼 편리한 곳도 없기 때문. 또한, 주변에 카페와 레스토랑, 기념품 가게, 쇼핑센터, 숙소가 모여 있어 바이런 베이를 여행한다면 이곳을 지날 수밖에 없다.

혹 바이런 베이를 잠시 들를 것이라 계획했다면 다른 곳은 몰라도 케이프 바이런 등대(Cape Byron Light House)에는 꼭 올라가 보자. 호주에서 가장 큰 등대이기도 한 케이프 바이런 등대로 오르는 길은 만만치 않으니 짐이 많다면 인포메이션에 잠시 맡겨 두고 운동화 차림에 물병을 들고 오르는 것이 좋다. 헉헉 숨소리를 내며 약 30분간을 올라야 만나는 정상의 전망은 그야말로 고생에 대한 보상을 받고도 남는다. 파랗다는 표현으로 부족한 바다는 파랑을 뚫을 듯이 맑고, 시원하게 서 있는 등대는 호주 어디서나 만날 수 있는 등대와 비슷한 것

한국에 땅끝 마을이 있다면 호주에는 최동단 포인트 바이런 베이가 있다.

바이런 베이 등대가 유명하다고 하지만 등대만 보고 돌아오는 것은 무언가 아쉽다. 등대를 따라 이어진 트레킹 코스를 따라 돌아보는 것도 추천할 만하다.

같으면서도 다른 모습이다. 등대 뒤로 이어지는 계단을 따라 내려가면 진정한 호주의 동쪽 끝 포인트에 이르게 된다. 더 이상 갈 수 없는 끝이 주는 그 후련함 또는 미련. 말로 표현하지 못할 그 감정을 기념비에 남겨 두고 등대 뒤로 이어지는 5km 트랙을 걸어 보는 것도 좋다. 손 닿지 않은 해안가, 그 옆을 두른 뱅크시아와 숲이 새로운 에너지로 충족시켜 줄 것이다.

::Travel Tip **바이런 베이의 님빈** 호주 동부 해안을 따라 위치한 많은 명소 중 바이런 베이는 평화롭고 자유로운 히피 문화를 즐기기에 안성맞춤이다. 유럽 배낭 여행객에게는 많이 알려져 있으나, 한국인에게는 아직 생소한 님빈(Nimbin)이라는 지역은 바이런 베이에서도 히피 문화를 가장 많이 느낄 수 있는 마을로 히피족을 상징하는 형형색색의 패션 숍과 건물을 쉽게 찾아볼 수 있다. 바이런 베이에서 출발하는 일일 투어를 이용하면 저렴한 금액에 다녀올 수 있다.

시간적 여유가 있다면 서핑을 배워 보는 것도 좋다. 섬나라인 만큼 수없이 많은 해변이 있어 그곳에서 서핑을 배울 수도 있고 서핑을 즐기는 사람을 많이 만날 수 있다. 서퍼들이 입 모아 이야기하는 서핑의 메카, 바이런 베이에서는 요가를 하며 몸 속 깊은 곳의 피로를 몰아내고 서핑을 배우며 에너지를 가득 채울 수 있다. 잔잔한 파도가 일렁이는 해안가에서 서핑을 배우다 보면 어느새 먼바다의 파도를 타고 있는 내 모습을 발견할지도 모른다.

사실 바이런 베이에서 히피 문화를 느낄 수 있다는 것은 다른 것 때문이 아니다. 어느 곳에서나 명상을 즐기는 이가 보이고 피로에 지친 이들을 위한 침, 아로마 요법, 마사지 등을 쉽게 찾아볼 수 있으며 기공으로 수련하는 사람도 만날 수 있다. 몸이 아닌 마음이 피로하다면 점성술이나 타로를 찾아가 상담을 하고 휴식을 취하는 사람도 많다. 이렇게 몸과 마음이 모두 자유로울 수 있는 곳이기에 히피들에게 그리고 많은 여행객에게 바이런 베이가 사랑받는 것이 아닐까.

018 오스트레일리안 캐피털 테리토리 캔버라

시드니와 멜버른의 수도를 건 싸움을 종식시킨 계획도시 캔버라. 계획도시인 만큼 반듯반듯한 길과 가로수, 건물이 인상적이며 그중에서도 국회의사당, 전쟁 기념관, 호주 국립박물관, 레이크 벌리 그리핀, 퀘스타콘 국립 과학 기술 센터, 텔스트라 타워, 각 나라의 대사관 등이 볼만하다.

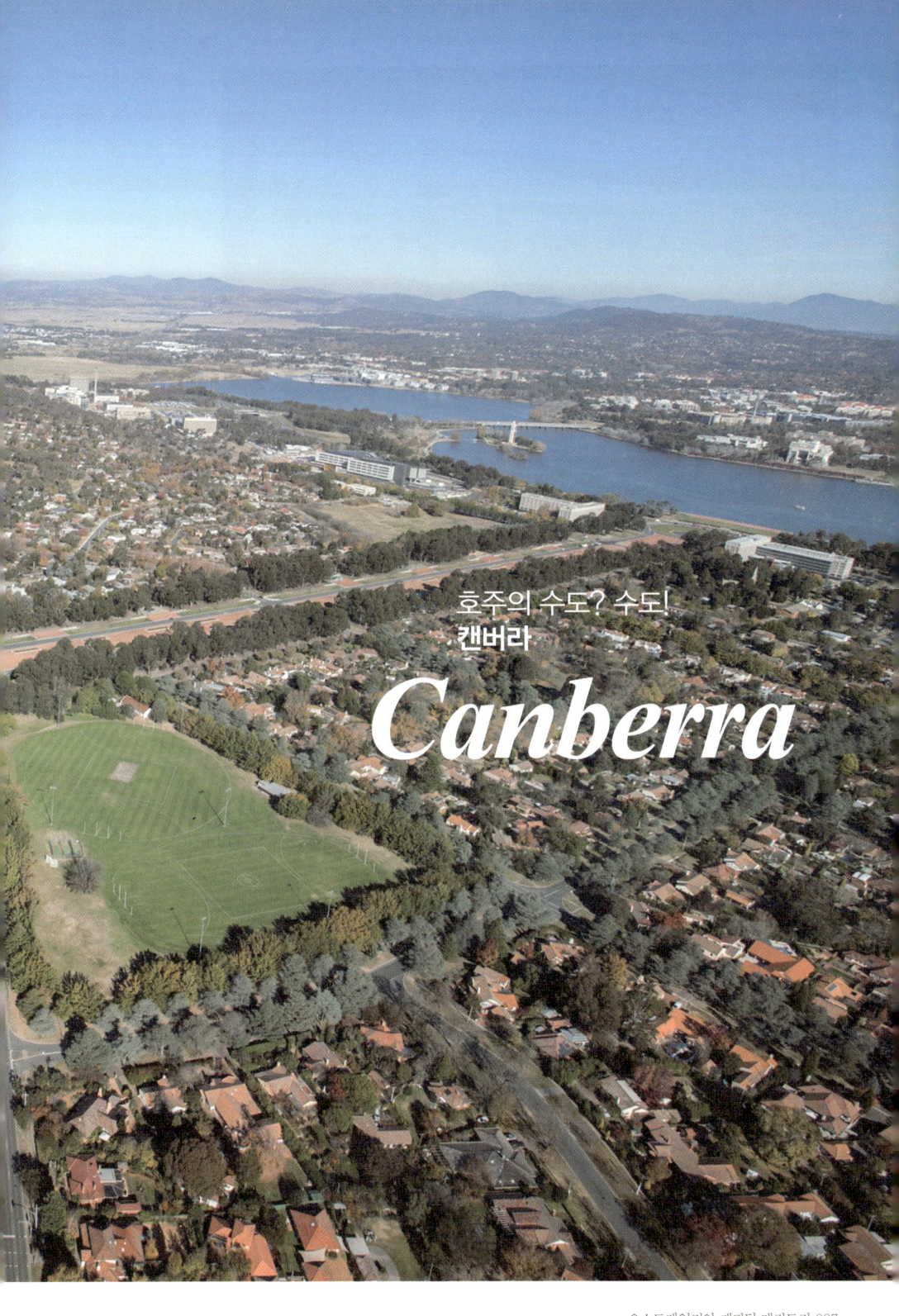

호주의 수도? 수도!
캔버라

Canberra

호주 문화유산을 테마로 한 호주 국립 미술관

1901년에 영국연방으로부터 독립하여 자치권을 얻은 호주 정부는 새로운 수도를 어디에 세울지 고민하였는데 호주의 큰 도시인 시드니와 멜버른은 서로 수도가 되기 위해 치열한 싸움을 벌였다. 무려 7년 동안이나 진행된 이 싸움을 멈춘 것은 정부의 뜬금없는 발표였다. 바로 시드니와 멜버른 두 도시 사이에 새로운 수도를 건립하기로 한 것이다. 시드니에서 남서쪽으로 280km, 멜버른에서 북동쪽으로 660km 떨어진 곳에 미국의 워싱턴 D.C 와 같이 어느 곳에도 속해있지 않은 호주 수도 특별 지역(Australian Capital Territory), 즉 특별주에 캔버라를 건설하게 된다.

캔버라는 국제 대회 수상자로 시카고의 건축가 월터 벌리 그리핀(Walter Burley Griffin)과 매리언 마호니 그리핀(Marion Mahony Griffin)에 의해 디자인되었다. 캐피털 힐(Capital Hill)을 중심으로 육각형 모양으로 뻗어 나가는 도시는 캐피털 힐이 있는 남쪽과 시티 힐(City Hill)이 있는 북쪽으로 나뉜다. 두

::**Travel Tip 캔버라의 이동 수단** 길고 곧게 뻗은 길과 넓은 공원이 깔끔하게 세워진 건물은 캔버라가 계획도시임을 실감 나게 한다. 크다면 크고 작다면 작은 이곳을 여행하는 방법은 튼튼한 두 다리보다는 자전거를 대여하거나 캔버라의 대중교통인 액션 버스(Action Bus) 또는 투어 버스인 시티 사이트싱 캔버라(City Sightseeing Canberra)를 이용하는 것이 좋다. 캔버라 시내에는 차가 많지 않고 캔버라 시민도 자전거를 많이 이용하기 때문에 자전거전용도로가 잘 정비되어 있다. 다만 호주에서 자전거를 탈 때에는 헬멧을 비롯한 안전 장비를 함께 대여하여야 하며 한국과 반대인 도로 시스템을 잘 이해할 수 있도록 지도 등을 철저히 준비하는 것이 좋다. 관광지에 대한 설명을 들으며 버스를 내리고 탈 수 있는 시티 사이트싱 캔버라는 여행자에게 인기가 좋으며 액션 버스를 이용할 경우에는 온종일 버스를 이용할 수 있는 데일리 티켓을 구매하는 것이 좋다.

캔버라를 한눈에 담을 수 있는 텔스트라 타워

호주군이 참여했던 전쟁의 기록을 담아 놓은 전쟁 기념관. 한국전쟁에 대한 기록도 찾아볼 수 있다.

곳 중간에 위치한 레이크 벌리 그리핀(Lake Burley Griffin)은 캔버라를 설계한 월터 벌리 그리핀과 매리언 마호니 그리핀을 기념하기 위해 만들어졌다. 호수의 분수대에서 솟아오르는 물기둥은 파란 하늘의 시원함을 더욱 부각하고 날씨 좋은 날이면 캔버라 시민과 여행객의 피크닉 장소로도 유명하다.

레이크 벌리 그리핀에서 여유를 만끽했다면 호주 국립박물관(National Museum of Australia) 또는 국립 수도 전시관(National Capital Exhibition)을 방문하여 캔버라의 역사, 문화, 예술 등을 둘러보자. 전쟁 기념관(Australian War Memorial)에서 호주군이 참여했던 전쟁의 기록을 보다 보면 한국전쟁의 기록도 찾아볼 수 있다. 가슴 아프고도 슬픈 전쟁의 기록 앞에 절로 마음이 숙연해지고 앞으로의 우리를 생각하게 된다.

호주 국립대학교(Australian National University)에서부터 시작되는 캔버라의 서쪽은 공원과 나무, 숲으로 이루어져 있다. 호주 최고 명문대로 손꼽히는 호주 국립대학교에서는 학구열 높은 젊은이들을 만날 수 있다. 호주 국립 식물원(Australian National Botanic Gardens)은 1948년부터 지금까지 6천 종이 넘는 희귀 식물을 심어 현재의 모습을 갖추었다. 캔버라를 한눈에 바라볼 수 있는 곳인 블랙 마운틴(Black Mountain)의 텔스트라 타워(Telstra Tower)는 산 정상에 우뚝 솟아 있어 송신탑과 전망대 역할까지 함께하고 있다.

캐피털 힐 꼭대기에는 국회의사당(Parliament House)이 위치하고 있다. 세계 최대의 국기 게양대를 자랑하며 현재도 국회가 열리고 있다. 매일 오후 2시에는 수상을 만날 수 있는 질의 시간을 가진다. 시간의 여유가 된다면 구국회의사당(Old Parliament House)에 가 보는 것도 나쁘지 않다. 1927년부터 1988년까지 국회가 열리던 예전 모습을 그대로 보존하고 있어 정치에 관심이 있다면 새로운 경험이 될 것이다. 구국회의사당을 지나 만나는 원주민 천막 대사관(Aboriginal Tent Embassy)은 불에 탄 오두막과 천막의 쓰인 글씨로 권리를 되찾기 위해 힘들게 노력하는 원주민들의 모습을 엿볼 수 있다. 2008년 케빈 러드 수상의 원주민에 대한 'Sorry' 연설은 원주민들의 노력이 현실화된 모습이라고 할 수 있지만, 아직도 그들의 권리를 되찾기엔 먼 여정이 남아 있다.

어린이가 있다면 퀘스타콘 국립 과학 기술 센터(Questacon National Science & Technology Centre)에 가 보자. 과학에 관련된 쇼와 전시물을 보고 직접 체험해 볼 수 있어 교육적인 시간이 될 것이다.

캐피털 힐 서쪽의 얄라룸라(Yarralumla) 지역에는 각국의 대사관이 위치하고 있다. 각국의 전통 양식을 그대로 본뜬 건물은 또 다른 재미를 선사한다. 크고 넓게 지어진 중국 대사관은 한눈에도 알아볼 수 있고 태국의 사원을 그대로 옮겨 놓은 듯한 태국 대사관, 힌두교 사원을 본뜬 인도네시아 대사관, 각이 선 독일 대사관, 나무에 둘러싸인 프랑스 대사관 등 그 나라의 특징을 쉽게 알아볼 수 있게 했다. 많은 대사관 중에서도 청기와를 얹은 대한민국 대사관은 상대적으로 작아 찾기 어렵기 때문에 아쉽다.

운치 있는 구 국회의사당

019 오스트레일리안 캐피털 테리토리 캔버라의 봄과 가을

이벤트로 어우러진 알록달록
캔버라의 봄과 가을

Spring and Autumn

호주 정치의 중심인 캔버라를 재미없는 곳으로 생각하고 긴 일정을 잡지 않는 여행자가 대부분이지만 캔버라의 봄에는 아름다운 꽃의 향연인 플로리아드가, 가을에는 세계 4대 열기구 축제 중 하나인 캔버라 열기구 축제가 기다리고 있으니 지루하게만 생각하지 말고 여유롭게 일정을 짜 보자.

캔버라 봄의 축제 플로리아드에서는 다양한 워크숍도 개최하고 있다. 그중 내 손으로 집의 실내외를 장식하는 꽃에 대한 토론은 현지인에게도 인기 만점.

많은 여행객이 호주의 수도이기에 꼭 한번 방문하고자 계획하는 캔버라이지만 대부분은 캔버라를 당일치기로 다녀오거나 여행 일정 중 짧은 시간을 분배하곤 한다. 하지만 호주의 봄 또는 가을 시즌에 캔버라를 여행한다면 조금 더 여유를 두는 것이 좋다. 바로 봄의 축제 플로리아드(Floriade)와 가을의 열기구 축제(Canberra Balloon Fiesta) 때문이다.

겨울에도 영하로 떨어지지 않는 시드니에 비해 캔버라의 겨울은 유난히 춥고 길다. 꽁꽁 얼어 있던 겨울이 지나고 호주의 봄이 찾아오는 9월에 약 한 달간 진행되는 봄의 축제 플로리아드는 1988년부터 캔버라 건립 75주년을 기념으로 시작되었으며 플로리아드는 'Floriat'이라는 라틴어에서 유래되어 'To Design with Flowers' 즉, '꽃으로 디자인하다'라는 뜻을 가지고 있다. 한 번의 축제를 위해 약 18개월의 준비 시간이 소요되며 전문적인 정원사와 자원봉사자, 그리고 자연이 하나가 되어 놀랄 만한 봄의 마법을 선사한다.

플로리아드는 캔버라의 상징 중 하나인 레이크 벌리 그리핀을 끼고 있는 커먼웰스 파크(Commonwealth Park)에서 펼쳐지며 약 100만 송이의 꽃이 만들어 낸 향연은 아름답고도 신비롭다. 형형색색을 내뿜는 다양한 화단은 튤립과 붓꽃, 수선화, 백합과의 히아신스, 제비꽃, 국화, 미나리아재비, 데이지 등으로 이루어지며 매년 다른 테마를 가지고 화단을 꾸미기 때문에 한 번 방문했다 하더라도 다음 해에 또 다른 플로리아드를 만날 수 있어 현지인에게도 인기가 좋다.

::**Travel Tip 플로리아드는 타이밍** 봄이 오는 9월에 시작되는 플로리아드는 시드니에서 출발하는 일일 투어를 이용하거나 시외버스나 기차를 타고 다녀올 수 있다. 매년 시작되는 날짜와 끝나는 날짜는 비슷하지만 지구온난화로 인해 개화 시기가 조금씩 달라지기도 한다. 너무 일찍 가서 피지 못한 꽃봉오리만 보거나 너무 늦게 가 시들어 버린 꽃만 보고 오는 아쉬움을 안고 돌아올 수 있으니 타이밍을 잘 맞추는 것이 중요하다.

플로리아드는 캔버라의 상징 중 하나인 벌리 그리핀 호수를 끼고 있는 커먼웰스 파크에서 펼쳐지며 약 100만 송이의 꽃이 만들어 낸 향연은 아름답고도 신비롭다.

꽃 전시 외에도 방문자들을 위한 다양한 전시회와 워크숍도 마련되어 있다. 2012년에는 '봄의 팔레트'라는 주제로 첫째 주에는 만화경을 통해 만나는 봄의 색상과 영감을 만끽하고 둘째 주에는 스타일리시한 디자인의 봄 패션을 런웨이에서 만날 수 있었다. 셋째 주는 '그와 그녀의 DIY'라는 주제로 집의 실내외를 장식하는 꽃에 대해 토론을 하고 마지막 주에는 집에서 만들 수 있는 정원에 대한 모든 것을 알아볼 수 있었다. 이처럼 플로리아드는 단순히 눈의 즐거움만 선사하는 것이 아니라 실생활에서도 필요한 팁을 제시하고 있다. 남녀노소 할 것 없이 누구나 즐길 수 있고 특히 꽃과 패션, 정원에 관심이 있는 사람이라면 눈여겨볼 행사이다.

호주의 가을이 시작되는 3월에는 세계 4대 열기구 축제 중 하나인 캔버라 열기구 축제가 열린다. 1986년에 시작된 이 축제는 9일 동안 진행되며 캔버라의 상공을 수놓는 화려한 열기구들을 보며 시간을 보낼 수 있다.

세계 각국에서 찾아온 열기구 조종사들은 매일 아침 구국회의사당 잔디에서 열기구를 부풀려 띄운다. 아침 여명과 함께 조금씩 부풀어 오르는 열기구를 바

구국회의사당을 배경으로 펼쳐지는 캔버라 열기구 축제

높은 가을 하늘을 수놓는
색색의 열기구로
더욱 아름다운 캔버라의 가을

라보고 있노라면 세상의 모든 일의 시작을 경험하듯 엄숙해진다. 천천히 하늘 위로 떠오르는 열기구들의 화려한 모습은 장관을 연출한다. 부지런하다면 캔버라 열기구 축제에 참가하는 열기구 업체에 미리 예약해 하늘을 수놓는 열기구 중 하나에 탑승하여 파노라마처럼 펼쳐지는 캔버라의 모습을 눈에 담는 것도 좋다.

낮보다 더 아름다운 플로리아드의 밤

020 빅토리아 플린더스 스트리트 역 & 페더레이션 광장

호주에서 가장 오래된 역인 플린더스 스트리트 역은 시간이 흘러도 아름다움을 간직하고 있고 과거 많은 사람이 다녔던 그 모습 그대로 지금도 많은 사람의 만남의 장소가 되고 있다. 멜버른 여행의 시작점이라고 해도 과언이 아닌 플린더스 스트리트 역에서 과거의 영광을 만날 수 있다면 현재의 찬란함은 바로 한 블록 건너편에 있는 페더레이션 광장에서 만날 수 있다.

멜버른의 여행은 이곳에서 시작한다
플린더스 스트리트 역 & 페더레이션 광장
Flinders Street Station

현대 기술과 문명의 찬란함을 만끽할 수 있는 페더레이션 광장. 박물관, 미술관을 비롯하여 다양한 공연, 멋진 카페와 레스토랑을 만날 수 있다.

플린더스 스트리트 역(Flinders Street Railway Station)은 멜버른 시내의 플린더스 스트리트와 스완스톤 스트리트(Swanston Street) 사이에 있는 호주에서 가장 오래된 역이다. 1854년에 개장했을 당시에는 증기기관차가 다녔고 1920년대 후반에는 세계에서 가장 바쁜 기차역이라는 명예를 얻기도 했다. 멜버른의 문화적 상징인 플린더스 스트리트 역은 1909년에 현재의 모습으로 완성되었는데 르네상스 양식의 건물로 눈에 띄는 돔과 아치형의 입구, 타워, 시계가 마치 영국의 오래된 도시 속으로 돌아간 듯한 착각을 일으켜 시민의 사랑을 한 몸에 받고 있다. 또한, 멜버른 시내와 외곽으로 가는 기차가 출발하는 역이기 때문에 만남의 장소로도 유명한데 멜버니언 사이에서 "시계 밑에서 만나(I'll meet you under the clock)."라고 하면 통하는 곳이기도 하다.

특히 한국의 드라마 「미안하다 사랑한다」에 자주 등장해 한국인은 물론 중국과 동남아시아 관광객에게 사진 촬영지로 유명하다. 많은 사진 속에 등장하는 플린더스 스트리트 역은 대부분 입구에서 촬영한 것이다. 하지만 여기에 반전이 있다는 사실! 입구에서 플린더스 스트리트 방향으로 조금만 고개를 돌리면 몇 블록을 차지하고 있는 플린더스 스트리트 역의 웅장한 모습도 함께 볼 수 있다.

플린더스 스트리트와 스완스톤 스트리트가 만나는 코너의 또 다른 쪽에는 멜버른의 문화 중심지인 페더레이션 광장(Federation Square)이 있다. 빅토리아 주 정부에서 새로운 공간 건설을 위해 1996년에 개최한 디자인 경연 대회의 우승자인 호주 건축가 베이츠 스마트(Bates Smart)가 정부와 함께 고생한 끝

::**Travel Tip** **투어 출발 장소 미리 확인** 페더레이션 광장의 플린더스 스트리트와 러셀 스트리트(Russell Street)가 만나는 곳에는 AAT Kings, Australian Pacific Touring, Gray Line, Great Sights 등의 멜버른 일일 여행사의 메인 체크인 사무실이 있다. 많은 여행객이 멜버른 여행 시 그레이트 오션 로드나 필립 아일랜드 등의 근교 투어를 예약하는데, 시내 도보 여행을 하며 미리 출발 장소를 확인해 보는 것도 좋으므로 페더레이션 광장까지 내려왔다면 확인해 놓도록 하자.

에 2002년 개장한 페더레이션 광장은 종합문화공간으로 다양한 공연이 열리기도 하고 박물관, 미술관, 레스토랑, 카페, 바가 있어 현지에서는 물론 세계적으로도 인정받는 공공장소이다. 페더레이션 광장의 시작점인 플린더스 스트리트와 스완스톤 스트리트가 만나는 곳에는 인포메이션 센터가 있다. 가이드 투어, 자전거 대여, 일일 투어, 멜버른 시내와 외곽 지도 등 멜버른 여행에 필요한 다양한 정보를 얻을 수 있다. 페더레이션 광장에 있는 빅토리아 주 국립 미술관(National Gallery of Victoria)에는 2만 점이 넘는 호주의 현대 및 원주민의 예술품들이 전시되어 있으며 그중에서도 이안 포터 센터(Ian Potter Centre)에 전시되어 있는 1904년 작 프레데릭 맥커빈(Frederick McCubbin)의 「개척자(The Pioneer)」와 1890년 작 톰 로버트(Tom Roberts)의 「양털깎이(Shearing the Rams)」는 잘 알려진 작품이다. 크리스마스와 부활절을 제외하고는 화요일부터 일요일까지 개장하며 무료입장이므로 시간이 된다면 둘러보는 것이 좋다. 그 외에도 2,000여 개의 문화 공연으로 페더레이션 광장은 일년 내내 축제 분위기로 둘러싸여 있다.

멜버른 문화의 상징인 플린더스 스트리트 역

021 빅토리아 이스트 멜버른

East Melbourne

세인트 폴 대성당에서
세인트 패트릭 성당까지
이스트 멜버른

고딕 양식의 세인트 폴 대성당을 시작으로 플린더스 스트리트를 따라 이어지는 이스트 멜버른은 빅토리아 시대의 피츠로이 가든, 코린트식 기둥이 인상 깊은 주 의회 의사당, 또 하나의 고딕 양식 건물인 세인트 패트릭 성당 등이 있어 마치 유럽의 오래된 도시 속에 와 있는 듯한 착각을 일으킨다. 이스트 멜버른에서의 여행은 짧지만 긴 호주의 건물 역사를 찾아 떠나는 길이 될 것이다.

멜버른 시내의 플린더스 스트리트 역의 대각선 맞은편에 위치한 세인트 폴 대성당(St Paul's Cathedral)은 1835년 멜버른에 처음으로 교회가 소개되었던 장소에 건설되었다. 1848년까지 마켓으로 사용되던 곳이고 1852년부터 1885년까지는 청회색 사암으로 지어져 특별함을 간직했던 세인트 폴 교구 교회(St Paul's Parish Church)가 있던 곳에 영국 건축가 윌리엄 버터필드(William Butterfield)가 고딕 양식의 대성당 건물을 설계했다. 하지만 건설 과정이 지연되면서 지역 건축가인 조셉 리드(Joseph Reed)가 뒤를 이어 1891년 완공했으나 위엄을 자랑하는 첨탑은 시드니의 건축가 존 바(John Barr)에 의해 1926년이 되어서야 완성되었다. 19세기에 지어진 대부분의 건물은 청석(Bluestone)을 이용해 현재의 멜버른을 상징하는 차갑고 푸른 회색빛을 발하고 있지만 특이하게도 세인트 폴 대성당은 사암(Sandstone)으로 지어져 따뜻한 느낌의 노란 갈색빛을 발한다. 특히 시드니 사암으로 뒤늦게 만들어진 첨탑은 본 건물보다 더 어두운 빛을 발하고 있어 마치 다른 건물처럼 느껴진다. 누군가는 멜버른보다 시드니에 더 어울리는 건물이라고도 하지만 스테인드글라스로 아름답게 장식된 내부와 고풍스러운 타일 바닥은 세인트 폴 대성당의 중후한 매력을 더욱 부가시켜 준다.

세인트 폴 성당을 뒤로하고 플린더스 스트리트를 따라 동쪽으로 조금만 내려가면 한국의 드라마 「미안하다 사랑한다」의 '미사 거리'로 더 유명해진 호시어 레인(Hosier Lane)이 왼쪽에 펼쳐져 있다. 예술의 도시라는 애칭을 가진 멜버른

::Travel Tip **여행자 무료 셔틀버스** 멜버른에는 오전 9시 30분에서 오후 4시 30분까지 30분 간격으로 배차되는 여행자 무료 셔틀버스가 운영되고 있다. 멜버른 아트 센터(Aarts Center Melbourne)에서부터 시작하는 이 버스를 타고 페더레이션 광장, 피츠로이 가든, 차이나타운, 주 의회 의사당 등을 둘러볼 수 있다. 여행 경비도 아끼고 도보 이동으로의 체력 소모도 줄일 수 있어 현지인과 여행객 모두에게 인기 좋은 버스로 일석이조의 혜택을 누려 보자.

세인트 폴 대성당에서 세인트 패트릭 성당으로 가는 길에는 한국의 드라마 「미안하다 사랑한다」로 더욱 유명해진 그라피티 거리 호시어 레인을 만날 수 있다.

인 만큼 여러 곳에서 그라피티(Graffiti)를 만날 수 있지만, 사실 공식적으로 허가된 곳은 호시어 레인뿐.

플린더스 스트리트 동쪽 끝의 이스트 멜버른(East Melbourne)에 위치한 피츠로이 가든(Fitzroy Gardens)은 트레저리 가든(Treasury Gardens)과 함께 빅토리아 시대의 대표적인 공원이다. 공원은 영국의 국기 유니언 잭의 십자와 대각선 모양을 하고 있으며 가로수 길이 아름답기로 유명하다. 특히 공원의 중간에 있는 1934년에 지어진 캡틴 쿡 오두막(Captain Cook's Cottage)은 호주 대륙을 발견한 제임스 쿡 선장(Captain James Cook)이 어린 시절을 보냈던 집으로 영국의 요크셔 지방에 있던 오두막의 벽돌들을 옮겨와 재건한 것이다. 쿡 선장 동상과 함께 피츠로이 가든의 명물이다.

멜버른 시내 동쪽을 남북으로 잇는 스프링 스트리트(Spring Street)를 따라 걷다 보면 그리스풍의 건축양식으로 9개의 코린트식 기둥이 웅장하게 서 있는 주 의회 의사당(State Parliament House)이 보인다. 1856년에 완공된 후로 캔버라가 정식 수도가 되기 전까지 연방의회 의사당으로 사용되었으며 현재는 빅토리아 주 의회 의사당으로 이용되고 있다. 회기 중이 아닐 때는 내부 견학과 무료 가이드 투어를 할 수 있고 날씨 좋은 날에는 주 의회 의사당 앞에 앉아 도란도란 이야기를 나누는 직장인과 젊은이를 볼 수 있다.

주 의회 의사당 뒤쪽에 위치하고 있는 세인트 패트릭 성당(St Patrick's Cathedral)은 세인트 폴 대성당과 함께 멜버른을 대표하는 호주 최대 규모의 성당 중 하나이다. 세계에서 가장 훌륭한 고딕 양식 건축물 중 하나이기도 한 세인트 패트릭 성당은 1858년에 착공한 이후 성당 중앙부의 신도석을 만드는 데만 10년 정도 걸렸지만, 첨탑까지 전부 완공되기까지는 80년이 걸렸을 만큼 공사가 천천히 진행되었다. 청석이 푸른 회색빛을 발하여 외부에서는 장엄함이 느껴지고 스테인드글라스 사이로 뿌옇게 반사되는 내부의 신비함은 보는 이를 숙연하게 한다.

19세기에 지어진 대부분의 건물은 청석을 이용해 현재의 멜버른을 상징하는 **차갑고 푸른 회색빛**을 발하지만 특이하게도 세인트 폴 대성당은 사암으로 지어져 따뜻한 느낌의 노란 갈색빛을 발한다.

022 빅토리아 라이곤 스트리트

유럽의 분위기를 잔뜩 머금고 있는 멜버른 안의 이탈리아를 만날 수 있는 라이곤 스트리트. 멜버른 노천카페의 시작점이자 다양한 이탈리안 카페와 레스토랑으로 그들만의 음식 문화와 유니크한 분위기를 풍기고 있어 멜버른 미식가들이 즐겨 찾는 지역이기도 하다. 멜버른 여행 중 커피 향 그득한 브런치와 와인을 곁들인 저녁 식사가 생각난다면 찾아가야 할 1순위 장소!

멜버른 칼튼의 작은 이탈리아
라이곤 스트리트

Lygon Street

멜버른 속 작은 이탈리아 라이곤 스트리트의 최고 메뉴는 갓 구워 낸 화덕 피자. 길거리를 가득 메운 피자 굽는 냄새가 우리의 발걸음을 사로잡는다.

멜버른 중심 거리인 스완스톤 스트리트에서 북쪽으로 향하는 1번 혹은 8번 트램(Tram)을 이용하거나 멜버른 센트럴에서 출발하는 201번, 203번, 207번 버스를 타고 약 15분 정도 이동해야 하는 멜버른 북쪽 지역 칼튼(Carlton). 1900년대 초 호주에 금광이 발견되기 시작하면서 골드러시로 세계 곳곳에서 많은 사람이 이주해 오기 시작했다. 그중 다수의 이탈리아인은 칼튼 지역에 정착하여 그들만의 문화와 공간을 형성하기 시작했고 그것을 기점으로 빅토리아풍의 건물이 하나둘씩 생겼다. 칼튼을 가로지르는 유니버시티 광장(University Square), 아가일 플레이스(Argyle Place)와 같은 유럽 스타일 광장이 속한 라이곤 스트리트(Lygon Street)는 멜버른의 작은 이탈리아로 불린다.

라이곤 스트리트와 아가일 플레이스 사이에는 멜버른과 자매결연한 이탈리아의 밀라노가 함께 재개발한 피아차 이탈리아(Piazza Italia)가 있다. 피아차는 이탈이아어로 '광장'을 뜻한다. 다양한 이벤트가 수시로 열리는 피아차 이탈리를 시작으로 라이곤 스트리트의 레스토랑에 달린 빨갛고 노란 배너는 호주 그랑프리 경기 시즌에만 볼 수 있는 페라리 F1 레이싱 팀을 응원하기 위한 이탈리아인의 열정이다.

실제로 2006년에 발표된 호주 인구 조사 기관인 센서스(Census)의 보고 중 재미있는 사실 하나는 호주에서도 빅토리아 주에 가장 많은 이탈리아인 또는 호주로 이민 온 이탈리아계 호주인이 살고 있고 그중에서도 칼튼 지역이 가장 많다고 하니 라이곤 스트리트의 문화는 또 하나의 이탈리아 역사인 것이다.

::**Travel Tip** 라이곤 스트리트에서의 식사 이탈리안 카페와 레스토랑이 더욱 돋보이는 라이곤 스트리트를 방문하기 가장 좋은 시간은? 바쁜 여행 일정 중 늦잠을 푹 잔 후 진한 커피와 함께하는 브런치 시간 혹은 여행 일정을 소화하느라 하루 종일 간단하게 요기만 하고 한창 배가 고플 저녁 시간이다. 눈, 귀, 코, 입이 모두 즐거워지는 라이곤 스트리트에서 맛있는 시간을 즐기자.

라이곤 스트리트를 가득 채우고 있어 가장 눈에 띄는 것이 바로 이탈리안 아이스크림 가게, 카페, 레스토랑이다. 멜버른 카페 문화의 출발점이 된 라이곤 스트리트는 빅토리아 주에서도 처음으로 야외에 테이블과 의자를 세팅해 커피와 식사를 즐기는 노천 문화를 형성하고 외식 문화를 주도한 곳이다. 그중 라이곤 스트리트 남쪽 끝에 있는 토토 피자 하우스(Toto's Pizza House)는 1961년에 호주에서 최초로 오픈한 피자리아(Pizzaria)로 1950년대에 새로운 호주인이라고 하는 유럽 이민자의 정착지였던 라이곤 스트리트를 1960년대에는 맛집이 가득한 장소로 변화시키는 주역이 되었다. 지금도 같은 자리에서 영업하고 있는 토토 피자 하우스는 중간에 소유주가 한 번 바뀌었지만, 그 맛과 분위기는 그대로 유지하고 있어 라이곤 스트리트의 명물 중 하나가 되었다. 기념할 만한 것으로는 2007년에 뉴욕의 롬바르디스 피자(Lombardi's Pizza) 다음으로 세계 피자 명예의 전당에 리스트되었다는 것이다. 그 외에도 독특한 맛으로 미식가들의 사랑을 받는 카페와 레스토랑이 많은데 멜버른에서 가장 유명한 디저트 가게인 브루네티 케이크(Brunetti Cakes), 피자 화덕을 이용해 정통 이탈리아 음식을 제공하는 빌라 로마나(Villa Romana), 매일 아침 출근길에 더 북적거리는 유니버시티 카페(University Cafe), 30년 전통을 자랑하는 24시간 영업 피자집 카페 노터노(Cafe Notturno), 빨간 벽돌의 내부 인테리어가 인상적인 파스타 전문 파스타 루스티카 리스토란테(Pasta Rustica Ristorante) 등은 현지인뿐 아니라 관광객에게도 사랑받는 곳이다.

빅토리아 주 노천카페의 원조인 라이곤 스트리트

Swanston Street & Melbourne Central

멜버른 시내의
아름다운 조화
**스완스톤 스트리트 &
멜버른 센트럴**

멜버른 시내를 구석구석 둘러볼 시간이 없다? 어디부터 시작해야 할지 몰라 걱정된다? 그렇다면 고민하지 말고 스완스톤 스트리트로 가자. 멜버른에서 가장 오래된 길이기도 한 메인 거리에서 만나는 여러 아이콘은 멜버른의 과거와 현재를 연결해 주며 거리의 북쪽에 자리 잡고 있는 멜버른 센트럴은 대표적인 랜드마크이다.

도시의 매력을 잔뜩 품고 있는 멜버른의 거리는 워낙 각기 다른 모습을 보여 주기에 어디부터 여행을 시작해야 할지 고민이 된다. 이 고민을 해결해 주는 거리가 바로 멜버른에서 가장 먼저 만들어진 스완스톤 스트리트. 멜버른 시내를 남북으로 연결하는 스완스톤 스트리트는 타즈매니아의 은행가인 캡틴 찰스 스완스톤(Captain Charles Swanston)의 이름을 따 명명하게 되었다. 19세기 초반에는 전형적인 유럽 스타일로 마차와 사람만 다니던 길이었으나 19세기 말이 되면서 트램이 다니고 점점 현재의 모습을 갖추게 되었다. 특히 페더레이션 광장과 플린더스 스트리트 역을 시작으로 세인트 폴 대성당, 맨체스터 유나이티 빌딩(Manchester Unity Buiding), 캐피톨 극장(Captirol Theatre), 멜버른 센트럴(Mlbourne Central)까지 멜버른의 대표 아이콘을 만날 수 있어 메인 거리임을 알게 해 준다.

스완스톤 스트리트 북쪽의 멜버른 시내 중심에 있는 멜버른 센트럴은 지하에 멜버른 센트럴이라는 이름의 지하철역이 있어 대중교통의 중심지이기도 하며 300여 개의 숍과 영화관, 바, 레스토랑, 사무실이 공존하고 있는 복합건물이

멜버른 시내의 메인 거리 스완스톤 스트리트

빅토리아 111

다. 독특하고 다양한 트렌드를 자랑하는 숍들이 있어 호주에서도 손꼽히는 쇼핑몰 중 하나이며 론스데일 스트리트(Lonsdale Street)와 라트로브 스트리트(Latrobe Street) 사이에 한 블록을 차지하고 있어 그 규모도 어마어마하다. 대표적인 숍으로는 호주 유명 문구점인 스미글(Smiggle), 독특한 디자인을 자랑하는 문구점 Kikki.K가 있고 각종 패션 브랜드, 수영복 판매장, 부티크, 인테리어 가게, 화장품 매장까지 그 수를 세기도 힘들다. 또한 아일랜드 선술집 분위기를 자랑하는 멜버른 센트럴 라이온 호텔(Melbourne Central Lion Hotel)에서는 멜버른 대표 맥주뿐 아니라 아일랜드 맥주와 음식, 밴드의 공연, 이벤트 등을 체험할 수 있다.

눈여겨볼 것으로 쿱스 샷 타워(Coop's Shot Tower)와 그를 둘러싼 글라스 콘(Glass Cone), 회중시계가 있는데 이들이 만들어 내는 아름다움은 멜버른 시내에서도 가장 사진 찍기 좋은 장소로 손꼽히는 이유이기도 하다. 9층 높이로 꼭대기까지 327개의 계단이 있는 쿱스 샷 타워는 1888년부터 1961년까지 일주일에 6t에 달하는 총알을 생산해 냈던 곳이지만 총기에 관한 새 법안이 발표되면서 더 이상 운영할 수 없게 되었다. 그 후 1973년에 건물이 철거될 위기에 놓이기도 하였으나 운 좋게도 멜버른 센트럴과의 합작으로 50m에 달하는 원뿔 모양의 유리 천장을 얹어 지금의 모습을 간직할 수 있었고 지금은 박물관으로 운영되고 있다. 유리 천장은 글라스 콘이라 불리며 건물 20층 높이에 92개의 판 유리로 만들어졌으며 그 무게는 무려 490t에 이른다. 세계적으로는 가장 큰 유리 천장의 규모를 자랑하며 멜버른 센트럴이 오픈하면서는 '매직 콘'이라 불리기도 한다.

또 다른 상징인 회중시계는 무게만 해도 2t에 길이가 12.5m인 체인을 가지고 있었지만 멜버른 센트럴의 보수 이후에는 체인 없이 회중시계만 남았다. 세이코(SEIKO)에서 멜버니언을 위해 기증한 이 회중시계는 정각마다 시계 아래에서 꼭두각시 인형들의 짧은 공연이 이루어지는데 호주 대표 새 중의 하나인 오스트레일리안 갈라와 카카투가 코알라와 함께 호주 대표 음악인 「왈칭 마틸다」에 맞춰 춤추는 모습이 인상적이다.

::Travel Tip **QV 센터** 본문에서는 언급하지 않았지만 스완스톤 스트리트를 중심으로 멜버른 센트럴 맞은편에 위치한 QV 센터(QV Centre) 또한, 급속도로 성장하고 있는 멜버른의 쇼핑센터이다. 특히 유명한 디자이너 숍이 많아 시드니뿐 아니라 다른 지역의 사람들도 즐겨 방문하는 곳이라고 하니 쇼핑 러버라면 빼놓지 말고 방문해야 할 곳이기도 하다.

웅장한 맨체스터 유나이티 빌딩

024 **빅토리아** 사우스뱅크

야라 리버를 따라 즐기는
사우스뱅크
Southbank

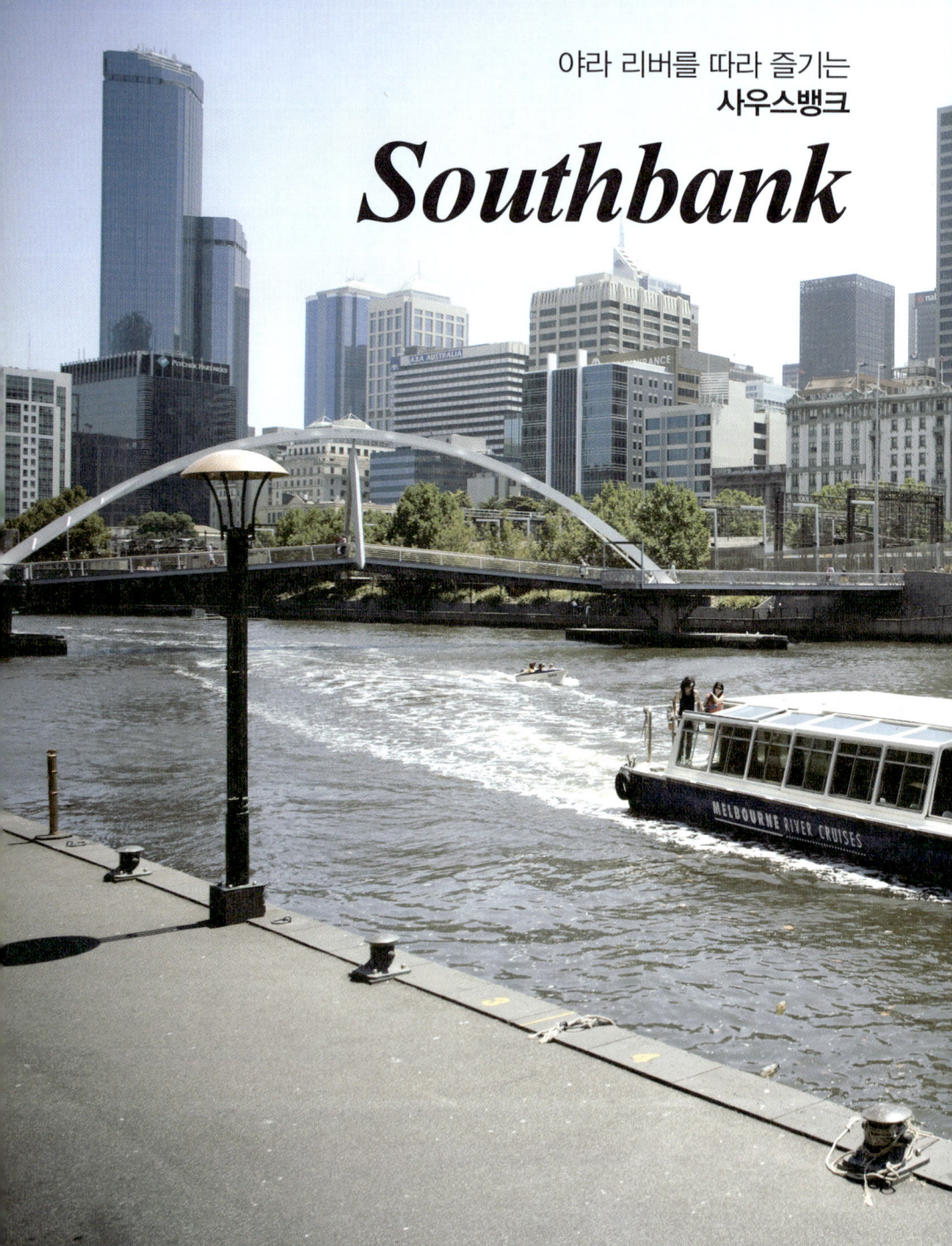

멜버른의 낮과 밤을 모두 느껴보고 싶다면 야라 리버를 따라 이어진 사우스뱅크로 가 보는 건 어떨까. 다양한 매력이 가득한 사우스뱅크에는 멜버른 예술의 중심이라 일컬어지는 빅토리안 아트 센터, 엔터테인먼트 1번지라 불리는 크라운 엔터테인먼트, 멜버른 파노라마를 감상할 수 있는 유레카 타워 등이 있어 언제 방문하든 여러분이 생각한 그 이상을 만날 수 있을 것이다.

페더레이션 광장을 뒤로하고 만나는 사우스 브리즈번

플린더스 스트리스 역과 페더레이션 광장을 뒤로하고 세인트 킬다 로드(St Kilda Road)를 따라 내려오면 멜버른 남쪽을 끼고 유유히 흐르는 야라 리버(Yarra River)를 만난다. 강을 따라 지어진 멋진 건물과 카페, 레스토랑이 우리를 맞이하지만 이렇게 야라 리버 주변이 발전하기 시작한 것도 1970년이 지나서이다. 빅토리안 아트 센터(Victorian Art Centre)를 시작으로 크라운 카지노(Crown Casino)와 크라운 엔터테인먼트 콤플렉스(Crown Entertainment Complex), 멜버른 컨벤션 센터(Melbourne Convention and Exhibition Centre)가 들어섰고 2006년에는 멜버른에서 가장 높은 건물인 유레카 타워(Eureka Tower)가 완공되었다.

멜버른 시내를 빠져나와 야라 리버에서 만나는 첫 번째 건물이라고도 할 수 있는 빅토리안 아트 센터는 멜버른의 오페라 하우스라고 불릴 만큼 다양한 공연

::**Travel Tip 유리카 타워 입장권 저렴하게 구입하기** 멜버른 전경을 감상할 수 있는 유레카 타워는 현지에서 입장권을 구매하는 것도 좋지만, 인터넷을 통하거나 At Elice와 같은 할인 쿠폰을 통해 구매하는 것이 적은 금액이지만 할인을 받을 수 있는 좋은 방법이다. 멜버른의 낮과 밤을 모두 감상하고 싶다면 Sun & Star에서 하루에 2번 방문할 수 있는 티켓을 구매하는 것이 적합하고 유리 큐브인 엣지를 경험하고자 한다면 시간을 여유롭게 가지고 방문하는 것을 권한다.

이 활발히 이루어지고 있는 곳이다. 1960년에 마스터플랜의 일환으로 건축가 로이 그라운드 경(Sir Roy Grounds)이 디자인하였으나 1973년이 되어서야 건축이 시작되었고 1982년에 공연장인 해머 홀(Hamer Hall)이 문을 열었다. 후에 극장 건물이 문을 열면서 멜버른 문화 1번지의 역할을 톡톡히 하고 있으며 그중에서도 뾰족이 솟아오른 첨탑이 멜버른의 랜드마크로 눈여겨볼 만하다. 로이 그라운드 경이 디자인할 당시 파리의 에펠탑과 발레리나의 스커트에서 영감을 얻은 것으로 특히 야간 조명이 들어 온 후의 모습이 아름다워 많은 이의 눈길을 끌고 있다.

살랑살랑한 강바람을 맞으며 걷다 보면 만나는 사우스게이트(Southgate)는 저렴하면서도 여러 종류의 음식을 맛볼 수 있는 푸드코트에서부터 예약하지 않고는 자리 잡기 어려운 고급 레스토랑, 패션 숍, 액세서리 숍, 기념품 가게, 갤러리 등이 함께 있는 복합건물이다.

시선을 틀어 왼쪽을 올려다보면 멜버른에서 가장 높은 빌딩인 유레카 타워가 보인다. 세계에서 10번째로 높은 주거용 건축물인 유레카 타워의 88층에는 유레카 스카이덱 88(Eureka Skydeck 88)이라는 전망대가 위치하고 있다. 전망대는 남반구 가장 높은 포인트로 선명하게 멜버른을 감상할 수 있다. 낮에도 좋지만 해 질 녘이나 저녁에는 감상하는 이들로 하여금 탄성을 자아낸다. 또한, 전망대에서 건물 밖으로 3m 뻗어 나가는 유리 큐브인 엣지(The Edge)는 색다

야라 리버 주위는 **유독 황금빛 조명**이 많이 비춰지고 있어
야경이 더 화려하고 따뜻하게 보이는지도 모른다.
그래서 여행자의 지친 몸과 마음을 산책하며 풀어놓을 수 있다.

사우스 뱅크의 유레카 타워

른 경험을 선사한다. 처음 들어섰을 때는 느끼지 못하지만, 점점 건물 밖으로 움직이며 투명해지는 유리 큐브는 어떤 이에게는 짜릿함을, 어떤 이에게는 공포감을 맛보게 하는 유레카 스카이덱 88의 명물이다.

야라 리버를 따라 사우스뱅크에서 가장 넓은 부분을 차지하고 있는 것은 바로 크라운 카지노와 엔터테인먼트 콤플렉스이다. 지금의 크라운 카지노는 남반구 최대 규모를 자랑하는 곳으로 1997년에 완공되었고 크리스마스와 부활절, 앤잭 데이에 잠깐 문을 닫는 것을 제외하고는 1년 365일 모두에게 오픈되어 있다. 언제나 활기찬 크라운 카지노는 나이트클럽, 영화관, 레스토랑, 부티크가 위치한 엔터테인먼트 콤플렉스와도 연결되어 있으며 5성급 호텔인 크라운 타워(Crown Tower), 크라운 메트로폴(Crown Metropol), 크라운 프롬나드(Crown Promenade)와도 이어져 있다.

종일 놀 수 있는 크라운 카지노와 엔터테인먼트 콤플렉스에는 야라 리버를 따라 12개의 기둥이 서 있는데 매일 저녁 6시부터 자정까지 정시마다 야라 리버의 야경과 어우러지는 불 쇼가 전개된다. 펑 하는 소리와 함께 오분 정도 진행되는데 꽤 볼만하다. 또한, 한여름의 크리스마스를 보낼 수 있는 호주인 만큼 크리스마스 시즌에는 강 주위의 나무가 전구로 화려하게 꾸며지니 시원한 음료를 마시며 연인과 거닐어 보면 어떨까?

025 빅토리아 도클랜드

멜버른의 현재와
미래를 만날 수 있는 **도클랜드**
Docklands

멜버른 시내에서는 과거와 현재가 공존하는 모습을 만날 수 있다. 그렇다면 멜버른의 현재와 미래를 만날 수 있는 곳도 있을까? 내로라하는 건축 회사들이 개성을 살려 지은 건물과 아파트, 엔터테인먼트 공간이 앞다투어 시선을 끄는 도클랜드로 멜버른의 현재와 미래를 만나러 가자.

세계적으로 내로라하는
건축 회사들이 서로의 솜씨를
뽐내는 것처럼 개성을 살려 지은
도클랜드의 건축물은
또 다른 재미를 안겨 준다.

시드니를 완성된 도시라고 표현한다면 멜버른은 건축되고 있는 도시라고 하는 것이 맞지 않을까. 유럽풍의 오래된 건물과 시내 곳곳에 세워지는 새로운 건축물이 자연스럽게 어우러지고 있는 멜버른. 자주 찾게 되는 도시인데도 불구하고 매번 방문할 때마다 거리에서는 공사가 진행 중이다. 그중에서 특히 많은 변화를 만나게 된 곳이 바로 도클랜드(Docklands) 지역.

멜버른 시내가 복잡해지면서 시내를 외곽으로 확장하는 프로젝트의 일부로 에티하드 스타디움(Etihad Stadium), 서던 크로스 역(Southern Cross Railway Station), 서던 스타 관람차(Southern Star Observation Wheel)가 만들어져 멜버른의 새로운 랜드마크가 된 도클랜드는 멜버른 시내에서 도보로는 약 20분 거리에 있고 도보가 힘들다면 무료 트램을 이용해 쉽게 방문할 수 있다.

워터프런트 시티(Waterfront City)는 다양한 볼거리와 즐길거리, 먹을거리가

::Travel Tip **진정한 미사팬이라면 놓칠 수 없는 도클랜드** 멜버른과 연관된 멋진 드라마 「미안하다 사랑한다」의 촬영 장소로 시내의 호시어 레인만 기억한다면 진정한 미사 팬이 아니다. 극 중 주인공인 소지섭과 임수정이 처음 만나 하룻밤을 보냈던 곳이 바로 이곳 도클랜드임을 아는가? 알고 보면 더욱 매력을 느끼게 될 도클랜드, 「미안하다 사랑한다」를 다시 보고 여행을 떠나는 것도 괜찮을 것 같다.

가득한 도클랜드의 메인 거리이다. 특히 다양한 전시물이 거리를 가득 메우고 있는데 포토 포인트가 되어 여행객들의 시선을 사로잡는다. 현대식 건물로 깔끔하게 지어진 하버 타운(Harbour Town)에는 호주 국내외 많은 브랜드 숍이 팩토리 아웃렛과 같은 형태로 저렴하게 판매하고 있다. 밤이 되면 더욱 빛을 발하는 서던 스타 관람차는 그 이름만큼이나 아름답게 빛나며 최고 높이 120m까지 올라 다양한 뷰를 제공한다. 1년 365일 연중무휴로 도클랜드를 방문하는 사람들에게 인기가 좋지만 다소 비싼 금액이 부담스러울 수도 있다. 선착장 앞에 자리 잡은 통유리의 고급 레스토랑은 미식가들의 입맛을 사로잡고 선착장 건물처럼 생긴 피시 바(Fish Bar)는 저렴하면서도 맛난 해산물 튀김과 피시 앤 칩스로 모두에게 인기가 좋다.

또한, 내로라하는 건축 회사들이 당당하게 건축한 도클랜드 지역의 건물들을 눈여겨보는 것도 하나의 포인트이다. 독특한 디자인과 시공 기술, 호주인이 사랑할 수밖에 없게 지어진 요트 선착장과 아파트, 시원하게 펼쳐진 시야까지 더해져 독특한 매력을 뿜어내고 있다. 멜버른 시내가 과거와 공존하고 있다면 도클랜드에는 멜버른의 현재와 미래가 공존하고 있다.

멜버른의 현재와 미래를 볼 수 있는 도클랜드

026 **빅토리아** 멜버른의 작은 골목

쇼핑과 맛집의 또 다른 발견
멜버른의 작은 골목

"Lanes" at Melbourne

직사각형 모양의 멜버른 시내를 여행하는 여러 가지 방법 중 하나가 바로 작은 골목으로의 여행이다. 대표 거리인 스완스톤 스트리트와 엘리자베스 스트리트를 사이에 두고 미로처럼 뻗어 있는 작은 골목은 각기 다른 개성과 분위기를 품고 있어 여행자의 발길을 사로잡는다.

직사각형으로 이루어진 멜버른 시내의 큰 도로 사이에는 '레인(Lane)'이라고 불리는 작은 골목이 있다. 쉽게 지나칠 수 있는 작은 골목이 사실은 멜버른 시내 여행의 알짜배기라고 해도 과언이 아니다. 발품을 팔아 본 사람만이 즐길 수 있는 멜버른 시내의 작은 골목 중 빼놓을 수 없는 몇 곳을 소개한다.

그 첫 번째는 바로 플린더스 스트리트와 플린더스 레인(Flinders Lane)을 연결하는 디그레이브스 스트리트(Degraves Street). 약 200m로 뻗은 이 골목은 플린더스 역에서 멜버른 시내까지 관통하는 짧은 길이지만, 수많은 사람이 오고 가는 골목이다. 분위기가 묻어나는 노천카페와 레스토랑 때문에 좁은 골목길이 더욱 좁게 느껴지지만, 사람들이 만들어 내는 활기는 바로 이곳에서만 느낄 수 있는 또 다른 분위기이다. 그 외에도 부티크, 디자이너 숍, 악세사리 숍 등이 있어 독특함을 찾는 이들에게도 인기가 좋다. 다만 이 골목의 가게들은 이른 아침에 문을 열고 이른 오후에 문을 닫으므로 늦은 시간 방문하면 썰렁하여 피하는 것이 좋다.

나이트 라이프를 즐기고 싶다면 버크 스트리트(Bourke Street)와 리틀 론스데일 스트리트(Little Lonsdale Street)를 남북으로 잇는 하드웨어 레인(Hardware Lane)으로 가자. 골목을 따라 레스토랑이 줄지어 있는데 잔잔한 라이브 음악이 흐르는 곳이 있는 반면에 깊어가는 밤을 붙잡고자 하는 이들의 흥겨움으로 왁자지껄한 곳도 있다. 음악과 춤, 와인과 맥주, 사람과 사람이 만들어 내는 소음으로 더욱 즐거운 하드웨어 레인은 여행자들에게도 꼭 필요한 하루를 충족시켜 준다. 그 외에도 쇼퍼홀릭이 정신을 차리지 않으면 금세 수많은 아이템을 놓쳐 버릴 블록 플레이스(Block Place)와 수제 사탕 가게, 수제 초콜릿 가게로 유명한 로열 아케이드(Royal Arcade), 저렴하면서도 독특한 디자인을 만날 수 있는 코즈웨이(Causeway) 등이 곳곳에 위치하고 있어 구불구불 하게 멜버른 구석구석에 이어진 각 골목길에는 개성이 흘러넘친다.

::**Travel Tip** 멜버른 레인 투어 작은 골목을 중점으로 하루를 보내고 싶다면 플린더스 스트리트에서 출발해 디그레이브스 스트리트–센트럴 플레이스–블록 플레이스–로열 아케이드 순으로 간다. 전부 돌아봤을 즈음이면 체력이 조금 떨어지니 향 좋은 커피 한 잔과 맛있는 디저트로 힘을 내고 다시 하우위 & 프레스그레이브 플레이스(Howey & Presgrave Place)를 지나 맨체스터 레인(Manchester Lane)에서 일정을 마무리하면 좋다.

027 **빅토리아** 멜버른의 마켓

남반구에서 가장 큰 규모를 자랑하는 노천 시장 퀸 빅토리아 마켓과 전통과 함께 더욱 발전하고 있는 고급 농축수산물 시장 프라란 마켓에서 멜버니언의 살아가는 모습을 보고 느끼며 여행의 참맛을 맛보자.

멜버른의 문화와 유산이 깃든 **멜버른의 마켓**

Markets in Melbourne

멜버른 시민의 생활을 좀 더 자세히 들여다보고 싶다면 멜버른의 시장을 구석구석 누벼 봐야 하지 않을까? 그중 가장 많은 사람이 이용하고 매일 현지인과 관광객으로 북적이는 곳이 퀸 빅토리아 마켓(Queen Victoria Market)이다. 사실 퀸 빅토리아 마켓은 멜버른의 주요 랜드마크로 남반구에서는 가장 큰 노천시장이기도 하며 그 규모가 17ac에 달한다. 과거 멜버른 시내에는 이스턴 마켓과 웨스턴 마켓 그리고 퀸 빅토리아 마켓까지 3개의 큰 마켓이 있었으나 이스턴 마켓과 웨스턴 마켓은 1960년대에 모두 폐장되었다. 외곽의 프라란 마켓(Prahran Market)이 남아 있기는 하나 3대 마켓 중 19세기 이후로 남아 있는 마켓은 퀸 빅토리아 마켓이 유일하며 멜버른의 문화와 유산이 남아 있어 빅토리아 유산에 등재된 곳이기도 하다.

멜버른 시내 북쪽에 있는 퀸 빅토리아 마켓은 다양한 과일과 채소, 육류, 해산물뿐 아니라 매일 새로 굽는 맛있는 빵 등 음식을 판매하는 장과 옷, 신발, 보석, 액세서리, 수제 예술품을 판매하는 장으로 나뉘어 있어 현지인이 아니더라도 쇼핑하기 편리하다. 반세기가 넘게 인기가 좋은 도넛 밴(Doughnut Van)도 빼놓을 수 없다. 오랜 시간 그 자리를 지켜온 도넛 밴의 직접 튀긴 도넛은 지역 주민에게는 명물로 여행객에게는 필수 먹거리로 자리 잡힌 지 오래이다. 여름에는 수요일 저녁마다 나이트 마켓이 열리기도 하는데 음식, 술, 라이브 공연 등 다양한 즐길거리를 제공하니 여름에 멜버른을 여행한다면 꼭 한번 방문해 보자.

최근 멜버니언에게 인기를 얻고 있는 핫한 쇼핑 거리인 투락 로드(Toorak Road)와 채플 스트리트(Chapel Street)가 있어 더욱 주목을 받고 있는 프라란 마켓은 멜버른의 고급 마켓으로 125년의 전통을 자랑한다. 특히 유기농 농수축산물을 판매하는 이곳은 마켓뿐 아니라 입구의 카페에도 많은 사람이 붐빈다. '음식을 사랑하는 사람들의 시장(The Food Lover's Market)'이라는 별명을 지닌 만큼 품질 좋고 다양한 음식을 만날 수 있으며 일반 시장에서는 찾기 어려운 해산물과 치즈를 구매할 수 있다. 다양한 공연과 어린이들을 위한 놀이 공간도 갖추고 있어 멜버른 역사와 전통과 함께 발전하는 모습을 볼 수 있다.

그 외에도 빅토리아 아트 센터 주변에서 열리는 선데이 마켓에서는 고품질의 수공예품과 예술 작품을 만날 수 있으며 세인트 킬다(St Kilda) 바다 위쪽의 에스플러네이드에서 열리는 선데이 마켓에서는 큰 규모의 노점상들이 들어선다.

::**Travel Tip** **마켓 방문은 언제가 좋을까?** 마켓을 방문할 때에는 개장 날짜와 시간을 확인하고 방문하는 것이 좋다. 퀸 빅토리아 마켓은 매주 월요일과 수요일을 제외하고는 모두 문을 열지만 이른 아침인 6시에 개장하여 오후 2~3시경이면 폐장한다. 프라란 마켓 또한 매주 월요일과 수요일을 제외하고 문을 열며 오전 7시에 개장하여 오후 5시에 폐장한다. 단, 일요일은 도매시장이 더 많이 열리므로 여행객이 찾기엔 그다지 좋지 않다.

어딜 가나 신선한 과일과 채소, 새로 구운 빵과 음식을 만날 수 있는 멜버른의 마켓. 다른 지역에서 느끼지 못하는 음식에 대한 자부심이 느껴진다. 단순한 시장이 아닌 하나의 문화로 발전시키고 사랑하는 멜버니언을 만날 수 있는 곳이다.

028 **빅토리아** 세인트 킬다 & 브라이튼 비치

St Kilda &

멜버른 시내에서 기분 좋게 트램을 타고 약 30분간 달리면 시드니의 해변과는 사뭇 다른 세인트 킬다가 눈앞에 펼쳐진다. 활기참보다는 고즈녁함이, 시끌벅적함보다는 낭만이 더욱 묻어나는 세인트 킬다 해변의 일몰은 뜨겁게 보낸 하루를 진정시켜 주기에 안성맞춤이다. 최근 핫한 포토 포인트로 떠오르는 세인트 킬다 근처의 브라이튼 비치도 빼먹지 말자.

낭만이 가득한 그곳 **세인트 킬다 & 브라이튼 비치**
Brighton Beach

멜버른의 손꼽히는 부촌인 브라이튼 비치이지만 사실 여행자들에게는 해변을 따라 형형색색 이어진 창고가 포토 포인트로 더 유명하다.

기분 좋게 바람 쐬고 싶은 날, 멜버른 시내 스완스톤 스트리트에서 16번 트램을 타고 약 30분간 달리면 독특한 문화 예술과 세련된 현지 이벤트, 친구같이 편안하고 포근한 해변이 기다리는 세인트 킬다(St Kilda)에 도착한다.

과거 에드워드 7세와 빅토리아 여왕 시대에는 멜버른의 엘리트에게 인기 많았던 곳으로 언덕과 해변 앞에는 대궐 같은 맨션이 많이 지어졌다. 20세기로 넘어서면서 뉴욕 시민이 휴가를 보내기 위해 코니 아일랜드를 방문하듯 멜버니언에게 가까운 휴양지 역할을 하며 그 인기를 유지하고 있다.

세인트 킬다의 황금기라고 불리는 1870년에서 1890년까지는 짧은 기간에 부동산 붐과 함께 세인트 킬다로 유입되는 인구가 2배로 늘어나면서 맨션뿐 아니라 여러 호텔이 지어졌으며 그와 함께 해변 근처의 피츠로이 스트리트(Fitzroy Street)와 아클랜드 스트리트(Acland Street)가 세인트 킬다의 메인 거리로 발전하게 되었다. 지금도 피츠로이 스트리트에는 그 시절에 지어진 호텔들이 남아 있어 분위기를 돋우며 멜버른에서 처음 문을 연 이탈리안 레스토랑인 레오의 스파게티 바(Leo's Sphagetti Bar)가 여행객들의 인기를 얻고 있다.

1890년에 대공황이 시작되면서 세인트 킬다의 인기도 줄어들게 되었지만, 다행히 전에는 멜버른 시내까지만 연결되던 트램이 세인트 킬다까지 확장되어 새로운 엔터테인먼트 공간으로 재탄생할 수 있었다. 그 공간 중 하나가 바로 세인트 킬다의 명물인 루나 파크. 1912년에 문을 연 후부터 현지인과 여행객 모두에

::Travel Tip **세인트 킬다의 대표 극장** 과거의 화려함과 다양한 이야기를 간직한 세인트 킬다에서 빼놓지 말아야 할 곳은 바로 3개의 극장이다. 빅토리아 유산기록에도 등록된 유서 깊은 곳들인데 보자르 예술 양식의 대표적인 건물로 1920년에 지어진 내셔널 극장(National Theatre)은 호주에서 가장 오래된 발레 스쿨이 시작된 곳이다. 팔레 극장(Palais Theatre)과 아스터 극장(Astor Theatre)은 각각 1927년과 1935년에 지어진 아르 데코 양식의 대표 건물이다.

게 사랑받고 있는 루나 파크는 세인트 킬다를 방문하는 모든 이의 포토 포인트로도 활용되고 있다. 한국의 놀이동산과는 분위기가 사뭇 다르지만, 세계에서 가장 오래된 목재 롤러코스터는 지금까지도 인기가 좋다.

루나 파크를 뒤로하고 만나는 세인트 킬다 해변은 시드니의 본다이 비치와 맨리 비치와는 또 다른 풍경을 간직하고 있는 곳이다. 특히 해 질 녘의 낭만과 고즈넉함은 시드니의 해변과는 비교되지 않아 멜버니언의 자랑거리가 되곤 한다.

멜버니언은 세인트 킬다와 함께 방문하면 좋을 곳으로 세인트 킬다에 근접한 브라이튼 비치(Brighton Beach)를 손꼽는다. 과거 세인트 킬다의 인기가 줄어들 때 멜버른의 부자들이 새롭게 눈여겨보고 옮겼던 곳이 바로 브라이튼 비치로 현재도 멜버른의 부촌으로 손꼽히고 있다. 사실 여행객에게는 브라이튼 비치를 따라 형형색색 이어진 창고가 더 유명하다. 해양 레포츠를 즐기는 멜버니언의 제트스키, 카누, 서핑 보드를 보관하는 창고는 각자 다른 색을 가지고 있어 카메라 렌즈에 담아 엽서로 선물하기엔 이만한 곳도 없기 때문이다.

세인트 킬다의 해 질 녘

029 **빅토리아** 멜버른의 세계적인 이벤트

시작을 알리는 멜버른의 세계적인 이벤트

Global Events

다양한 매력을 지닌 호주로의 여행 중 빼놓지 말아야 할 것이 있다면 바로 멜버른의 대표 세 가지 이벤트가 아닐까 한다. 그랜드슬램의 첫 번째 경기로 새로운 시즌을 맞이하는 선수와 관람하는 이들의 주목을 받는 호주 오픈 테니스, 세계 최고의 자동차경주 대회인 F1의 첫 번째 경기 호주 그랑프리, 호주의 봄을 알리는 전국적인 축제 멜버른 컵 카니발. 시작을 알리는 세 이벤트와 함께 여행의 시작을 꾸려 보는 것도 색다르지 않을까.

_F1 호주 그랑프리

호주 대부분의 도시가 다 그렇듯 각 도시에서 진행되는 다양한 이벤트는 많은 관광객을 불러 모으고 있지만 그중에서도 멜버른에서 진행되는 세 이벤트, 호주 오픈 테니스(Australian Open Tennis), F1 호주 그랑프리(F1 Australian Grand Prix), 멜버른 컵 카니발(Melbourne Cup Carnival)은 세계적으로도 유명하다. 이벤트가 열릴 때 멜버른의 숙소와 교통은 미리 예약해 놓지 않으면 구하기 어렵거나 평소보다 비싼 값을 지불해야 한다.

호주 오픈 테니스는 프랑스 오픈, 윔블던, US 오픈과 함께 그랜드슬램이라고 불리는 테니스 경기 중 하나로 매년 1월에 열리며 일 년 중 가장 먼저 진행되는 경기이기도 하다. 1905년에 잔디 코트에서 처음 경기가 진행되었으나 1988년부터는 멜버른 파크(Melbourne Park)로 옮겨와 하드코트에서 진행되고 있다. 특히 메인 경기장으로 사용되는 로드 레이버 아레나(Rod Laver Arena)와 하이센스 아레나(Hisense Arena)는 뜨겁고 비가 많은 멜버른의 여름 날씨를 대비해 개폐식 지붕을 갖추고 있다. 2주간 펼쳐지는 세계적인 선수들의 멋진 경기도 관람할 만하지만 기회가 된다면 한국 선수들의 경기를 관람하며 응원해 보는 것도 좋다. 또한, 한국의 자동차 그룹 기아(KIA)가 메인 스폰서로 경기장 곳곳마다 보이는 기아 이미지도 자랑스럽다.

국제자동차연맹(FIA)의 주최로 개최되는 세계 최고의 자동차경주 대회인 F1(포

::Travel Tip 축제 기간에 현명한 여행하기 세계적인 이벤트가 진행되는 기간에 멜버른을 여행하는 것은 어딜 가나 사람으로 붐빈다는 것을 의미한다. 그만큼 숙소 구하기도 쉽지 않고 숙소 예약이 가능하더라도 이미 요금이 많이 오른 상태이므로 가장 좋은 방법은 미리미리 준비하는 것이다. 특히 호주의 여름 여행 성수기와 겹치는 호주 오픈 테니스 기간 중에서도 결승전이 이루어지는 때에는 경기 관람 목적이 아니면 여행 자체를 피하는 것이 하나의 요령이다.

뮬러원)은 매년 3월부터 10월까지 세계 곳곳에서 19개의 경주를 치른 뒤 승점을 모두 합산해 우승자를 가리는 대회이다. 그중 호주에서 첫 경주가 개최되는데 바로 매년 3월에 진행되는 호주 그랑프리가 그것. 1985년에 세계 챔피언십에 속하게 된 이후로 1995년까지는 애들레이드 스트리트 서킷(Adelaide Street Circuit)에서, 1996년부터는 알버트 파크(Albert Park)의 멜버른 그랑프리 서킷(Melbourne Grand Prix Circuit)에서 개최되고 있다. F1은 팀 단위로 많은 인원이 움직이기에 경기 기간에 숙소 구하기는 하늘의 별 따기. 하지만 이 기간을 제외하고는 일반인에게도 멜버른 그랑프리 서킷이 공개되기에 자동차 여행을 계획한다면 드라이브를 즐겨 보는 것도 좋다. 물론 시속 50km로 속도 제한이 있지만, 세계적인 그랑프리 서킷을 드라이빙하며 즐기는 쾌감은 해 본 사람만이 알리라.

매년 11월 호주의 봄을 알림과 동시에 시작하는 멜버른 컵 카니발은 호주 전 국민이 사랑하는 경마 축제로 패션과 스포츠, 사교 행사가 함께한다. 9월부터 시작되지만 11월 첫 번째 화요일에 열리는 멜버른 컵(Melbourne Cup)이 하이라이트이며 빅토리아 주는 이날을 공휴일로 지정하고 있다. 남녀노소 함께 즐기는 이 이벤트는 1861년에 시작하여 150년이 넘는 전통을 자랑하고 경마장을 찾는 이들은 멋진 드레스와 장신구로 잔뜩 멋을 내고 기념한다. 모든 호주인이 하나가 되는 11월 첫 번째 화요일 오후 3시의 경기는 '나라 전체를 멈추게 하는 경기'라는 별명을 가지고 있을 정도로 인기가 많다.

좌 호주 대륙이 뜨거워지는 멜버른 컵 카니발 **우** 그랜드슬램의 첫 경기 호주 오픈 테니스

030 **빅토리아** 모닝턴 반도

새롭게 주목받는 **모닝턴 반도**
Mornington Peninsula

유럽풍의 멜버른 시내를 충분히 만끽하고 누구나 가는 곳이 아닌 특별한 곳을 찾고 있다면 모닝턴 반도가 해답이다. 자연이 선사한 아름다움과 아기자기하고 소소한 즐거움, 예술적 분위기가 잘 어우러진 모닝턴 반도가 일상과 여행의 피로에 지친 몸과 마음을 힐링해 줄 것이다.

현지인에게 인기가 많았던 모닝턴 반도가 여행객에게도 알려지기 시작했다. 와이너리와 아름다운 뷰포인트뿐 아니라 여행에 지친 몸을 쉬게 할 온천도 즐길 수 있다.

1803년에 소렌토(Sorrento) 지역 근처로 유럽인들이 처음으로 이주한 이래 수준 높은 문화와 예술이 자리 잡은 모닝턴 반도(Mornington Peninsula)는 서쪽으로 포트 필립 베이(Port Phillip Bay), 동쪽으로 웨스턴포트 베이(Westernport Bay), 남쪽으로 배스 해협(Bass Strait)을 끼고 있다. 멜버른 시내에서 남동쪽으로 자동차로 약 한 시간 정도 걸리는 곳이다. 대부분 멜버른 시민이 주말이나 휴일을 이용해 조용한 해변과 휴식을 위해 찾던 곳이었으나 관광객에게도 조금씩 알려지기 시작해 새롭게 주목받고 있다.

민더(Meander)라 불리는 모닝턴 반도의 북부 지역은 모닝턴 반도에서도 가장 예쁜 곳이다. 럭셔리 요트를 타고 끝없이 펼쳐진 해변을 항해하며 화려한 마운트 마사(Mount Martha)와 마운트 엘리자(Mount Eliza)를 감상하고 깎아지른 절벽 위의 주택들을 보고 있노라면 멜버니언이 왜 모닝턴을 사랑하는지 알 수 있다. 그 밖에도 매주 메인 거리에서 열리는 마켓과 한 달에 한 번씩 열리는 경마 시장, 아름다운 골프 코스가 현지인뿐 아니라 여행객을 끌어모으고 있다.

남부 지역은 독특한 스타일과 사랑스러운 라임스톤 건물이 특징인 소렌토와 수백만 달러의 저택들이 모여 있는 포트시(Portsea)와 1880년대에 지어진 군사 지역으로 100년이 넘게 일반들에게 공개되지 않았지만 지금은 산책과 사이클을 즐길 수 있는 모닝턴 반도 국립공원(Mornington Peninsula National Park), 낚시, 바다 카약, 스쿠버다이빙, 돌고래와 수영하기 등 다양한 액티비티가 기다리고 있다.

무성한 올리브 나무, 와인 농장, 카페와 레스토랑은 모닝턴 반도의 내륙지역인

::**Travel Tip** 모닝턴 반도의 일일 투어 여행 경비나 기간이 여유롭다면 차량을 대여하여 1박 이상 머물며 휴양을 즐기기에 모닝턴 반도 만큼 좋은 곳도 없지만 여러 가지 부분에서 타이트한 배낭여행족이라면 현지인 여행사에서 운영하는 일일 투어에 참여해 보는 것도 좋다. 각자의 예산에 맞게 딸기 농장 방문이나 페닌슐라 핫 스프링스 체험 등은 옵션으로 선택할 수 있다.

힌터랜드(Hinterland)의 상징이다. 그중 레드 힐(Red Hill) 지역은 큰 쇼핑센터와 아트 갤러리가 즐비하고 최고의 전망을 자랑하는 레드 힐 에스테이트(Red Hill Estate)도 빼놓을 수 없다. 유명한 와이너리에서 인기 좋고 맛 좋은 와인과 함께 다양한 요리를 즐기는 것, 지역 농장에서 생산된 신선한 과일과 채소를 직접 수확하거나 구매하는 것, 특히 여름 시즌에는 호주에서 가장 큰 딸기 농장인 써니리지(Sunnyridge)에서 수확 체험을 하고 딸기를 재료로 한 음식을 맛보는 것도 또 다른 즐거움이다.

또한, 페닌슐라 핫 스프링스(Peninsular Hot Springs)는 637m의 지하에서 발견된 천연 온천수로 자연경관과 함께 스파를 즐길 수 있는 곳이다. 호주에서도 온천을 즐길 수 있는 몇 안 되는 곳 중 하나로 360도의 파노라마 뷰를 자랑하는 힐 톱(Hill Top) 수영장, 사우나, 동굴 수영장, 가족 수영장 등 20가지 이상의 다양한 스파 경험을 할 수 있는 배스 하우스(Bath House)와 고요한 자연 속에서 몸과 마음, 정신의 피로 회복과 에너지 재생에 집중하는 스파 드리밍 센터(Spa Dreaming Centre)도 남녀노소 할 것 없이 인기가 좋다.

좌 심신을 힐링해 줄 페닌슐라 핫 스프링스   우 질 좋은 와인을 만날 수 있는 레드 힐

031 빅토리아 그레이트 오션 로드

멜버른의 대표 근교 관광지 그레이트 오션 로드. 이름 그대로 광활하고도 멋진 해변 길을 달리며 만나는 자연의 신비로움은 끝없는 감동을 선사한다. 바쁘고 곤한 일상에 지친 그대여, 그레이트 오션 로드로 떠나라.

Great Ocean Road

끝없는 자연의 신비로움
그레이트 오션 로드

빅토리아 주의 그레이트 오션 로드는 방문하는 모든 이에게 그레이트 오션 로드의 시작임을 알리고 사진을 찍어 추억으로 남길 수 있도록 표지판을 마련해 두었다.

그레이트 오션 로드(Great Ocean Road)는 멜버른 시내에서 서쪽을 달리면서 만날 수 있는 'Great' 광활하고 멋진 'Ocean' 해변 'Road' 길이다. 토키(Torquay)에서부터 워넘불(Warrnambool)에 이르는 약 243km의 해안 도로는 자연이 빚어낸 신비로움 그 자체라 해도 과언이 아니다. 하지만 이 아름다움 뒤에는 제1차 세계대전 참전 용사들의 노력이 숨어 있다. 전쟁이 끝나고 귀환한 군인들의 일자리 창출을 위해 정부가 그레이트 오션 로드를 착공한 것이다.

토키에서 출발해 처음 만나는 작은 해변 마을인 아폴로 베이(Apollo Bay)는 많은 관광객이 쉬어 가는 장소로 작은 카페와 레스토랑, 기념품 가게가 있다. 아폴로 베이를 지나면서부터 바로 그레이트 오션 로드가 시작된다. 시작점에 있는 큰 표지판이 포토 포인트로 사람이 붐비곤 한다.

구불구불한 절벽 길을 달리다 보면 그레이트 오션 로드를 대표하는 12사도 바위(Twelve Apostles)가 보인다. 오랜 세월에 걸친 파도와 비, 바람의 침식으로 빚어진 12사도 바위는 위엄 있고 장엄하기 그지없다. 12사도 바위는 다양한 각도에서 매번 다른 모습을 보여 준다. 깁슨 스텝스(Gibson Steps)는 길게 뻗은 계단으로 12사도 바위 뒤쪽의 해안선으로 이어져 있는데, 깁스 스텝스에서 역광으로 바라보는 12사도 바위의 모습은 또 다른 아름다움이다. 이어져 있는 해안 또한 절경이다. 헬리콥터를 타고 하늘에서 바라보는 12사도 바위와 그레이

::Travel Tip **그레이트 오션 로드의 일일 투어** 그레이트 오션 로드는 멜버른의 가장 대표적인 일일 투어 장소로 한인 여행사와 현지인 여행사 모두 프로그램을 운영한다. 현지인 여행사의 상품도 한인 여행사를 통해 예약할 경우 할인을 받을 수 있으므로 한인 여행사와 금액이 많이 차이 나지 않지만, 방문하는 곳과 투어 운영 시간의 차이가 있어 일정을 확인해 보고 예약하는 것이 좋다. 시간의 여유가 있다면 일일 투어보다 멜버른에서 출발해 애들레이드 방향으로 이동하며 그레이트 오션 로드의 매력을 충분히 감상하는 것도 좋다. 이럴 경우 최소 2박 3일의 일정을 예상해야 한다.

트 오션 로드 해안선의 경치 역시 장엄하고 아름다워 돈이 하나도 아깝지 않다. 겨우 10분 정도 소요되는 값비싼 짧은 비행이지만 말이다.

12사도 바위에서 10분 정도 달리다 보면 1878년에 영국을 떠나 멜버른으로 오던 로크 아드호가 난파되어 단 2명만이 생존했다는 슬픈 이야기를 가진 로크 아드 협곡(Loch Ard Gorge)이 나타난다. 또 다른 전설이 숨겨져 있을 것만 같은 해안 동굴과 절벽 아래 백사장이 영화 속 한 장면 같다.

영국의 런던 브리지와 닮아 이름 지어진 런던 브리지(London Bridge)는 자연이 만들어 낸 다리 모양의 지형으로 원래 육지와 연결되어 있었으나 계속되는 비와 바람의 풍화작용으로 1990년에 중간 부분이 무너져 내려 현재와 같은 모습을 갖게 되었다. 그레이트 오션 로드의 종착점인 워넘불은 고래잡이로 유명한 곳이었으나 현재 더 이상 고래잡이가 이루어지지 않아 항구 앞에 위치한 해양 박물관에서 그에 대한 모습을 볼 수 있다. 매년 고래가 남태평양을 건너는 시즌에는 많은 사람이 고래를 보기 위해 워넘불을 방문한다.

차량을 이용해서 여행하는 그레이트 오션 로드도 아름답지만, 직접 걸으며 느끼는 그레이트 오션 로드는 또 다른 매력을 보여 준다. 아폴로 베이에서부터 12사도 바위까지 이어지는 약 104km의 해안 트레일 코스는 10개의 코스로 나뉘며 난이도에 따라 짧은 코스도 있고 전문 가이드와 함께해야 하는 코스도 있다. 해안 트레일 코스를 체험하기 위해서는 최소 1박 이상의 일정을 잡는 것이 좋다.

헬기 투어로 감상한 그레이트 오션 로드

032 빅토리아 필립 아일랜드

세계에서 가장 작은 펭귄을 만나요 **필립 아일랜드**
Phillip Island

섬이긴 하지만 멜버른이 있는 호주 메인 섬과 다리로 연결되어 쉽게 찾아갈 수 있는 필립 아일랜드는 자연이 선사한 야생동물의 서식지이다. 야생 코알라에서부터 물개, 바다표범, 세계에서 가장 작은 펭귄인 페어리 펭귄까지. 그들이 만들어 내는 삶의 모습을 넋 놓고 훔쳐보는 우리를 발견할 수 있는 곳이다.

세계에서 가장 작은 펭귄인
페어리 펭귄들의 서식지
필립 아일랜드에서는
자연의 소중함과 신비함을
함께 경험할 수 있다.

필립 아일랜드(Phillip Island)는 멜버른 시내에서 약 130km 떨어진 곳에 있으며 차로는 약 1시간 30분 정도 소요된다. 멜버른 시내에서 멀지 않기에 관광객뿐 아니라 현지인에게도 사랑받는 장소이다. 세계에서 가장 작은 펭귄인 페어리 펭귄(Fairy Penguin)을 비롯해 코알라, 물개, 바다표범 등의 야생동물을 만날 수 있는 곳으로도 유명하다. 주요 포인트로는 코알라 보호 센터(Koala Conservation Centre), 처칠 아일랜드 헤리티지 농장(Churchill Island Heritage Farm), 노비스 센터(Nobbies Centre), 펭귄 퍼레이드(Penguin Parade) 등이 있다.

코알라 보호 센터는 유칼립투스가 울창한 자연 그대로의 모습이다. 코알라 보드워크와 우드랜드 보드워크로 신선한 공기를 마시며 산책을 즐기면 여행으로 피로한 몸과 마음을 충전할 수 있을 뿐 아니라 나무 위에 매달려 늘어지게 잠을 자는 야생 코알라를 찾는 재미도 쏠쏠하다. 운이 좋다면 잠에서 깨어나 유칼립

::Travel Tip 필립 아일랜드의 가이드 투어 필립 아일랜드로 이동할 때 멜버른 시내에서 출발하는 한국인이나 현지인 가이드 투어를 이용하는 것이 저렴하고 편리하다. 대부분 펭귄 퍼레이드를 보기 위해 오후에 출발하여 밤늦은 시간에 귀환하므로 특히 겨울철 여행에는 추위를 녹이기 위한 따뜻한 점퍼를 준비하는 것이 좋다.

투스 잎을 따 먹으며 놀고 있는 코알라를 만날 수도 있다. 그 외에도 야생 왈라비, 고슴도치 등 다양한 호주 야생동물을 만날 수 있으며 시간이 된다면 방문객 센터에서 신비로운 코알라에 대해 배워 보는 것도 좋다.

가족 여행으로 필립 아일랜드를 방문한다면 처칠 아일랜드 헤리티지 농장을 방문해 보자. 전통적인 호주 농장 활동인 소젖 짜기, 양털 깎기, 새끼 양이나 송아지에게 먹이 주기, 셰틀랜드양몰이개의 똑똑한 양몰이 쇼 등을 즐긴다면 어른과 아이가 함께하는 생생한 체험 교육이 될 것이다.

필립 아일랜드 서쪽에 있는 노비스 센터는 웅장한 해안 절벽이 장관을 이루는 곳으로 호주 바다표범의 서식지이기도 하다. 전망대에 올라 끝없이 펼쳐진 남태평양의 모습을 사진에 담다 보면 쉬이 호주 바다표범들을 만날 수 있다. 조금 더 많은 무리를 보고자 한다면 산책로를 따라 내려가 보자. 2만 마리 이상의 호주 바다사자가 서식하고 있는 노비스 센터야말로 그들에게는 천국이 아닐까.

뭐니 뭐니 해도 필립 아일랜드의 최고 하이라이트는 세계에서 가장 작은 펭귄인 페어리 펭귄을 만날 수 있는 펭귄 퍼레이드이다. 필립 아일랜드를 삶의 터전으로 삼아 이른 아침에는 먹잇감을 구하러 바다로 나갔다가 해가 진 후 돌아오는 페어리 펭귄의 모습을 관찰할 수 있는데 관람석에 앉아 펭귄들을 볼 때에는 사진 촬영이 일체 금지된다. 야생에 사는 페어리 펭귄이 카메라의 플래시를 받게 되면 시력을 잃을 수도 있기 때문이다. 페어리 펭귄은 작은 체구에도 먹이를 찾기 위해 하루에도 수십 킬로미터를 헤엄치고, 새끼들은 부모가 돌아올 시간에 맞춰 둥지 앞에 마중 나와 울어 댄다. 이런 모습이 자연의 신비로움을 느끼게 할 뿐 아니라 우리가 살아가는 모습과도 닮아 있어 가슴 한편이 따뜻해진다.

뛰노는 야생 왈라비

033 **빅토리아** 단데농 & 퍼핑 빌리

싱그러운 햇살과 시원한 바람, 오래된 수풀이 뿜어내는 웅장함, 신비한 야생 새들이 함께하는 곳 단데농. 남녀노소 누구나 좋아할 곳이지만 특히 가족 여행객에게 인기가 좋은 단데농으로 소풍을 떠나보는 건 어떨까. 어린 시절의 추억이 가득 담긴 퍼핑 빌리의 증기기관차도 함께 경험해 보면 더욱 멋진 추억거리가 될 것이다.

멜버른 근교 **단데농**과 어린 시절의 추억 **퍼핑 빌리**

Dandenong & Puffing Billy

일반적으로 단데농이라고 불리는 단데농 산맥(Dandenong Ranges)은 멜버른 시내에서 동쪽으로 약 35km 정도 떨어진 지점에서 시작되어 633m까지 솟아오르는 마운트 단데농(Mount Dandenong)의 낮은 구릉지대에 자리 잡고 있다. 구불구불한 산맥과 바람에 풍화되어 깎아지른 골짜기, 빽빽한 수풀 사이로 흐르는 도랑물과 키 큰 나무, 그리고 그 기원을 알 수 없는 고사릿과의 양치식물이 자꾸만 단데농을 찾게 하는 마력을 뿜어낸다.

멜버른으로 많은 유럽인이 이주하기 시작하면서 단데농은 근교 여행 코스로 유명해지기 시작하였다. 1882년 초부터 일부분이 공원으로 보호되고 1987년에 이르러 단데농 산맥 국립공원(Dandenong Ranges National Park)으로 지정되면서 1997년에는 더 많은 지역이 그에 속하게 되었다. 거목과 양치식물로 가득한 오래된 숲에는 다양한 야생동물이 살며 그중에서도 많은 종류의 새가 서식한다. 단데농 산맥 국립공원의 입구에는 관광객이 쉽게 이해할 수 있게 '단데농 공원에 오신 걸 환영합니다.'라고 적힌 간판에 사진과 함께 새에 대한 안내가 되어 있다. 그 앞에는 언제든 먹이 주기 체험을 할 수 있도록 새 모이가 준비되어 있지만 '절대로 사람이 먹는 음식은 주지 말라'는 문구가 인상적이다. 하얀 깃털에 노란 벼슬이 앙증맞은 큰유황앵무(Sulphur Crested Cockatoo), 울음소리가 재밌는 래핑 쿠카부라(Laughing Kookaburra), 깃털이 너무나 예쁜 크림슨 로젤라(Crimson Rosella), 호주 대표 앵무새 오스트레일리안 킹 패럿(Australian King Parrot), 얼핏 보면 비둘기 같지만 자세히 보면 완전히 다른 갈라(Galah) 등 신비롭고 멋진 야생 조류를 만날 수 있는 곳으로 남녀노소에게 인기가 좋다. 또한, 단데농의 다양한 트레킹도 인기가 많다. 나이, 성별, 취향에 따라 다양한 트레킹 코스를 선택할 수 있지만, 그중에서도 1,000개의 계단이 있어 유명한 코코다 트랙(Kokoda Track)이 현지인에게도 많은 사랑을 받고 있다.

단데농 산맥을 지나 조금 올라가면 만나는 올린다(Olinda) 마을은 사탕 가게, 인테리어 소품 가게 등 작은 가게가 모여 있어 소소한 재미를 안겨 준다. 카페에 들러 커피 한 잔의 여유를 즐기는 것도 좋다. 이곳까지 왔다면 단데농 정상의 마운트 단데농 스카이 전망대를 빼놓을 수 없다. 해발 633m의 정상에서는 날씨 좋을 때면 멜버른 시내는 물론 멀리 포트 필립 베이까지 볼 수 있는데 파노라마

::Travel Tip **단데농 산맥의 이동 수단** 단데농 산맥을 여행하는 방법은 현지 교통을 이용하거나 일일 투어에 참여하는 것이다. 현지 교통을 이용한다면 꼬박 하루가 소요되므로 시간을 넉넉히 잡는 것이 좋다. 멜버른 시내에서 벨그래이브행 교외선 기차를 이용해 단데농까지 이동하여, 벨그레이브 역에서 출발하는 퍼핑 빌리를 타고 멋진 숲길을 달리거나 시내 교통편을 이용해 올린다 마을을 방문할 수 있다. 다만 교외선 기차나 퍼핑 빌리를 이용할 시 시간을 잘 맞추어 예약해야 하는 점을 꼭 기억해 둘 것. 시간이 없거나 경비를 절약하고자 한다면 멜버른 시내에서 출발하는 여행사의 반나절 투어를 이용하는 것을 추천한다.

좌 싱그러운 단데농 산맥 **우** 애버리진의 역사와 문화가 살아 숨 쉬는 단데농

로 펼쳐지는 장관이 아름답기 그지없다. 전망대 건물은 간단한 식사와 커피, 음료 등을 즐길 수 있는 아래층과 정식 다이닝(Dining)이 이루어지는 위층으로 나뉘며 특별한 날에 특별한 사람과 함께 멋진 시간을 보내기에 안성맞춤이다.
하지만 뭐니 뭐니 해도 단데농 산맥의 가장 하이라이트는 호주에서 가장 오래된 증기기관차인 퍼핑 빌리(Puffing Billy)를 타고 숲길을 달리는 것이다. 원래는 단데농 지역의 농산물을 멜버른 시내로 실어 나르는 화물열차였지만, 현재는 관광 열차로 인기를 얻고 있다. 퍼핑 빌리를 제대로 즐기는 방법은 창이 없는 퍼핑 빌리에 엉덩이만 걸치고 앉아 양팔과 양다리를 모두 밖으로 뻗어 시원한 바람을 맞으며 달리는 것이다. 시원하게 뿜어내는 증기와 24km나 이어지는 아름다운 숲은 싱그러운 햇살과 함께 마음을 상쾌하게 한다. 벨그레이브(Belgrave) 역을 시작으로 젬브룩(Gembrook), 레이크사이드(Lakeside) 그리고 멘지스 크릭(Menzies Creek)으로 운영되는 퍼핑 빌리는 양방향으로 모두 이용할 수 있으며 계절별로 진행되는 퍼핑 빌리의 다양한 이벤트에 참여해 보는 것도 색다른 재미가 있다.

034 빅토리아 야라 밸리

호주 내 많은 와인 산지 중에서도 가장 서늘한 기후 지역 중 하나인 야라 밸리는 특정한 포도 품종보다는 스파클링 와인, 샤르도네, 피노 누아, 카베르네 소비뇽 등 다양한 와인이 생산되는 곳으로 와인에 입문하는 초보자에서부터 전문가까지 모두에게 인기가 좋은 곳이다.

빅토리아 주의 와인 산지
야라 밸리
Yarra Valley

멜버른 시내에서 접근성이 좋아 가벼운 마음으로 즐겁게 방문할 수 있는 야라 밸리에서는 프랑스 샴페인의 대명사 모엣 & 샹동이 문을 연 도메인 샹동을 만날 수 있다.

멜버른 시내를 가로지르는 야라 리버를 따라 상류 지역으로 오르다 보면 시원하게 펼쳐지는 골짜기가 보인다. 이 골짜기가 바로 1838년에 처음 포도나무를 심기 시작하여 170년의 역사를 자랑하는 빅토리아 주의 대표 와인 산지인 야라 밸리(Yarra Valley)이다. 호주 내 많은 와인 산지 중에서도 가장 서늘한 기후를 유지하는 지역이다. 야라 밸리의 대표 와인은 하나로 꼽기보다는 스파클링 와인에서부터 시원한 샤르도네, 감미로운 피노 누아, 감칠맛 나는 카베르네 소비뇽까지 다양하다.

차로 멜버른 시내에서 북동쪽으로 약 한 시간 정도 걸리는 야라 밸리는 접근성이 좋아 관광객뿐 아니라 현지인에게도 인기가 좋다. 곳곳에 숨어 있는 크고 작은 40여 개의 와이너리는 그들의 전통과 방법으로 다양한 와인을 생산하고 있다. 시원하게 펼쳐지는 포도밭과 그에 어울리는 멋진 레스토랑이 야라 밸리를 사랑할 수밖에 없도록 한다. 많은 와이너리 중에서도 야라 밸리를 찾았다면 꼭 들르게 되는 곳이 몇 군데 있는데 그중 하나가 도멘 샹동 오스트레일리아(Domaine Chandon Australia)이다. 프랑스 샴페인의 대명사 모엣 & 샹동(Moet & Chandon)이 세계적인 수준의 스파클링 와인 생산을 위해 프랑스가 아닌 새로운 대륙을 탐험하기 시작했는데 아르헨티나, 브라질, 미국의 캘리포니아 다음으로 호주를 찾았다. 그중에서도 서늘한 기후의 야라 밸리가 스파클

::Travel Tip **야라 밸리의 다양한 이벤트** 야라 밸리의 와이너리에서 와인 시음과 함께 어울리는 음식을 접해 보는 것도 좋지만 매달 열리는 다양한 지역 이벤트에 참여해 보는 것도 좋다. 여행객보다 현지인에게 더 사랑받고 있지만, 여행객에게도 새로운 체험이 되지 않을까. 와인 산지에서만 체험할 수 있는 와인, 치즈, 올리브 등 음식에 관련된 이벤트에서부터 지역 주민과 함께하는 이벤트까지. 야라 밸리로 출발하기 전 야라 밸리 공식 사이트(www.wineyarravalley.com)에서 이벤트를 확인하는 것을 잊지 말자.

링 와인을 생산하기에 가장 적합하다고 판단하여 1986년 야라 밸리에 도멘 샹동을 열었고 지금까지도 많은 스파클링 와인을 생산하고 있다. 스파클링 와인이라고 하여 단순히 식전의 입맛을 돋우어 주고 가벼운 파티에 어울리는 달콤한 그것을 생각했다면 도멘 샹동에서는 의외일 것이다. 포도 품종과 제조 방법에 따라 단맛이 적게 나거나 드라이한 스파클링 와인을 만날 수도 있고 특별함을 지닌 레드 품종으로 스파클링 와인을 만들 수도 있기 때문이다. 커다란 유리창 밖으로 펼쳐지는 포도밭을 감상하며 맛있는 음식과 함께하는 도멘 샹동의 스파클링 와인은 초보자도 쉽고 편하게 즐길 수 있다.

전부 나열할 순 없지만, 최고의 스파클링 와인, 베스트 레드 와인, 베스트 쉬라즈 등 화려한 수상 경력을 자랑하는 오크 리지(Oak Ridge), 명예와 자긍심으로 9대째 가족 와이너리를 성공적으로 운영하고 있는 도미니크 포르테(Dominique Portet), 70년의 전통으로 많은 이의 사랑을 받고 있는 드 보톨리(De Portoli) 등의 와이너리도 야라 밸리의 자랑이다. 시음뿐 아니라 제조 과정과 창고도 함께 둘러보고 포도나무가 끝없이 펼쳐지는 아름다운 경관과 맛있는 식사까지 함께한다면 최고의 야라 밸리 여행이 될 것이다.

야라 밸리의 포도밭

035 **빅토리아** 그램피언스 국립공원

빅토리아 주를 대표하는 바위산
그램피언스 국립공원
National Park

길이 3,500km에 이르는 그레이트 디바이딩 산맥의 남쪽 끝자락에 위치한 그램피언스 국립공원. 부드러운 사암층과 가파른 산등성이로 가벼운 산책에서부터 험준한 트레킹까지 다양하게 즐길 수 있고 바위산의 적막함과 폭포의 시원함이 묘한 매력을 뿜어낸다.

멜버른 시내에서 서쪽으로 약 235km 떨어져 있는 그램피언스 국립공원(Grampians National Park)은 자연이 만들어 놓은 기암괴석과 원주민이 그려 놓은 암각화, 곳곳에 있는 시원한 폭포 등의 가치를 인정받아 2006년에 호주 국립 자연유산 리스트에 등재되었다. 동쪽에서 서쪽으로는 부드러운 사암층이 낮게 비껴 있고 북쪽에서 남쪽으로 이어지는 산등성이는 가파르고 험준하다.

그램피언스 국립공원의 중심부에 위치한 홀스 갭(Halls Gap)은 여름에는 매우 뜨겁고 건조해 추천하지 않지만 봄, 가을, 겨울에는 아름답기 그지없어 그램피언스 국립공원으로 향하는 여행객의 통로가 된다. 다양한 숙박 시설, 카페, 레스토랑이 있으며 그램피언스 국립공원으로의 트레킹 코스를 즐길 수 있는 시작점이기도 하다.

또한, 가까운 곳에 브램북 국립공원 & 브램북 원주민 문화 센터(Brambuk the National Park & Brambuk Aboriginal Culture Centre)가 있어 그램피언스 국립공원을 배경으로 살았던 원주민의 역사와 삶을 엿볼 수 있는 많은 자료와 공연을 볼 수 있다. 특히 그램피언스 국립공원은 호주 남동 지역을 통틀어 원주민의 암각화가 가장 다양하게 나타난 대표적인 곳으로 빌리미나 쉼터(Billimina Shelter), 굴구른 만자 쉼터(Gulgurn Manja Shelter), 은가마디즈 쉼터(Ngamadjidj Shelter)가 있으며 이 쉼터들은 호주와 원주민의 역사에 있어서 중요한 역할을 한다.

::Travel Tip **이왕이면 제대로 그램피언스를 즐기자** 멜버른에서 출발하는 현지인 일일 투어로 다녀올 수도 있지만, 거리가 꽤 멀기 때문에 멜버른에서 애들레이드로 이동하며 최소 1박 정도의 시간을 두고 트레킹을 즐겨야 그램피언스 국립공원의 진정한 모습을 즐길 수 있다.

그램피언스 국립공원에는 50개가 넘는 트레킹 코스가 있어 일정이 짧은 여행자를 위한 가벼운 산책로에서부터 캠핑이나 아웃도어 라이프를 즐기는 여행자를 위한 며칠이 소요되는 긴 트랙까지 다양하게 준비되어 있다. 그중 3,800만 년이라는 세월을 담고 있는 웅장한 바위 절벽을 볼 수 있는 보로카 전망대(Boroka Lookout)와 리즈 전망대(Reed's Outlook), 죽음의 턱이라고 불리는 발코니스 전망대(Balconies Lookout), 해발 1,167m의 최고봉이 있는 마운트 윌리엄(Mount William), 그 속의 시원하게 떨어지는 물줄기 매켄지 폭포(MacKenzie Falls) 등은 꼭 방문해야 할 곳이다.

036 빅토리아 발라랫 & 소버린 힐

Ballarat &

호주 골드러시의 본거지
발라랫 & 소버린 힐

Sovereign Hill

세계에서 두 번째로 큰 금덩어리 웰컴 너겟과 함께 시작된 골드러시는 1850년대에 가장 번화하고 바쁜 도시인 발라랫을 탄생시켰다. 금광 채굴권으로 발생하는 세금 징수에 항거하는 유레카 폭동과 함께 과거 영광의 해는 저물었지만, 그 당시 모습을 재현해 놓은 소버린 힐이 많은 사람의 발길을 끌고 있다.

호주의 동부 해안을 따라 이어져 있는 산맥인 그레이트 디바이딩 산맥(Great Dividing Range) 서쪽의 낮은 평원 지대와 야로위 리버(Yarrowee River) 사이에 있는 발라랫(Ballarat)은 멜버른 시내에서 북서쪽으로 약 100km 떨어진 내륙 도시이다. 해안가를 따라 도시를 형성하고 있는 호주에서 쉽게 찾아볼 수 없는 내륙 도시로 1851년에 파버티 포인트(Poverty Point)에서 금이 발견되기 시작하면서 아일랜드와 중국 등에서 골드러시를 따라 이주한 사람들에 의해 급속히 도시화된 곳이다. 지금은 과거의 영광이 되어 버렸지만, 현재도 빅토리아 주의 내륙 도시 중에서는 가장 인구가 많다.

골드러시로 팽창된 여러 도시가 있지만 그중에서도 발라랫은 오랫동안 금 채취가 이루어졌던 곳으로 1854년에 금광 채굴권으로 발생되는 세금 징수에 항거해 호주 역사에서 유일하게 유레카 폭동(Eureka Rebellion)이라 불리는 무장 반란이 일어난 곳이기도 하다. 유레카 폭동의 상징으로 이용되었던 유레카 깃발은 국가의 상징이 되었고 현재는 호주에서 가장 오래되고 가장 큰 지역 미술관인 발라랫 미술관(Art Gallery of Ballarat)에 보관되고 있다. 그 외에도 1857에 설

좌 골드러시로 급속히 도시화된 발라랫 우 1800년대를 그대로 재현한 소버린 힐

한국의 민속촌처럼 예전의 모습을 그대로 간직하고 있는 소버린 힐에서 지하 13m까지 내려가는 특별한 광산 투어에 참여해 보자. 또 다른 금을 발견할지도 모른다.

립된 발라랫 보타닉 가든(Ballarat Botanical Gardens)은 호주에서 가장 대표적인 지역 식물원으로 꼽히고 있고, 1919년에 완공된 에비뉴 오브 오너(Avenue of Honour)는 호주에서 가장 처음 완공되고 가장 길게 만들어진 기념 도로이다. 1858년에 현재 기록으로 세계에서 두 번째로 큰 금덩어리인 '웰컴 너겟(Welcome Nugget)'이 발견된 발라랫의 레드 힐(Red Hill)의 모습을 그 당시 그대로 재현한 소버린 힐(Sovereign Hill)은 발라랫의 대표 여행지로 야외 민속박물관이라 할 수 있다. 1851년에 처음 금을 발견한 이후 10년간의 역사를 담고 있는 소버린 힐은 당시 실제로 사용되었던 소품으로 꾸며진 60여 개의 역사적인 건물과 그 시대의 복장을 입고 있는 직원과 자원봉사자가 아기자기하면서도 소소한 재미를 안겨 준다. 친절한 자원봉사자는 관광객의 질문에 언제든 대답해 줄 준비가 되어 있고 당시의 모습을 재현하는 거리 공연은 마치 그 시대로 돌아간 것 같은 착각을 안겨 준다. 그중에서도 가장 하이라이트는 13m의 지하로 들어가는 레드 힐 광산 투어와 사금 채취이다. 작은 대야를 들고 스르륵스르륵 모래를 체에 내리다 보면 마지막에 사금이 남아 있는 것을 발견할 수 있는데 직접 채취한 사금은 가지고 올 수 있어 인기가 좋다. 또한, 메인 거리의 빅토리아 극장(Victoria Theatre)에서 상영되는 「남십자성의 피(Blood on the Southern Cross)」는 유레카 폭동을 배경으로 한 극으로 화려한 조명과 음향이 인상적이다. 소버린 힐 입장 시 지도에 안내된 거리 공연이나 각종 행사 시간을 체크해 두면 더 유용하다. 또한, 유레카 폭동의 전시품과 함께 금에 대한 모든 것이 전시된 골드 뮤지엄(Gold Museum)도 빼놓지 말자.

::Travel Tip **알고 떠나면 더 알 수 있다!** 한국에 비해 짧은 역사를 지닌 호주이지만, 발라랫이나 소버린 힐과 같은 역사적 배경이 숨어 있는 곳을 여행할 때는 사전에 그 내용을 알아보고 난 후 방문하면 더 많은 것을 보고 느낄 수 있다. 간단한 정보는 멜버른 시내의 여행자 정보 센터에서도 쉽게 찾을 수 있으니 조금이라도 관심을 기울여 보자.

037 **사우스 오스트레일리아** 빅토리아 스퀘어 & 런들 몰

애들레이드 시대의 중심 **빅토리아 스퀘어**와
애들레이드의 명동 **런들 몰**

Victoria Square

애들레이드 시내를 남북으로 가로지르는 중심 도로 킹 윌리엄 스트리트를 따라 애들레이드 시내를 여행해 보자. 킹 윌리엄 스트리트 중간에 자리 잡은 다이아몬드형의 빅토리아 스퀘어는 만남의 장소, 휴식의 공간, 축제의 장소로 현지인과 관광객 모두에게 사랑받으며 애들레이드의 명동이라 불리는 런들 몰에서 쇼핑과 함께 현대 미술 조각품을 감상하는 재미가 쏠쏠하다.

& Rundle Mall

:: **Travel Tip** 애들레이드 시내의 무료 버스 : 애들레이드 시내에는 현지인과 여행자를 위한 무료 버스가 운행되고 있다. 한 푼이라도 아껴야 하는 배낭 여행족에게 이보다 더 반가운 소식도 없을 터. 빅토리아 스퀘어를 기준으로 시내를 한 바퀴 도는 시티 루프(City Loop) 버스와 비 라인(Bee Line) 버스의 99B 노선을 기억하자. 시티 루프는 평일에만 운행, 주말에는 약 3분 간격으로 운행되며 비 라인 버스는 평일 5분, 주말에는 15분 간격으로 운행된다.

런들 몰의 낮과 밤을
당당하게 지키고 있는
런들 몰 분수대는
경호의 역할뿐 아니라
만남의 장소로도 인기가 좋다.

애들레이드(Adelaide) 시내는 단순하다. 리버 토런스(River Torrens)를 중심으로 직사각형 모양의 남쪽 시내를 남북으로 가로지르는 중심 거리인 킹 윌리엄 스트리트(King William Street)만 알면 길을 잃을 염려가 없다. 킹 윌리엄 스트리트의 중간에 자리 잡고 있는 빅토리아 스퀘어(Victorai Square)는 만남의 장소, 휴식의 공간, 다양한 축제의 장이 되는 랜드마크로 원주민인 카우르나 사람들(Kaurna People)은 이곳을 탄다냥가(Tarndanyangga)라 불렀다. 탄다냥가는 '레드 캥거루가 꿈꾸는 장소(The Dreaming Place of the Red Kangaroo)'를 말한다. 원주민에게도 애들레이드 시민에게도 더불어 여행자에게도 중요한 역할을 하는 빅토리아 스퀘어 중심에는 빅토리아 공주의 동상이 인자한 모습으로 서 있다. '세 개의 강(Three Rivers Fountain)'이라는 이름을 가진 분수는 밤에 더욱 아름다운 빛을 발하며 크리스마스 시즌에 세워지는 24.5m 높이의 트리도 빅토리아 스퀘어의 자랑이다.

킹 윌리엄 스트리트를 따라 리버 토런스 방향으로 내려가다 보면 오른쪽에서 남호주의 명동이라 불리는 런들 몰(Rundle Mall)을 만난다. 1976년에 호주에서 처음으로 차 없는 거리로 지정된 런들 몰은 호주의 대표 도·소매 가게가 남호주의 플래그십 스토어로 자리 잡고 있다. 이탈리안 스타일의 애들레이드 아케이드(Adelaide Arcade), 시티 크로스(City Cross), 애들레이드 센트럴 플라자(Adelaide Central Plaza), 대표 백화점인 마이어와 데이비드 존스도 런들 몰에 있어 애들레이드 최고 번화가의 명성을 이어 가고 있다. 광장 중간에 전시된 현대 조각품 또한 런들 몰을 더욱 매력 있는 장소로 만들어 준다. 높이 4m에 이르는 두 개의 스테인리스 원형 구는 쓰러질 것 같으면서도 균형을 잡고 있어 지나가는 이들의 눈길을 끈다. 또 터줏대감처럼 자리 잡고 있는 4마리의 돼지 청동상이 있는데, 서 있는 돼지 트루플스(Truffles), 걸어가고 있는 돼지 오거스타(Augusta), 앉아 있는 돼지 호레이쇼(Horatio), 쓰레기통을 뒤지고 있는 돼지 올리버(Oliver)는 인기 있는 포토 포인트이다.

038 **사우스 오스트레일리아** 노스 테라스

애들레이드의 여행 명소가 모두 **노스 테라스**에

North Terrace

애들레이드 시내 여행을 어디서부터 시작해야 할지 고민하고 있다면 두말할 필요 없이 노스 테라스로 가자. 애들레이드 시내 대부분의 여행 명소가 밀집된 노스 테라스에서 애들레이드의 역사와 문화, 엔터테인먼트까지 함께 만나 볼 수 있다.

직사각형의 애들레이드 시내는 총 4개의 테라스로 둘러싸여 있다. 이스트 테라스(East Terrace), 웨스트 테라스(West Terrace), 사우스 테라스(South Terrace), 노스 테라스(North Terrace)가 바로 그것인데 리버 토런스와 가까운 노스 테라스만 잘 따라다녀도 애들레이드 시내의 여행 명소 대부분을 방문할 수 있다. 동쪽에서 시작하여 서쪽 끝까지 또는 그 반대로. 노스 테라스는 애들레이드의 중심부를 동서로 잇고 있기 때문에 어디서 시작하든 무관하지만, 런들 몰을 둘러보기 전이라면 서쪽 끝에서부터 시작하여 동쪽 끝으로 이동한 후 런들 몰을 방문하거나 런들 몰을 서쪽에서부터 둘러보기 시작하여 동쪽으로 여행한 후 노스 테라스의 동쪽에서부터 시작하면 좋다.

노스 테라스의 서쪽에서부터 여행을 시작하면 가장 먼저 만나는 명소는 애들레이드 컨벤션 센터(Adelaide Convention Centre)이다. 호주에서 박람회를 목적으로 지은 첫 번째 건물로 기차역 플랫폼에 일부 걸쳐 건축되었다. 1987년에 지어진 이후로 여러 번의 리모델링과 확장 공사를 거쳐 현재의 모습으로 탄생했으며 다양한 전시회와 세미나 등의 행사가 진행되고 있다.

기차역 플랫폼을 기준으로 확장된 건축물은 애들레이드 컨벤션 센터뿐만이 아니다. 플랫폼 위에 지어진 리버사이드 센터(Riverside Centre)와 인터컨티넨탈 호텔이 있고 애들레이드를 드나드는 대부분의 기차가 출발하고 도착하는 애들레이드 역(Adelaide Railway Station)이 그 중심에 자리 잡고 있다. 그리고 오래된 기차역 플랫폼 건물 안쪽에는 애들레이드 카지노가 있다. 90개의 게임 테이블과 950여 개의 게임 머신뿐 아니라 개성이 가득한 바와 레스토랑도 있어 유흥과 엔터테인먼트를 함께 즐길 수 있는 공간이다. 또한, 애들레이드 카지노는 남호주에서도 1,100명 이상의 직원을 고용하는 10번째로 큰 회사로 많은 일거리를 창출하고 있어 또 다른 의미로도 중요한 역할을 하고 있다.

조금 더 동쪽으로 걸어 내려오면 남호주의 국회의사당(Parliament of South Australia)을 만난다. 청회색의 외관은 조용하지만 웅장함을 은근히 표현하고 있고 이곳에서 진행되는 많은 입법 행사가 남호주를 이끌어 가고 있다. 국회의사당 뒤쪽에는 노스 테라스와 리버 토런스를 사이에 두고 시민에게 사랑

::Travel Tip **노스 테라스 여행 일정은 넉넉하게** 애들레이드 시내는 재미있게도 가장 많은 볼거리가 한 거리에 모여 있다. 특히 노스 테라스를 모두 둘러보기 위해선 명소의 개방 시간과 내부 투어 시간을 미리 확인하고 그에 맞추어 이동하는 것이 좋으며, 애들레이드 시내 여행의 일정 중 가장 넉넉한 시간을 배분하는 것이 좋다.

총 4개의 테라스로 둘러싸인 **반듯한 직사각형**의 애들레이드 시내의 **하이라이트**는 노스 테라스. 동쪽에서부터 서쪽으로 또는 반대 방향으로 걷다 보면 애들레이드 시내의 명물을 모두 만나 볼 수 있다. 다만, 쉽게 지나칠 수도 있어 지도를 꼼꼼히 체크해 보며 다니는 것이 좋다.

받는 휴식지 엘더 파크(Elder Park)와 언제나 즐거움이 가득한 페스티벌 센터(Adelaide Festival Centre)가 있다. 드넓게 펼쳐진 초록의 공간인 엘더 파크는 주말과 휴일을 이용해 피크닉을 나온 가족과 연인 등 조용히 시간을 보내는 시민으로 항상 가득하다. 페스티벌 센터는 1973년에 공사를 시작하여 1977년에 완공된 이후로 2년에 한 번씩 진행되는 애들레이드 비엔날레의 주요 행사지이기도 하며 매년 6월의 애들레이드 카바레 페스티벌과 9월의 오즈 아시아 페스티벌, 애들레이드 국제 기타 페스티벌이 열리는 곳이기도 하다. 또한, 버스커들의 재미난 공연과 함께 볼거리와 즐길거리가 가득하다.

그 외에도 제1차 세계대전에 참여한 전사들을 기리기 위해 1931년에 만든 전쟁 기념비(National War Memorial)와 남호주 도서관(State Library of South Australia), 남호주 박물관(South Australian Museum), 남호주 미술관(Art Gallery of South Australia) 등을 동쪽으로 내려가며 만날 수 있다.

호주에서 가장 아름다운 정원 가운데 하나로 불리는 보타닉 가든(Adelaide Botanic Garden)이 노스 테라스 서쪽 끝에 자리 잡고 있다. 1857년에 문을 연 식물원으로 면적은 20ha가 된다. 지중해성기후와 아열대기후에서 자라는 식물이 많고 호주의 토착 식물, 희귀 식물, 약초 등도 있다.

청회색 사암이
오묘함을 만들어 내는
남호주 국회의사당

039 **사우스 오스트레일리아** 애들레이드의 마켓

애들레이드 센트럴 마켓에서부터 푸라카 선데이 마켓까지
애들레이드의 마켓
Adelaide's Markets

차분하고 정적인 분위기로 요조숙녀 같은 애들레이드에서 마켓은 시끌벅적하고 활기차며 삶의 냄새를 맡을 수 있는 특별한 장소이다. 오랜 역사를 자랑하는 애들레이드 센트럴 마켓에서부터 신선한 채소와 과일을 저렴하게 살 수 있는 푸라카 선데이 마켓까지. 다양한 마켓을 찾아 애들레이드의 또 다른 모습을 만나 보자.

아침 일찍 마켓을 방문하면 신선함은 덤

리버 토런스를 사이에 두고 남과 북으로 나뉘는 애들레이드 시내의 남쪽은 반듯 반듯한 직사각형으로 이루어져 있다. 남쪽 시내의 중간에 자리 잡고 있는 애들 레이드 센트럴 마켓(Adelaide Central Market)은 전체적으로 차분한 분위기를 풍기는 애들레이드에서 사람들 소리와 함께 활기차고 시끄러운 몇 안 되는 곳 이기도 하다. 애들레이드의 심장(The Heart of Adelaide)이라는 별명과 140년 이 넘는 오랜 역사를 가진 곳으로 채소, 해산물, 육류, 유기농품을 파는 마켓이 기 이전에 애들레이드 시민이 살아온 모습을 간직한 역사의 장이라고 해도 과언 이 아니다. 1869년에 구거 스트리트(Gouger Street)와 그로트 스트리트(Grote Street) 사이에 처음 장이 선 이래로 1900년에 현재의 벽돌 건물을 위한 주춧돌 이 세워졌으며 이후로 신선한 채소, 해산물, 육류를 팔기 위한 가스와 냉장고 등 이 추가되면서 점점 현재의 모습을 갖추게 되었다. 지금은 80개가 넘는 좌판이 있고 다국적 요리를 즐길 수 있는 음식의 메카로 발전하여 남호주에서 가장 많 은 사람이 방문하는 곳으로 자리 잡았다. 오고 가는 사람들과 함께 물건뿐 아니 라 역사와 삶, 정까지 함께 주고받는 센트럴 마켓을 보고 느끼고 체험할 수 있는 센트럴 마켓 투어(Adelaide Central Market Tour)는 특별한 추억을 남길 수 있

::Travel Tip **센트럴 마켓의 개장 시간** 애들레이드 센트럴 마켓은 일요일과 월요일을 제외한 화요일에 서 토요일까지 개장한다. 평균 오전 7시에 개장하여 오후 5시 30분에 폐장하지만, 토요일은 조금 더 일 찍 폐장하니 유의해야 한다. 또한, 애들레이드 센트럴 마켓 투어는 아침 식사가 포함된 투어(Breakfast Tour)와 모닝 투어(Morning Tour)로 나뉘며 투어 참여를 위해서는 미리 예약이 필요하다.

어 인기가 높으며 바로 옆에 있는 차이나타운에는 중식당, 식료품점, 마켓이 형성되어 있어 동양의 분위기에 취할 수 있다.

센트럴 마켓과 함께 애들레이드의 큰 시장이었던 이스트 엔드 마켓(East End Market)은 런들 스트리트(Rundle Street)의 동쪽 끝에 있다. 큰 규모의 이스트 엔드 마켓은 1980년에 폐장되고 지금은 그 위치에 아파트가 지어졌지만 매주 토요일에 70개 이상의 좌판이 늘어서 유니크한 디자인의 옷, 신발, 수제 예술품을 만날 수 있는 노천 시장으로 사랑받고 있다.

그 외에도 매주 첫 번째와 세 번째 일요일에 크리스티 비치(Christies Beach)에서 열리는 오리지널 오픈 마켓(Original Open Market)은 애들레이드 시내에서 자동차로 30분가량 이동해야 하지만, 크래프트와 중고품 시장으로 인기가 높으며 매주 일요일 아침 6시에 오픈하는 푸라카 선데이 마켓(Pooraka Sunday Market)에서는 신선한 채소와 과일을 저렴하게 구매할 수 있어 사람들의 발길이 끊이지 않는다.

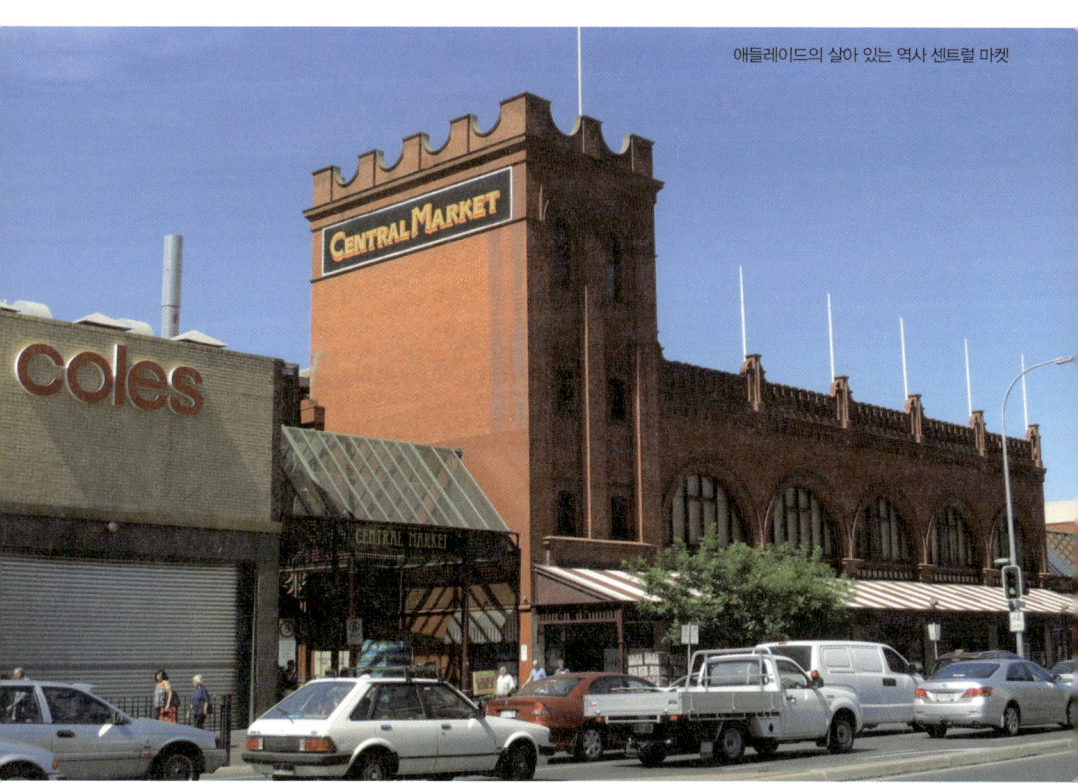

애들레이드의 살아 있는 역사 센트럴 마켓

National Wine Centre of Australia

호주 와인을 알고 싶다면
호주 내셔널 와인 센터

호주에서 가장 많은 와인을 생산하는 바로사 밸리. 찬찬히 둘러보며 다양한 와인을 만나려면 하루, 이틀로는 시간이 모자라다. 대신하여 여행 기간이 짧은 여행객에게 더욱 사랑받는 호주 내셔널 와인 센터에서 와인 시음과 각종 이벤트에 참여해 보자.

2001년에 문을 연 호주 내셔널 와인 센터(National Wine Centre of Australia)는 호주 와인의 최대 생산지인 바로사 밸리(Barossa Valley)가 있는 애들레이드 시내 보타닉 가든 옆에 있다. 건물에 들어서면 와인을 다양하게 진열하고 있는 숍이 가장 먼저 눈에 띈다. 센터에서는 와인 시음, 와인과 기념품 판매뿐 아니라 와인에 대한 세미나와 각종 이벤트가 열린다. 보타닉 가든을 전망할 수 있는 아름다운 테라스도 있어 와인에 관심이 없더라도 한 번쯤 방문해 보는 것이 좋다. 건물 안으로 조금 더 들어가면 만나는 1층의 콘코스 카페(Concourse Cafe)에서는 와인과 함께하면 더욱 좋은 음식 메뉴를 선보인다. 와인에 대해 잘 알지 못하더라도 맛있는 음식과 함께하는 와인 한 잔은 식사 분위기를 돋울 뿐 아니라 함께하는 사람과의 관계도 좋게 만들어 준다. 만약 음식이 부담스럽다면 선별된 치즈와 함께 가볍게 와인을 즐겨 보는 건 어떨까?

건물의 2층으로 올라가면 와인 발견 여행(Wine Discovery Journey)이라는 주제로 호주 와인의 역사와 명성, 국제적인 위치 등을 알 수 있다. 호주 와인에 대해 더욱 자세히 알 기회이므로 와인에 관심이 많다면 필수 코스로 넣어 두는 것이 좋다. 또한, 호주 와인을 공부하고 연구할 수 있는 내셔널 와인 교육 & 트레이닝 센터(National Wine Education & Training Centre)도 함께 있으니 와인 초보자에게 유용하다.

건물의 뒤편인 해크니 로드(Hackney Road) 입구에는 와인업계가 중요하게 여기는 레드와 화이트 품종의 포도나무가 심어져 있어 바로사 밸리까지 가지 않더라도 포도나무가 만들어 내는 싱그러움을 느낄 수 있다. 와인 중 카베르네 소비뇽, 메를로, 피노 누아, 샤르도네, 세미용, 리슬링은 이곳의 자랑이다. 특히 호주 내셔널 와인 센터의 와인 저장실은 남반구에서 가장 큰 곳으로 한 번에 약 38,000병의 와인을 저장할 수 있으며 1년에 약 12,000병의 와인이 저장되고 있다.

::Travel Tip 호주 내셔널 와인 센터 영업시간 호주 내셔널 와인 센터에서는 매일 오전 9시에서 오후 5시까지 문을 열며 매일 오전 10시에서 오후 5시 사이에 와인 시음회가 열린다. 다양하고 유명한 호주 와인을 시음하고 구매할 수 있으며 초콜릿 시식도 가능하다. 특히 짧은 일정으로 호주 최대 와인 생산지 바로사 밸리로의 여행이 어렵다면 대신해서 방문해 보는 것이 좋다.

041 사우스 오스트레일리아 글레넬그

하얀 모래와 파란 파도가 아름다운 곳 글레넬그. 주말이면 태닝과 수영, 서핑을 위한 현지인으로 북적거리는 이곳이 여행객에게도 조금씩 알려지기 시작했다. 애들레이드가 시도한 여러 번의 어트랙션이 실패했던 어두운 과거도 있지만 현대적인 시설과 다양한 어트랙션이 멋진 해변과 함께 새롭게 주목받고 있다.

애들레이드 시민이 사랑하는 해변 **글레넬그**
Glenelg

조용하지만 아름다운 글레넬그의 해변

애들레이드 빅토리아 스퀘어에서 트램을 타고 30분간 종착역까지 달리면 눈이 시원해지는 글레넬그를 만난다. 물론 주중에는 현대식 트램이 운영되지만, 주말에 운영되는 1929년생의 H 클래스 트램을 이용하는 것도 색다른 기분을 만끽할 수 있다. 트램이 다니는 중심 도로인 제티 로드(Jetty Road)에는 쇼핑을 즐기기에 충분한 각종 상점과 카페, 레스토랑이 있어 현지인의 주말 여행지로 유명할 뿐만 아니라 여행객에게도 사랑받는 장소로 거듭나고 있다.

트램 종점에서 만나는 선착장은 1857년에 생겼을 당시 어부뿐 아니라 많은 선박과 크루즈도 드나들었던 크고 중요한 곳이었으나 애들레이드 포트(Adelaide Port)가 생기면서 큰 선박과 크루즈는 그곳으로 이동하고 현재는 개인 소유의 요트와 어선이 더 많이 이용하고 있다. 점차 선착장 주위로 등대, 아쿠아리움, 차를 마실 수 있는 키오스크가 추가로 건설되면서 시민의 휴양지 역할을 하고 놀거리도 함께 제공하고 있다.

눈이 부시도록 하얀 모래사장과 시원하게 펼쳐진 파란 해변은 수영과 태닝, 서핑 등을 즐기는 이들로 북적이고 특별히 해양 스포츠를 즐기지 않더라도 해안선을 따라 이어지는 산책로를 가볍게 걸어 보는 것도 좋다. 특히 글레넬그 선착장에서 출발하는 템테이션 세일링(Temptation Sailing)에서는 남호주에서 꼭 해야 할 액티비티 중 하나인 돌고래와 함께 수영하기를 즐길 수 있다. 바닷속 귀염둥이 돌고래를 눈으로 보는 것에 그치지 않고 함께 수영을 즐기며 공감대

여행객에게도 조금씩 알려지기 시작한 글레넬그의 카페 거리

를 형성할 수 있다는 것은 소중한 체험이 아닐 수 없다.

이처럼 아름답고 할 것도 많은 글레넬그에는 어린이들에게 조금 아쉬울 뒷이야기도 숨어 있다. 멜버른의 루나 파크가 성공을 이루면서 1930년에 애들레이드의 글레넬그에도 루나 파크가 문을 열게 되었으나 오래가지 못하고 1934년에 파산 신고를 하고 말았다. 더욱 흥미로운 것은 글레넬그의 루나 파크에 있던 놀이기구들은 시드니의 루나 파크로 넘어가게 되었고 현재 시드니 루나 파크에 있는 놀이기구 대부분은 글레넬그의 루나 파크에 있던 것이라는 슬픈(?) 이야기.

1982년에는 루나 파크가 있던 자리 근처에 매직 마운틴(Magic Mountain)이 문을 열었다. 워터 슬라이드와 미니 골프, 범퍼 보트 등 다양한 놀이기구와 즐길거리로 애들레이드 시민에게 사랑받았으나 2004년에 철거되고 현재는 2006년에 문을 연 더 비치하우스(The Beachouse)가 그 자리에 있다. 25m 높이의 관람차 페리스 휠(Ferris Wheel)은 글레넬그의 새로운 명소로 많은 사람에게 사랑받고 있으며 특히 방학에는 이를 찾는 가족과 여행객으로 붐빈다.

::Travel Tip **애들레이드에서 글레넬그로 이동하기** 애들레이드 시내에서 글레넬그로 이동하는 대중교통을 이용하는 방법은 두 가지가 있다. 하나는 빅토리아 스퀘어에서 출발하는 트램을 이용하는 것과 다른 하나는 마찬가지로 빅토리아 스퀘어에서 출발하는 버스를 이용하는 것. 버스는 263번과 265번을 이용할 수 있으며 약 35~40분 정도 걸린다.

042 사우스 오스트레일리아 한도르프

남호주의 독일인 마을 **한도르프**
Handorf

독일 북부의 루터교인들이 종교 박해를 피해 이주하기 시작하면서 형성된 남호주의 독일인 마을 한도르프. 가슴 아픈 역사를 뒤로하고 독일인 특유의 부지런함과 함께 독일 색깔이 잔뜩 묻어나는 아기자기한 마을이 탄생하였다. 갤러리와 박물관에서 그들의 전통을 엿보고 독일식 소시지와 시원한 독일식 맥주 한 잔으로 눈과 입이 즐거운 한도르프로 떠나 보자.

독일식 맥주와 식사를 즐기기에
안성맞춤인 독일 암스 호텔.
1839년에 지어진 곳으로 한도르프에서
가장 오래된 건물이기도 하다.

애들레이드에서 남동쪽으로 약 28km 떨어진 한도르프(Handorf)는 호주에서 가장 오래된 독일인 정착 마을이다. 1947년까지 독일 북부의 프러시아 주의 작은 마을 캐이(Kay)에 살던 루터교인들이 종교적 박해를 피해 이주하기 시작하면서 형성된 마을이다. 당시 이동 수단이었던 제브라(Zebra)호의 선장 한(Han)의 이름에 독일어로 마을이라는 뜻의 도르프(Dorf)가 더해져 한도르프라는 이름을 갖게 되었다.

초기 제브라(Zebra)호에 타고 있던 38가구와 클렘지그(Klemzig) 마을에 있던 14가구는 호주로부터 애들레이드 힐스 근처의 약 100ac 정도 되는 땅을 약속받아 이민자 생활을 시작하게 된다. 이들은 독일인 특유의 근면성을 발휘하여 이주 시 선박에 실어 왔던 올리브, 포도, 양배추 등으로 농사를 시작했다. 다행히 다음 해부터 수확할 수 있었고 이와 함께 마을의 규모는 커지기 시작하여 좀 더 넓고 안전한 땅을 찾게 되었다. 그곳이 바로 현재의 한도르프이다.

한도르프는 아름다운 곳이지만 초기의 생활은 순탄하지 못했다. 하지만 이주민들의 끝없는 노력으로 소, 말 등의 가축과 식물을 키워 내 제대로 된 마을을 형성하기 시작하였고 그에 따라 작은 수공예품 공장과 상점, 식당, 교회가 들어섰다. 한도르프 주의에 작은 마을들이 만들어지기도 했다. 하지만 현재 주위의 마을은 독일인의 색깔이 사라졌고, 오직 한도르프만이 그 전통과 명맥을 유지하고 있다.

::Travel Tip **한도르프로 가는 길 심심하지 않게** 한도르프로 가는 길에 애들레이드를 훤히 내려다볼 수 있는 로프티 전망대(Mount Lofty Lookout)에서 잠깐 시간을 가지는 것도 좋다. 울창한 산림과 시원한 공기는 여행의 분위기를 한껏 띄우며 멀지 않은 곳에 위치한 클릴랜드 야생동물 공원(Cleland Wildlife Park)에서는 독일인의 이민 초기의 모습을 느낄 수 있는 개방형 목장과 함께 호주 야생동물을 만날 수 있다.

마을에 들어서자마자 느낄 수 있는 것은 호주의 거리에서 쉽게 볼 수 있는 유칼립투스와 초기 이주민들이 심은 플라타너스, 느릅나무가 어우러진 시원함이다. 한 아름에는 안기지 못할 아름드리나무들이 오래된 시간을 대변하고 나무들과 함께 곳곳에 있는 골동품점, 수공예품점, 빈티지 상점, 부티크는 그들의 전통을 보여 주는 것만 같다.

지역의 가장 오래된 건물인 독일 암스 호텔(German Arms Hotel)은 1839년에 지어진 곳으로 현지인과 관광객 모두에게 인기가 많다. 이곳에서 독일식 맥주와 식사를 즐기는 것도 좋고 꼭 호텔이 아니더라도 독일식 소시지, 사과 슈트루델(Apfel Strudel)과 함께 독일식 맥주를 직접 제조하는 레스토랑에서 그 분위기와 맛에 심취하는 것도 한도르프를 즐기는 또 다른 방법이다. 작지만 한도르프의 역사와 예술을 느끼기엔 충분한 갤러리와 박물관, 바바리안풍의 상점과 카페, 잼과 소스 등으로 유명한 근처의 딸기 농장을 방문하다 보면 한도르프의 여행은 입과 눈이 모두 즐거워진다.

독일인의 문화적 정취가 남아 있는 한도르프

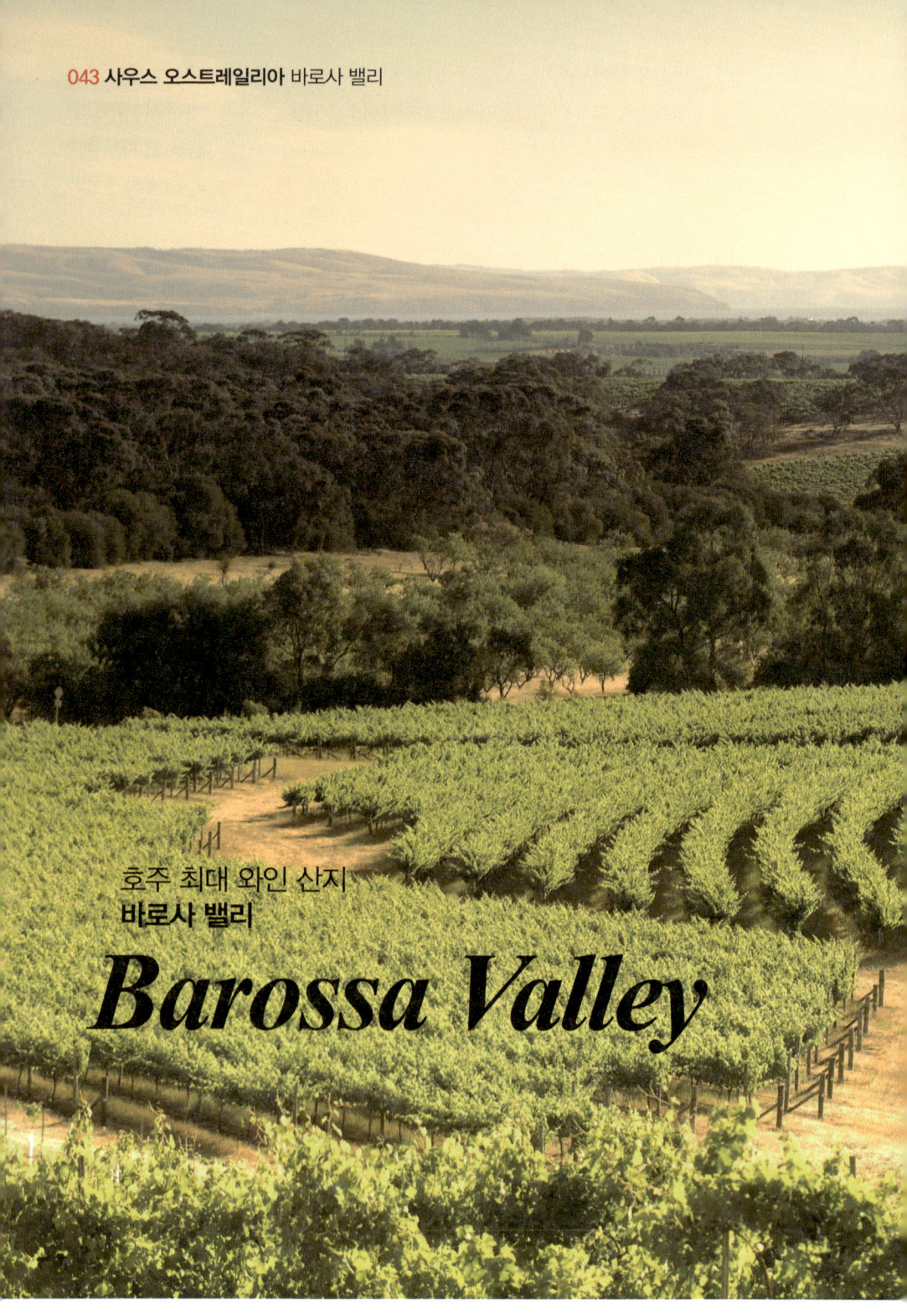

043 **사우스 오스트레일리아** 바로사 밸리

호주 최대 와인 산지
바로사 밸리
Barossa Valley

와인을 알고 싶다고? 와인은 크게 구대륙과 신대륙에서 생산되는 와인으로 나뉘는데 그중 호주는 신대륙에 속한다. 신대륙 와인 중 가장 이슈가 되는 와인이 바로 호주 와인이고 그 호주에서 가장 다양하고 좋은 품질의 와인이 많이 생산되는 곳은 단연 바로사 밸리라 할 수 있다. 초보자, 전문가 할 것 없이 누구에게나 사랑받는 바로사 밸리에서 다양한 와인과 함께 파티에 빠져 보는 건 어떨까?

애들레이드에서 북동쪽으로 약 70km 떨어진 바로사 밸리는 와인의 신대륙이라는 호주에서도 가장 다양하고 많은 품종으로 와인을 생산하고 있어 호주의 대표적이면서도 최대 와인 산지로 인기를 얻고 있다. 조금 높은 곳에서 시원하게 펼쳐진 포도밭을 보고 있노라면 축복받은 땅임을 실감한다.

노스 파라 리버(North Para River)에 의해 형성된 계곡 지역인 바로사 밸리는 바로사 산맥(Barossa Ranges)의 이름을 딴 것인데 1811년에 일어난 바로사 전투에서 영국이 프랑스에 크게 이기면서 영국의 윌리엄 라이트 대령(Colonel William Light)이 그 승리를 기록하기 위해 이름지었다고 한다.

바로사 밸리의 대표적인 도시로는 타누아다(Tanuada), 린독(Lyndoch), 누리웁파(Nuriootpa)와 앵거스턴(Angaston)이 있다. 그중 타누아다는 독일인이 처음 정착해 마을이 이루어진 곳이며 앵거스턴은 영국인이 정착하면서 만들어진 마을이다. 재미나게도 누리웁파는 가장 마지막에 형성된 지역인데 독일인과 영

좌 고품격 와인을 위한 질 좋은 오크통은 필수 우 와인 메이커와 함께하는 와이너리 투어

호주 최대 와이너리를 자랑하는 바로사 밸리. 토양과 기후, 적절한 강수량이 만들어 낸 환상적인 궁합이 맛과 향이 좋은 고품질의 레드 와인을 생산해 내는 키워드이다.

국인이 고루 섞여 있는 곳으로 현재 바로사 밸리에서 가장 큰 마켓을 형성하고 있다. 반면 여행객에게는 앵거스턴과 타누아다 지역이 더 인기가 좋다. 특히 타누아다 지역은 와인 산업뿐 아니라 골동품과 예술품으로도 유명해 많은 관광객이 찾고 있다.

바로사 밸리 지역 일대로 크고 작은 50개 이상의 와이너리가 형성되어 있는데 그중 제이콥스 크릭(Jacobs Creek), 펜폴즈(Penfolds), 울프 블라스(Wolf Blass), 살트램(Saltram) 등은 대표적인 와이너리이다. 또한, 와이너리 근처에 150곳이 넘는 포도밭에는 매년 새롭게 만들어지는 고품질의 포도가 탐스럽게 익어 가고 있다. 특히 바로사 밸리는 레드 와인이 유명한데 그중 쉬라즈가 가장 많은 비율을 차지하고 있다. 물론 그 외에도 리슬링, 세미용, 그르나슈, 카베르네 소비뇽과 같은 품종도 만날 수 있다.

1년 내내 언제든 방문하면 좋을 바로사 밸리이지만 특별한 시즌을 손꼽으라 한다면 3월 말에서 4월 초에 열리는 바로사 빈티지 페스티벌(Barossa Vintage Festival) 기간을 이용하는 것도 좋다. 와인 산업의 활성화와 성공을 축하하기 위한 축제로 1947년에 처음 열렸고 호주에서 가장 오래된 와인 축제이기도 하다. 애들레이드 시민뿐 아니라 전 세계의 와인 애호가들이 방문하는 이 축제는 와인, 치즈, 올리브 시음을 제공하고 판매도 하고 있다. 또 다양한 퍼레이드, 공연까지 많은 볼거리를 제공한다.

::Travel Tip **수많은 와이너리 중 어딜 가야 하지?** 혼자 여행하는 중이라면 개인적으로 이동이 쉽지 않을뿐더러 너무 많은 양조장 때문에 어느 곳이 유명하고 어느 곳을 먼저 가야 할지 고민스러울 수도 있다. 이럴 때에는 현지에서 운영하는 투어에 참여하면 여행사에서 임의로 지정한 몇 곳의 와이너리를 방문하며 와인 시음을 즐길 수 있다. 대부분 여행사에서 고객의 취향을 심사숙고하여 와이너리를 선정하기 때문에 나쁘지 않으며 저렴하게는 1인 $75 정도, 비싸게는 $200 이상 지불해야 하므로 본인의 지갑 사정을 잘 고려해서 선택하면 된다.

044 사우스 오스트레일리아 캥거루 아일랜드

호주 최대 야생동물 서식지 **캥거루 아일랜드**
Kangaroo Island

탐험가 매튜 플린더스가 발견하기 전까지 사람이 살지 않아 다양한 식물과 야생동물이 잘 보존된 캥거루 아일랜드. 야생동물의 천국이라 불리는 이곳에서 호주 바다사자, 바다물개와 같은 야생동물과 헤아릴 수 없을 만큼 다양한 식물 앞에서 일상에 지친 나를 잊고 자연을 마음껏 느끼는 시간을 가져 보길.

호주 바다사자의 고향 실 베이에서는 여유롭게 일광욕을 즐기고 파도를 타며 수영을 하는 바다사자를 만날 수 있다. 가이드와 함께 1m 앞까지 다가가 신비로운 그들을 만나는 기회를 놓치지 말자.

캥거루 아일랜드(Kangaroo Island)는 길이 155km, 넓이 55km로 호주에서 세 번째로 큰 섬이며 애들레이드에서 남서쪽으로 130km, 자동차로 약 3시간 정도 이동해야 하는 곳에 있다. 캥거루 아일랜드라는 이름이 붙여진 데는 여러 가지 설이 있다. 섬의 모양이 캥거루를 닮아서 혹은 캥거루가 많이 서식하고 있어서 그렇게 불리게 되었다고도 하고, 1802년에 영국인 탐험가 매튜 플린더스(Matthew Flinders)가 캥거루 아일랜드를 발견했을 때 캥거루가 많아 탐험가들과 함께 캥거루 몇 마리를 잡아 잔치를 벌여 캥거루 아일랜드라 불리기 시작했다고도 한다.

이 재미있는 설 중 하나를 뒷받침해 주는 것이 있는데 바로 프로스펙트 힐(Prospect Hill)에서 바라본 섬의 전경이다. 캥거루 아일랜드에 도착하여 호그 베이 로드(Hog bay Road)를 얼마 지나지 않아 만나는 프로스펙트 힐은 매튜 플린더스가 캥거루 아일랜드를 발견하고 섬의 북쪽 해안을 탐험하면서 오른 곳으로 여러 설 중 섬의 모양이 캥거루를 닮았다 하여 캥거루 아일랜드로 불리게 된 연유를 눈으로 확인할 수 있다.

캥거루 아일랜드는 매튜 플린더스가 발견하기 전까지 사람이 살지 않았으므로 호주의 많은 섬 중에서도 다양한 식물과 동물이 잘 보존되어 있고 따라서 호주 최대 야생 동물 서식지가 될 수 있었다. 대부분의 야생동물이 야행성이지

::Travel Tip **캥거루 아일랜드 알차게 즐기기** 캥거루 아일랜드는 애들레이드에서 출발하는 1일에서부터 4박 5일에 이르는 현지인 투어를 이용하거나 자가 차량이나 렌터카로 원하는 기간만큼 여행할 수 있다. 이동 방법은 애들레이드에서 출발하여 케이프 저비스(Cape Jervis)에서 바지선을 이용하거나 애들레이드 공항에서 항공을 이용하는 것이며 바지선으로 이동할 시에는 차량을 실을 수 있다. 캥거루 아일랜드 내에도 다양한 숙소가 마련되어 있어 취향과 여행 경비에 맞추어 여행 스타일을 정할 수 있다. 점점이 흩어진 레스토랑에서 캥거루 아일랜드산 음식과 와인을 함께 음미한다면 더욱 멋진 여행이 될 것이다.

만 캥거루, 왈라비, 코알라, 포섬(Possum), 짧은 부리 바늘두더지 등은 캥거루 아일랜드를 여행하는 도중 도로나 플린더스 체이스 국립공원(Flinders Chase National Park)에서 쉽게 볼 수 있다.

섬의 남부 해안에 위치한 실 베이(Seal Bay)는 호주 바다사자의 고향이다. 이곳은 자연보호 구역으로 지정되어 있어 안내자와 동행해야 하는 곳으로 해변 위에서 일광욕을 즐기거나 파도를 타며 수영을 즐기는 바다사자를 만날 수 있다. 남서쪽 해안의 애드미럴 아치(Admirals Arch)는 뉴질랜드 물개의 서식지로 7,000여 마리의 야생 물개를 만날 수 있는 곳이다.

섬이라는 특징으로 호주 본토에서는 이미 멸종된 나무와 식물을 캥거루 아일랜드의 플린더스 체이스 국립공원에서 볼 수 있으며 그들이 자아내는 경치는 숨 막히는 아름다움을 제공한다. 공원의 입구에 위치한 정보 센터에서 플린더스 체이스 국립공원에 분포된 유칼립투스 종과 야생동물에 관해 배울 수 있다.

남서부 쪽에는 바다로부터 불어오는 바람과 물보라에 의해 침식되어 장관을 연출하고 있는 화강암 바위 리마커블 록스(Remarkable Rocks)가 있다. 자연이 만들어 낸 이 멋진 조각품은 매시간 다른 빛을 뿜어내 실 베이와 함께 캥거루 아일랜드의 하이라이트라 할 수 있다. 특히 해 질 녘에는 붉은빛으로 물든 바위가 파란 바다와 대조를 이루어 아름답다.

가까이서 야생동물을 만날 수 있는 캥거루 아일랜드

045 **사우스 오스트레일리아** 플린더스 산맥

남호주의 아웃백을 느끼려면 **플린더스 산맥**으로
Flinders Ranges

아웃백을 느껴 보고 싶다고 굳이 울루루로 갈 필요는 없다. 그것은 다만 잘 알지 못하는 이들의 착각일 뿐이니까. 호주의 아웃백은 남호주에서부터 노던 테리토리 주와 서호주까지 아주 넓게 펼쳐져 있다. 가장 가깝고 쉽게 찾아갈 수 있는 남호주의 아웃백인 플린더스 산맥에서 지구 역사로의 탐험에 첫발을 디뎌 보자.

호주의 아웃백이라고 하면 대부분 아웃백 스테이크를 생각하거나 노던 테리토리(Northern Territory) 주의 울루루(Uluru)를 먼저 떠오릴 것이다. 하지만 사실 호주의 아웃백은 남호주에서부터 노던 테리토리 주와 서호주까지 광활하게 펼쳐져 있다. 그중 플린더스 산맥(Flinders Ranges)은 남호주의 대표 아웃백 지역이면서 그 시작점이라 할 수 있다.

애들레이드에서 북쪽으로 약 366km 떨어진 지점에서 시작되는 플린더스 산맥은 포트 피리(Port Pirie)에서부터 레이크 칼라보나(Lake Callabonna)까지 430km가 넘는 연결되지 않은 산맥까지 포함한다. 오래된 지구 역사와 원주민의 삶이 살아 숨 쉬는 플린더스 산맥에서도 가장 특이한 지형은 바로 윌페나 파운드(Wilpena Pound). 고대에 일어난 화산작용으로 자연이 만들어 놓은 원형경기장의 모습을 한 윌페나 파운드의 넓이는 거의 80㎢에 이르러 어마어마한 규모를 자랑한다. 북동쪽에 있는 높이 1,171m의 세인트 메리 피크(St Mary Peak)는 플린더스 산맥에서도 가장 높은 곳이다.

또한, 플린더스 산맥의 몇몇 지역은 국립공원으로 보호되고 있기도 하다. 윌페나 파운드를 포함하는 플린더스 산맥 국립공원(Flinders Ranges National Park)과 멜로즈(Melrose) 지역 근처의 마운트 리마커블 국립공원(Mount Remarkable National Park)이 대표적이다. 호커(Hawker)에서부터 들어갈 수 있는 플린더스 국립공원은 비가 많이 오거나 아주 날씨가 좋지 않은 날을 제외하고는 대부분 차량이 들어갈 수 있다. 감탄사가 절로 나오는 여러 전망대와 재미난 모양의 바위, 아름다운 장관이 애들레이드에서 느낄 수 없는 무언가를 안겨 준다. 국립공원을 조금 벗어나 위치하고 있는 '만리장성(Great Wall of China)'에서는 신비로운 바위들의 조화를 만날 수 있고 유럽인이 정착할 당시의 마을과 원주민의 암각화도 찾아볼 수 있다. 또한, 플린더스 산맥 북쪽에서 찾아볼 수 있는 야생의 노란 발 왈라비(Yellow-footed Rock Wallaby)는 이 지역에서만 만날 수 있는 종이니 방문할 때 한 번쯤 마주치는 행운을 빌어 보길 바란다.

::**Travel Tip 투어로 플린더스 산맥 방문하기** 플린더스 산맥은 사륜구동 차량을 준비하지 않았다면 개인적으로 방문하기는 쉽지 않은 지역이다. 애들레이드에서 출발하는 2박 3일 또는 3박 4일의 현지인 투어가 마련되어 있으므로 일정과 비용을 고려하여 본인에게 맞는 현지인 여행사 프로그램에 참여해 보는 것도 좋다. 다만, 투어는 일주일에 2~3번 출발하는 것이 평균이므로 여행 일정을 잘 맞추길 바란다.

오래된 지구 역사와
애버리진의 삶이 살아 숨 쉬는
플린더스 산맥의 최고봉인
세인트 메리 피크에서
바라보는 장관은 신비롭다 못해
경이롭기까지 하다.

046 **사우스 오스트레일리아** 쿠버 페디

호주 최대의 오팔 광산
쿠버 페디
Coober Pedy

최상급을 자랑하는 호주산 오팔의 고향, 적막하고 작은 도시이지만 오팔에서 만큼은 세계의 수도라 일컬어지는 쿠버 페디. 지하동굴 더그아웃과 함께 이곳에서만 느끼고 체험할 수 있는 독특함이 애들레이드에서 앨리스 스프링스로 혹은 그 반대로 이동하는 이들의 발목을 붙잡는다.

기독교를 전파하기 위한 선교사들의 노력이 쿠버 피디 지하 오팔 광산에도 교회를 설립하였으며 현재도 예배가 이루어지고 있다.

애들레이드에서 북쪽으로 950km 떨어진 지점에 있는 쿠버 페디(Coober Pedy)는 '오팔의 수도(Opal Capital Of the World)'라는 별명을 가지고 있다. 적막하고 작은 도시로 주민도 많지 않지만, 오팔만큼은 세계의 수도라고 할 만큼 다양하고 많은 양을 보유하고 있기 때문이다.

1960년대 이후로 다양한 국적의 이민자가 오팔의 행운을 찾아 쿠버 페디로 이주하였다. 오팔은 블랙 오팔, 화이트 오팔, 워터 오팔, 파이어 오팔로 나뉘는데 세계 생산량 중 약 90%의 오팔을 산출하는 쿠버 페디의 오팔은 그중에서도 블랙 오팔이 가장 많으며 호주산 블랙 오팔은 최상급이다.

쿠버 페디를 알리는 표지판에서 알 수 있듯 오팔을 채취하는 데는 특별한 기계를 이용한다. 땅속 깊이 터널을 내는 기계와 이 기계와 연결된 지상의 호퍼차이다. 두 기계가 깊은 땅속으로 터널을 만들고 그 터널을 따라 사람이 들어가 오팔을 채취한다. 호퍼차를 통해 파인 흙이 지상으로 올라오게 되는데 그 때문에 쿠버 페디에서는 빨간 흙 무더기를 자주 볼 수 있다. 끝없이 펼쳐진 붉은 아웃백에 뜬금없이 솟아 있는 흙무더기들은 묘한 분위기를 형성한다. 시내에 있는 우무나 오팔 광산(Umoona Opal Mine)과 박물관은 실제 오팔 광산의 모습을 그대로 간직하고 있어 색다른 체험을 즐길 수 있다.

1년 중 8개월 이상 40도가 넘는 뜨거운 여름이 지속되고 여름과 겨울의 온도 차가 최고 60도까지 이르는 쿠버 페디는 사람이 살기에 적당한 곳이 아니었다. 하지만 어느 지혜로운 프랑스인의 아이디어로 폐광산이 집으로 개조되기 시작하면서 쿠버 페디에서만 만날 수 있는 언더그라운드 하우스 더그아웃(Dugout)이 지어지기 시작했다. 지하 동굴인 더그아웃은 평균기온 24도 정도를 유지한다.

::Travel Tip **쉽지 않은 쿠버 페디 방문하기** 쿠버 페디는 애들레이드에서 출발하여 앨리스 스프링스로 가는 긴 아웃백 여행 중 스톱 오버의 장소로 잘 알려져 있다. 하지만 이곳을 방문하는 방법은 쉽지 않다. 호주 대표 버스인 그레이하운드는 애들레이드나 앨리스 스프링스에서 매일 출발하지만, 애들레이드에서 출발하여 다윈까지 이어진 더 간(The Ghan) 기차는 일주일에 두 번, 쿠버 페디를 방문하는 여행사의 투어도 일주일에 두세 번 정도밖에 없으므로 쿠버 페디를 방문하고자 한다면 일정을 주의 깊게 짜는 것이 좋다.

아직도 더그아웃에 거주하는 사람들이 있으며 **언더그라운드 교회와 호텔**은 이 지역을 방문하는 여행객에게 **새로운 경험**을 선사한다. 호텔뿐 아니라 모텔과 저렴한 백패커도 마련되어 있어 **배낭여행족**에게도 인기가 좋다.

047 사우스 오스트레일리아 애들레이드의 축제

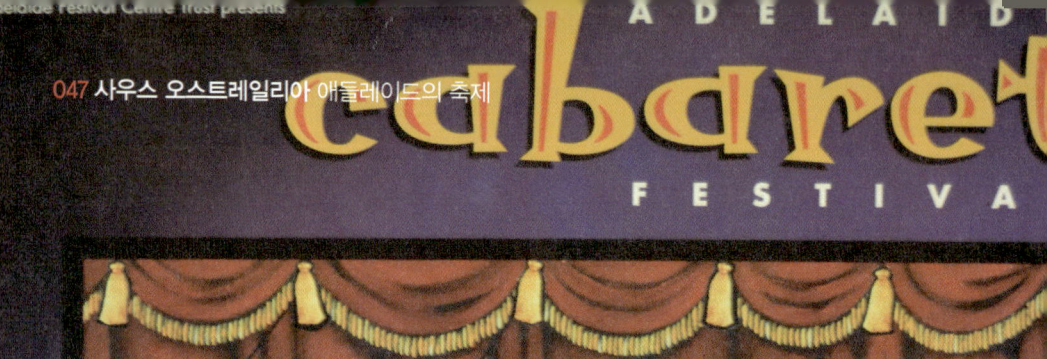

Festivals in Adelaide

수백만 가지 얼굴을 가진
애들레이드의 축제

누군가는 애들레이드가 재미없다고 하지만, 축제와 함께하는 애들레이드는 언제나 열광의 도가니이다. 도시만 둘러보는 여행, 투어만 참여하는 여행, 휴식만 취하는 여행이 아닌 그 나라만이 가지고 있는 고유한 문화와 여러 나라와 함께하여 문화 교류의 장이 되는 축제를 따라 여행한다면 애들레이드의 수백만 가지 얼굴을 발견할 수 있을 것이다.

남호주의 주도인 애들레이드는 여러 가지 별명이 있지만 그중에서도 '축제의 도시'로 가장 많이 불린다. 1년 내내 끊임없이 진행되는 축제는 크게 '예술과 문화', '음식과 와인', '스포츠', '음악과 엔터테인먼트'의 네 가지 카테고리로 나뉘며 애들레이드 시내뿐 아니라 리버 토런스를 끼고 있는 엘더 파크, 페스티벌 센터, 남호주 박물관과 남호주 아트 갤러리 등 다양한 곳에서 개최된다. 여행 시기에 맞추어 축제에 참여해 보는 것도 좋지만, 관심 있는 축제에 맞춰 여행 시기를 정해 보는 것도 나만의 여행을 만드는 또 다른 방법이다.

1월에만 20개의 축제가 열리는데 그중 대표적인 것으로 애들레이드 페스티벌 센터에서 개최되는 항가이(Hanggai)가 있다. 전통 몽골 음악과 악기 축제로 멋진 사운드와 퍼포먼스를 자랑하며 머리 리버(Murray River)에서 하는 야외 공연 사운드 바이 리버(Sounds By the River)는 음악과 음식의 조화로움을 느낄 수 있다. 미국, 호주, 유럽 등 여러 나라의 챔피언과 과거의 영웅으로 구성된 4팀이 펼치는 짜릿한 경기인 월드 테니스 챌린지 애들레이드(World Tennis Challenge Adelaide)와 건국 기념일 퍼레이드(Australia Day Parade) 때에는

재미난 조형물이 전시되어 있는 애들레이드 페스티벌 센터

남반구 최대의 축제 중 하나인 애들레이드 프린지는 세계 곳곳에서 찾아온 예술가와 공연가의 작품과 공연이 애들레이드 시내 곳곳을 가득 메운다.

애들레이드 시내 구석구석에서 멋진 퍼레이드와 콘서트가 개최되고 엘더 파크에서는 불꽃놀이가 즐거움을 선사한다.

매년 2월 말부터 시작되는 애들레이드 프린지(Adelaide Fringe)는 남반구 최대 규모를 자랑한다. 엄청난 개막 파티에 세계의 많은 예술가와 공연가가 모여들어 거리 공연, 춤, 연극, 전시회, 영화, 라이브 뮤직 등을 진행해 전 도시가 흥분의 도가니로 빠진다. 애들레이드 프린지는 1960년에 애들레이드 페스티벌(Adelaide Festival)에 초대받지 못한 예술가들이 자체적으로 공연하면서 시작하여 2002년이 되어서야 공식적으로 페스티벌이라는 이름으로 인정받을 수 있었으며 애들레이드 페스티벌과 함께 2년에 한 번씩 개최되다가 2007년부터 매년 개최되고 있다. 현재는 700여 개의 행사와 3,000여 명의 예술가와 공연가가 함께하는 최고의 축제로 발전했다.

3월 초가 되면 애들레이드 페스티벌이 시작된다. 엄청난 스케일의 다양한 예술 이벤트가 열리는 애들레이드 페스티벌은 풍성하고 포괄적이며 오랜 전통과 혁신적인 공연으로 오페라, 연극, 춤, 클래식, 현대음악, 카바레, 코미디 등을 선보인다. 또한, 아웃백의 관문이라 일컫는 플린더스 산맥 아웃백 지역의 음식과 와인을 맛볼 수 있는 테이스트 오브 더 아웃백(Taste of the Outback)도 열린다.

4월 말에서 5월 초까지 개최되는 테이스팅 호주(Tasting Australia)는 호주에서도 가장 중요한 행사 중 하나이다. 호주 최고의 음식과 와인, 맥주 등을 선보이고 호텔, 여행, 라이프스타일을 한꺼번에 교류할 수 있는 장이 되기도 한

::Travel Tip **애들레이드의 축제를 즐기고 싶다면** 조용하고 안전한 도시 애들레이드, 언제 방문해도 숙소를 쉽게 구할 수 있고 교통도 편리하기 그지없다. 단, 축제가 열리는 기간은 예외! 숙박비 천정부지로 오르고 교통량도 평소의 2~3배를 넘는다. 애들레이드의 축제에 참여하고 싶다면 미리미리 준비하는 것은 필수.

다. 특히, 유명한 셰프의 요리를 맛보며 최고의 와인을 즐길 수 있어 축제는 풍요롭기 그지없다. 6월 내내 진행되는 카바레 프린지 페스티벌(Cabaret Fringe Festival)과 애들레이드 카바레 페스티벌(Adelaide Cabaret Festival)에서는 호주와 세계 곳곳에서 온 예술가들이 클래식과 현대 카바레 등을 연주하는 공연을 즐길 수 있다.

8월에 개최되는 살라 페스티벌(SALA Festival)은 남호주 리빙 아티스트 페스티벌(South Australian Living Artists Festival)로 호주에서 가장 큰 비주얼 예술 행사이다. 건축, 회화, 조각 등을 만나볼 수 있는 이 축제는 3,000명 이상의 예술가가 참여하고 500개 이상의 장소에서 개최되므로 멋진 예술 작품을 만날 수 있는 기회이다. 9월에는 수공예품, 요리, 다양한 가축과 동물 쇼 등을 만날 수 있는 로열 애들레이드 쇼(Royal Adelaide Show)에서부터 호주와 아시아의 예술과 문화를 기념하는 오즈 아시아 페스티벌(Oz Asia Festival), 2개의 스테이지와 2개의 댄스 플로어로 이루어지는 툽 앤드 툽 로큰롤 페스티벌(Toop & Toop Rock n Roll Festival) 등이 열린다.

현지 패션업계에 종사하는 이들의 자원으로 이루어진 남호주 최대의 의류 축제인 애들레이드 패션 페스티벌(Adelaide Fashion Festival)은 10월의 하이라이트이며 11월의 피스트 페스티벌(Feast Festival)에서는 동성애와 관련된 연극, 영화, 라디오, 스포츠 등의 예술 작품을 만날 수 있다.

또 다른 즐거움을 만날 수 있는 힌들리 스트리트(Hindley Street)

퍼스 시내의 유행을 선도하는
해이 스트리트 몰 & 머레이 스트리트 몰
Hay Street Mall & Murray Street Mall

깔끔하고 현대적으로 지어진 퍼스 시내의 건물은 동부 해안의 대표 도시인 시드니와 비슷한 것 같으면서도 다른 모습을 보여 준다. 퍼스 시내의 동서로 이어지는 해이 스트리트 몰과 머레이 스트리트 몰은 근처의 여러 아케이드와 함께 퍼스의 유행 중심지라 할 수 있다.

남태평양을 끼고 있는 호주의 동부 해안과 달리 인도양과 접해 있는 서부 해안은 동부와 그 분위기가 사뭇 다르다. 끝없이 보이는 파란 하늘과 맑은 바닷물은 그 속이 훤히 보이는 것 같고 깔끔하고 현대적으로 지어진 퍼스(Perth) 시내의 건물은 동부 해안의 대표 도시인 시드니와 비슷한 것 같으면서도 다른 모습을 보여 주어 또 다른 매력을 느낄 수 있다.

퍼스 시내의 배럭 스트리트(Barrack Street)와 윌리엄 스트리트(William Street) 사이에 각각 동서로 이어지는 해이 스트리트 몰(Hay Street Mall)과 머레이 스트리트 몰(Murray Street Mall)은 두 거리 사이의 여러 아케이드와 함께 퍼스의 유행 중심지라 할 수 있다. 호주 대표 백화점인 마이어와 데이비드 존스부터 시작하여 대형 마트 울워스(Woolworths)와 타깃(Target)이 들어서 있고 커피 브랜드 네스프레소, 크리스털의 선두주자 스와로브스키, 레포츠 의류 브랜드 퀵실버(Quiksilver) 등이 추가로 문을 열어 더욱 많은 사람의 발걸음을 끌고 있다.

여러 아케이드는 두 몰에 있는 백화점이나 대형 마트와는 다르게 디자이너 숍이나 앤티크 숍, 액세서리 숍 등의 상점이 자리 잡고 있고 노천카페와 레스토

도보를 이용한 **퍼스 여행**은 해이 스트리트 몰과 머레이 스트리트 몰에서부터 시작한다. 런던 코트와 트리니티 아케이드에 있는 퍼스의 오래된 역사를 만날 수 있는 **튜더 양식의 건물**에서부터 **현대식 건물**까지. 독특한 건물 양식에 **포인트**를 두는 것도 퍼스 시내 여행의 또 다른 팁이다.

어찌 보면 불편할 수도 있지만 해이 스트리트 몰과 머레이 스트리트 몰, 그리고 이 둘을 잇는 도로의 대부분이 보행자 전용 도로로 시민의 편리함을 가장 먼저 추구하는 서호주를 모습을 볼 수 있다.

랑이 그 분위기를 더욱 살리고 있다. 다만 각기 다른 개성을 뿜어내고 있어 그 점을 좀 더 중점으로 둘러본다면 흥미로울 것이다. 플라자 아케이드(Plaza Arcade)는 퍼스에서 처음으로 지어진 아르 데코 형식의 극장이다. 지금은 극장이 남아 있지 않지만, 그 당시 건축적 요소를 아직 찾아볼 수 있으며 피커딜리 아케이드(Piccadilly Arcade)는 1938년에 오픈한 건물로 플라자 아케이드처럼 아르 데코 형식의 영화관과 함께 여러 숍이 위치하고 있다. 피커딜리 아케이드의 영화관은 현재 퍼스 시내에서 유일하게 남아 있는 오래된 극장이다.

특히 런던 코트(London Court)는 트리니티 아케이드(Trinity Arcade), 세인트 마틴스 아케이드(St Martins Arcade)와 함께 해이 스트리트와 남쪽의 세인트 조지 테라스(St Georges Terrace)를 연결하는 아케이드 중 하나로 가장 인기가 좋다. 튜더 양식을 본뜬 1930년대의 건물 덕에 마치 런던의 한 골목길에 와 있는 것 같은 착각을 주어 현지인과 관광객에게 핫 스폿으로 손꼽히는 곳이다. 곳곳에 걸린 영국 국기와 영국에서 수입된 소품들을 파는 가게, 입구의 웨스트민스터 사원(Westminster Abbey)의 빅 벤(Big Ben)을 모방한 시계까지, 이 모든 것이 거리를 거니는 현지인마저 영국인처럼 느껴지도록 한다.

::**Travel Tip 차 없이 느긋하게 즐기는 스트리트 몰** 해이 스트리트 몰과 머레이 스트리트 몰이라는 이름에서 알 수 있듯이 두 곳은 차가 다니지 않는 보행자 전용 도로이다. 크게는 한 블록을 사이에 둔 두 개의 길이라 생각되지만, 사이사이 연결되는 아케이드와 그곳에 위치한 다양한 가게, 카페, 레스토랑, 펍은 충분한 시간적 여유를 두고 보는 것이 좋으며, 단지 쇼핑만 하기보다 건물이 가지고 있는 매력적인 요소도 함께 찾아본다면 더욱 즐거운 여행이 될 것이다.

049 웨스턴 오스트레일리아 퍼스 캣

무료 시내버스 시스템 퍼스 캣
Perth Central Area Transit System

호주에서 무료 시내버스의 원조를 찾고자 한다면 서호주의 퍼스로 가자. 시민과 여행객을 위해 퍼스 시내를 순환하는 버스는 다른 어느 곳보다 다양한 노선으로 곳곳을 누빌 수 있어 누구에게나 사랑받고 있다.

퍼스 시민뿐 아니라 여행객에게도 편리한 발이 되어 주고 있는 퍼스 캣. 무료로 운영되고 있어 이용하는 이들에게 더 큰 즐거움을 안겨 준다.

호주 여러 주에서 시내 중심을 순환하는 무료 시내버스가 운행되고 있다. 하지만 원조를 찾고자 한다면 바로 서호주의 퍼스. 시민과 여행객을 위해 퍼스 시내를 순환하는 버스는 다른 어느 곳보다 다양한 노선으로 곳곳을 누빌 수 있어 누구에게나 사랑받는 교통편이다. 이 무료 버스를 퍼스 시내 교통 시스템 즉 Perth Central Area Transit System을 줄여 퍼스 캣(Perth CAT) 또는 캣이라 부른다. 퍼스 시내의 캣은 이름처럼 큰 고양이 문양이 버스의 외곽에 장식되어 있고 블루 캣(Blue CAT), 레드 캣(Red CAT), 옐로우 캣(Yellow CAT)으로 나뉜다.

사람마다 도시를 여행하는 방법이 다르겠지만 무료 시내버스가 다니는 곳에서는 적극 이용하는 것이 좋다. 저자의 경우에는 숙소에서 가장 가까운 버스 정류장에서 탈 수 있는 무료 캣을 이용해 일단 어느 한 곳에 내리지 않고 순환을 즐긴다. 수박 속이 빨간지 검은지를 직접 갈라 확인하기 전 두드려 보기도 하고 냄새를 맡아 보기도 하며 그 수박이 맛있을지를 알아보는 것처럼 탐색전을 벌이는 것이다. 어느 정류소에서 더 많은 사람이 타고 내리는지, 시민인지 여행객인지, 버스에 앉아 버스를 이용하는 사람들을 구경하는 것만으로도 또 하나의 재미를 느껴 볼 수 있고 버스 안에서 바라보는 바깥세상은 불투명한 것처럼 보이기도 하겠지만, 여기저기 둘러볼 것을 상상하는 동안에는 얼굴의 미소가 떠나지 않는다.

레드 캣은 시내 중심인 헤이 스트리트와 머레이 스트리트를 따라 동서를 가로지른다. 퍼스 시내의 대표 거리를 순환하기에 아침저녁으로 현지인이 출퇴근용으로도 많이 이용하며 낮에는 여행객과 학생으로 항상 붐비는 버스 중 하나이다.

::Travel Tip **캣 운행 시간** 캣은 주중과 주말 배차 간격만 다를 뿐 모두 운영하며 다만 크리스마스와 부활절 금요일, 앤잭 데이에는 운영하지 않는다. 레드 캣은 평일 5분 간격, 주말 15분 간격으로 운행하며 옐로우 캣과 블루 캣은 평일 8분 간격, 주말 15분 간격으로 운행한다. 첫차는 오전 6시, 막차는 오후 7시 30분이므로 늦은 시간에는 이용할 수 없다.

레드 캣에서 내려서 볼 수 있는 명소로는 피터 팬 동상이 있는 도심 속 쉼터인 퀸즈 가든(Queens Garden), 지금도 호주의 동전과 금화를 만들고 있는 조폐국 퍼스 민트(Perth Mint), 머레이 스트리트 몰, 타운 홀, 국회의사당 등이 있다.
좀 더 북쪽인 웰링턴 스트리트(Wellington Street)를 따라 퍼스의 동서를 가로지르는 옐로우 캣은 여행객보다는 시내 외곽의 시민이 더욱 선호하는 시내버스이다. 퍼스의 공연과 이벤트를 책임지고 있는 엔터테인먼트 센터(Entertainment Centre)로 갈 수 있으며 시내와 외곽을 연결하는 웰링턴 스트리트 버스 정류장(Wellington Street Bus Station)과 퍼스 역(Perth Railway Station)에도 정차한다.
마지막으로 선착장이 있는 배럭 스트리트에서 노스브리지(Northbridge)까지 남북으로 순환하는 블루 캣은 해이 스트리트 몰과 머레이 스트리트 몰을 남북으로 교차하며 서호주 박물관(Western Australian Museum)과 아트 센터에 정차해 시민보다는 여행객에게 인기가 좋다. 특히 배럭 스트리트의 선착장에서는 스완 리버(Swan River)의 정취를 물씬 느낄 수 있는 카페와 레스토랑이 있고 '세계에서 가장 큰 악기'라는 별명을 가진 스완 벨 타워(Swan Bells Tower)가 오가는 이들을 반갑게 맞이하고 있다.

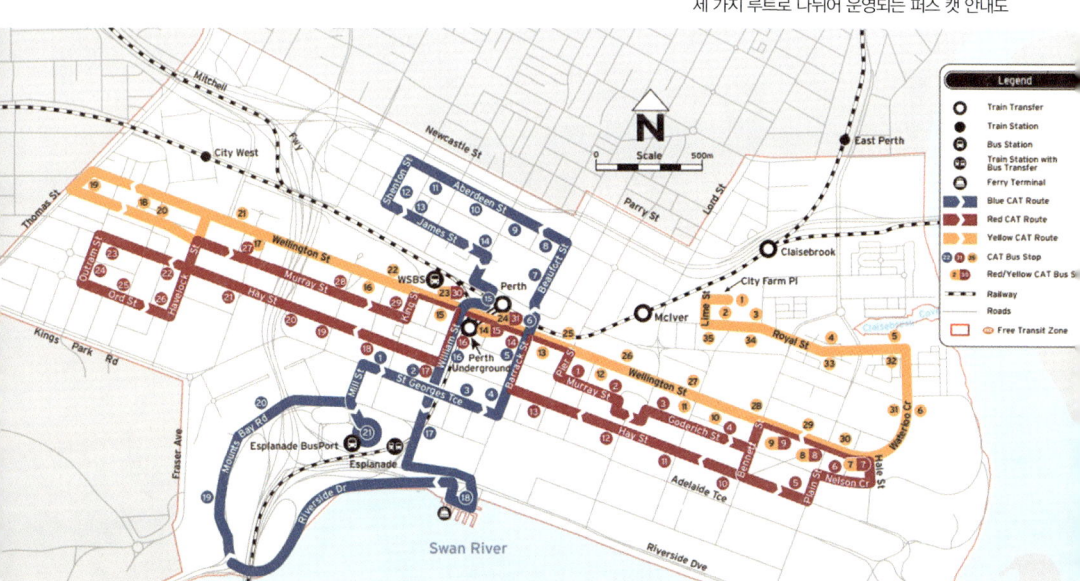

세 가지 루트로 나뉘어 운영되는 퍼스 캣 안내도

050 웨스턴 오스트레일리아 노스브리지

Northbridge

퍼스의 이태원
노스브리지

호주에서도 동양인의 비율이 적은 곳 중의 한 곳이 퍼스이지만 노스브리지는 여러 나라의 문화를 만날 수 있는 곳이다. '다리의 북쪽'으로 불리던 노스브리지는 1982년에 퍼스 시내와 분리되어 독립된 구역이 되었고 다양한 음식 문화를 접할 수 있는 곳으로 개성을 살리기 시작했다.

노스브리지 입구에 위치한 서호주 박물관은 문화, 예술의 공간 뿐 아니라 현지인들의 휴식 공간과 만남의 장소로도 인기가 좋다.

퍼스 시내에서 북쪽으로 1km 정도 떨어진 노스브리지(Northbridge)는 퍼스 시내와는 또 다른 분위기를 풍긴다. 흥미롭고 활기가 넘치는 카페와 레스토랑, 바, 숍뿐 아니라 여러 가지 이벤트 등으로 문화적 볼거리와 즐길거리가 풍부한 노스브리지는 퍼스의 이태원이라고나 할까?

호주에서도 동양인의 비율이 적은 곳 중의 한 곳이 퍼스이지만 노스브리지는 여러 나라의 문화를 만날 수 있는 곳이다. 노스브리지 역사 중심에는 제1차 세계대전이 있다. 이전의 노스브리지는 퍼스 시내에 포함된 지역으로 엘리트 그룹의 주거지였다. 고급스러운 집과 빼어난 사립학교가 시내에서 일하는 엘리트들에게 가까운 거리의 공간을 제공했기 때문이다. 하지만 제1차 세계대전 이후 유럽인들이 이주해 오면서 노스브리지는 그들의 공간이 되기 시작하였다. 특히 그리스인과 마케도니인을 중심으로 노천카페와 레스토랑이 점점 늘어나면서 그들의 음식 문화도 함께 알려지기 시작했다.

'다리의 북쪽(North of the Bridge)'이라 불리던 노스브리지는 1982년에 퍼스 시내와 분리되어 독립된 구역이 되었고 다양한 음식 문화를 접할 수 있는 곳으로 개성을 살리기 시작했다. 그리스와 마케도니아의 음식부터 태국, 중국, 한국 등의 아시안 음식을 파는 다양한 식당이 문을 열었고 그와 함께 나이트 라이프를 즐길 수 있는 펍과 클럽도 연이어 생기기 시작했다.

음식, 문화, 공연이 어우러진 이곳의 분위기는 현지인뿐 아니라 여행객에게도 인기가 높다. 저렴하면서도 맛 좋은 카페와 레스토랑, 노스브리지의 여유로움

::Travel Tip **노스브리지의 숙소를 잡아라!** 지금 이 책을 읽으며 퍼스 여행을 준비하는 당신이 젊은 배낭여행족이라면 고민하지 말고 노스브리지에 숙소를 잡아라. 선호하는 바가 다르고 도시로의 여행에서 시내에 숙소를 잡는 것이 여러모로 편리하지만, 퍼스에서만은 예외라고 할 수 있다. 저렴한 백패커나 호스텔에서부터 모텔, 카페, 맛집, 그리고 나이트 라이프를 즐길 수 있는 펍과 클럽까지. 퍼스 시내보다는 더 다양한 문화를 즐길 수 있을 것이다.

을 즐기고 있는 사람들의 모습 때문인지 몰라도 젊은 여행객이 많이 머무는 호스텔과 저렴한 모텔이 퍼스 시내보다 더 많이 밀집되어 있기도 하다.

블루 캣을 이용하든 도보를 이용하든 노스브리지에서 처음 만나는 곳은 아트 갤러리(Art Gallery)이다. 무료 및 유료 전시뿐 아니라 시민과 여행객 모두에게 휴식 공간을 제공하는 곳이다. 갤러리를 지나면 노스브리지의 중심 거리인 제임스 스트리트(James Street)를 만난다. 낮에는 유유히 브런치를 즐기거나 커피를 마시며 아름다운 퍼스의 날씨에 취한 사람들을 볼 수 있는 이 길을 따라 내려가면 레이크 스트리트(Lake Street)를 만날 수 있다. 바로 이 두 거리가 만나는 지점에 노스브리지 광장(Northbridge Piazza)이 자리 잡고 있다. 재미난 모양의 조각품과 함께 시원하게 펼쳐진 광장에는 삼삼오오 자리를 잡고 여유로운 한때를 보내는 이가 많은데 해가 지기 시작하면 모두 하나가 된다. 광장 코너에 설치된 커다란 LED 스크린에 방영되는 뮤직비디오, 영화, 스포츠 경기는 광장에 있는 이들을 하나로 뭉치게 해 준다. 또한, 광장에서는 1년 내내 다양한 이벤트와 파티로 낯선 이와도 어느 순간 친구가 될 수 있다. 자, 이제 고민하지 말고 노스브리지로 발걸음을 옮겨 타인과 하나가 된 나를 만나자.

세계 각국의 사람과 음식을 만날 수 있는 노스브리지

051 **웨스턴 오스트레일리아** 스완 리버

스완 리버와 함께하는 여유의 시간
Swan River

고요하면서도 울렁이고 있으며 보여 줄 것 같으면서도 무언가를 감추고 있는 스완 리버의 속내를 보면 오래전 원주민의 삶이 지금 우리에게 흘러오게 하고 우리의 삶도 미래로 유유히 흘러가게 할 것 같다.

퍼스에 대해 이야기하기 시작하면 빼놓을 수 없는 것이 여러 가지가 있겠지만 그중 가장 먼저 떠오르는 것은 바로 스완 리버(Swan River)이다. 스완 밸리(Swan Valley)에서부터 시작된 강줄기는 퍼스 시내를 유유히 흘러 프리맨틀(Fremantle)을 지나 인도양으로 흘러 들어간다. 고요하면서도 울렁이고 보여 줄 것 같으면서도 감추고 있는 속내를 보면 스완 리버는 오래전 원주민의 삶이 지금 우리에게 흘러오게 하고 우리의 삶도 미래로 흘러가게 할 것 같다.

스완 리버 지역은 겨울엔 비교적 온화하고 습도가 높지만, 여름엔 덥고 건조한 지중해성기후를 띠고 있다. 관광객이 많이 찾기도 하지만 거주지로서도 만족스러운 곳이다. 물을 좋아하는 호주인의 성향이 드러나게 강 주변에 아파트와 고급 빌라, 주택이 많이 모여 있다. 지중해성기후의 영향으로 여름과 겨울의 강우량 차이가 심하며 종종 큰 홍수가 발생하기도 한다. 1872년은 여태까지 기록 중 홍수가 가장 심했던 해이다. 퍼스 시내와 외곽의 많은 곳이 물에 잠기고 그 피해액이 어마어마해 복원하는 데도 꽤 오랜 시간이 걸렸다고 한다.

홍수 피해, 지중해성기후, 아름다운 경관 등 스완 리버는 여러 모습을 보여 주고 있는데 여행자의 눈으로 보는 스완 리버의 가장 멋진 모습은 강을 따라 만들어진 산책로와 자전거도로, 공원이다. 각 여행자가 하고 있는 여행은 바쁘게 돌아가는 일상을 벗어 던지고 떠난 여행일 수도 있고, 방황하는 내 인생의 터닝 포인트를 찾기 위한 여행일 수도 있고, 가족 또는 친구와 추억을 만들기 위한 여행일 수도 있는 것처럼 여러 가지이겠지만 일단 퍼스를 찾은 여행객이라면 누구라도 스완 리버를 따라 이어진 산책길에서 여유와 함께 무언가를 찾을 수 있지 않을까. 아장아장 걸음마를 뗀 아이와 피크닉을 나온 가족의 모습에서, 점심시간을 이용해 뛰고 있는 직장인의 모습에서, 친구들과 함께 수다 떨며 산책을 즐기고 있는 젊은이의 모습에서 말이다.

산책로를 걷다 보면 강 위를 헤엄치고 있는 블랙 스완(Black Swan), 즉 흑조 가족을 만날 수 있다. 지금은 흑조가 스완 리버의 상징이지만, 18세기 호주에서 흑조가 처음 발견되었을 때 유럽인들은 백조에게와는 달리 그들을 환영하지 않았다. 지금도 흑조는 때때로 타락의 상징으로 여겨지고 있다. 하지만 스완 리버를 헤엄치고 살아가는 흑조도 백조와 같이 보이지 않는 물밑에서 헤엄을 계속하며 그들의 삶을 이어 가고 있는 부지런한 존재이다.

::Travel Tip **스완 리버의 크루즈 투어** 스완 리버를 여행하는 방법은 여러 가지가 있지만, 강 주변을 따라 퍼스를 구경할 수 있는 크루즈 투어를 추천하고 싶다. 원하는 만큼 와인을 마실 수 있어 와인 마니아에게 인기가 많은 와인 크루즈와 원주민의 이야기를 들을 수 있는 원주민 역사 크루즈, 여유롭게 식사를 즐길 수 있는 런천이나 디너 크루즈 등이 있다. 대부분의 크루즈는 스완 리버의 배럭 스트리트 선착장에서 출발하며 예약도 가능하다.

일단 퍼스를 찾은 여행객이라면 누구라도 스완 리버를 따라 이어진
산책길에서 **여유와 함께 무언가를 찾을 수 있지 않을까.**
아장아장 걸음마를 뗀 아이와 피크닉을 나온 가족의 모습에서,
점심시간을 이용해 뛰고 있는 직장인의 모습에서, 친구들과 함께
수다 떨며 산책을 즐기고 있는 젊은이의 모습에서 말이다.

052 웨스턴 오스트레일리아 프리맨틀

퍼스 시민에게는 프레오라는 애칭으로 불리며 사랑받는 프리맨틀을 제대로 즐기는 방법은 가지가지. 콜로니얼풍의 건축물 따라 걷기, 카푸치노 거리 만끽하기, 마켓 방문하기 등을 통하여 프리맨틀의 젊음과 낭만을 만끽하자.

젊음과 낭만의 도시
프리맨틀
Fremantle

퍼스 시내에서 프리맨틀까지 기차로 이동할 수도 있지만 페리를 이용하는 것도 색다르다. 프리맨틀 선착장에서 만나는 멋진 요트들은 페리 여행의 즐거움을 더해 준다.

퍼스 시내에서 프리맨틀(Fremantle)로 가는 방법은 크게 두 가지이다. 하나는 시내의 배럭 스트리트 선착장에서 페리를 타고 이동하는 방법, 다른 하나는 퍼스 역에서 기차를 이용하는 방법이다. 퍼스를 방문하는 대부분의 여행객은 프리맨틀 근교의 로트네스트 아일랜드(Rottnest Island)도 함께 여행하므로 페리를 선호한다.

개조한 부둣가 창고에서 열리는 E 쉐드 마켓

프리맨틀로 가는 기차를 타고 여행하는 것도 색다른 경험을 할 수 있는 팁이다. 퍼스 역에서는 프리맨틀이 종착역인 전용 기차가 운행되고 있다. 모든 역 혹은 몇 군데만 서거나 급행으로 바로 프리맨틀까지 가는 여러 가지 기차가 있으며 종착역까지는 20~30분 정도 걸린다. 여행객뿐 아니라 퍼스 시민도 사랑하는 프리맨틀 전용 기차는 주말이면 더욱 많은 사람으로 붐빈다.

퍼스 시민에게는 프레오(Freo)라는 애칭으로 불리며 사랑받는 프리맨틀을 제대로 즐기는 여러 가지 방법 중 첫 번째는 19세기 콜로니얼풍의 건축물 따라 걷기. 서호주에 남아 있는 가장 오래된 감옥 건물로 훼손되지 않고 당시 모습 그대로 유지하고 있는 라운드 하우스(Round House)는 1831년에 완공되었다. 현재 프리맨틀의 서쪽 끝에서 당시의 모습을 재현하며 여전히 과거를 기억하고 있다. 1850년에 영국에서 죄수들이 온 후 인원이 늘어나면서 프리맨틀 감옥(Fremantle Prison)을 추가로 짓게 되고 1991년까지도 실제 감옥으로 사용되다가 2010년 유네스코가 선정한 세계문화유산이 되었다. 프리맨틀 공원 근처에 위치한 프리맨틀 아트 센터(Fremantle Arts Centre)는 죄수들에 의해 1860년

커피 향 가득한 프리맨틀의 카푸치노 거리

역사를 간직하고 있는 프리맨틀 마켓

신선한 농산물은 기본, 정이 넘치는 장사꾼들은 덤

대에 지어진 건물로 처음에는 정신병원이었으나 현재는 빅토리안 고딕 양식이 돋보이는 미술 전시장이나 콘서트 공연장으로 이용되고 있다.

프리맨틀을 제대로 즐기는 두 번째 방법은 카푸치노 거리 만끽하기. 커피를 좋아하는 이라면, 아니 커피 향에 민감한 이라면 눈을 감고도 찾아갈 수 있는 사우스 테라스(South Terrace). 그만큼 많은 카페가 밀집되어 있는 카푸치노 거리는 야외 테이블에 앉아 카푸치노와 브런치를 즐기는 이들의 기분 좋은 수다와 함께 여유로움을 느낄 수 있는 곳이다. 하지만 사우스 테라스에는 커피만 있는 것이 아니다. 이탈리안, 아시안, 해산물 등 다양한 다이닝을 경험할 수 있는 곳이기도 하다. 부드러운 파스타와 함께 진한 레드 와인을 즐기거나 신선한 해산물과 함께 시원한 화이트 와인을 즐겨 보는 것도 카푸치노 거리에서 빼놓을 수 없는 즐거움이다.

프리맨틀을 제대로 즐기는 마지막 방법은 바로 마켓 방문하기. 오래된 역사와 함께 프리맨틀 사람들의 삶을 엿볼 수 있는 마켓에는 사람의 향기가 있다. 빅토리아 시대의 모습을 간직하고 있는 프리맨틀 마켓(Fremantle Markets)은 1897년에 문을 열어 지금까지 신선한 과일과 채소, 직접 만든 수공예품 등을 판매하고 있다. 마켓 곳곳에서는 여러 나라 음식을 맛볼 수 있고 버스커와 예술가의 공연이 함께해 더욱 즐거운 곳이다. 다만 휴일인 월요일은 피해서 찾아가자. 또한, 개조한 부둣가의 창고 내부에서 열리는 주말 시장인 E 쉐드 마켓(E Shed Markets)은 수공예품과 보석이 유명하다.

::Travel Tip **프리맨틀의 캣** 프리맨틀에도 퍼스 시내와 마찬가지로 무료 버스인 캣이 운영되고 있다. 프리맨틀 역에서 시작해 한 바퀴 도는 데는 약 30분이 걸리며 프리맨틀의 주요 명소에 정거장이 자리 잡고 있어 캣을 이용한다면 더욱 편리하게 프리맨틀을 여행할 수 있을 것이다.

053 웨스턴 오스트레일리아 로트네스트 아일랜드

인도양의 보석 **로트네스트 아일랜드**
Rottnest Island

원주민에게는 와제뭅으로도 불리는 로트네스트 아일랜드는 프리맨틀에서 그리 멀지 않으면서도 하루 이상 머물며 눈부신 인도양에서의 로맨틱한 휴양을 즐기기에 제격이다.

로트네스트 아일랜드로 가는 가장 저렴하고 좋은 방법은 로트네스트 익스프레스를 이용하는 것이다. 매일 수차례 운행하는 페리로 시간만 잘 맞춘다면 편하게 갈 수 있다.

현지인에게는 로토(Rotto)라는 애칭으로 원주민에게는 와제뭅(Wadjemup)이라 불리는 로트네스트 아일랜드(Rottnest Island)는 프리맨틀에서 약 18km 떨어진 곳에 있다. 와제뭅은 원주민어로 '물을 건너는 장소(Place across the water)'라는 뜻을 지니고 있는데 프리맨틀에서 그리 멀지 않지만, 인도양을 만날 수 있는 곳이라는 뜻에서 로트네스트 아일랜드를 충분히 떠올릴 수 있다.

퍼스 시민뿐 아니라 관광객에게도 하루 코스로 쉽게 다녀올 수 있는 휴양지인 로트네스트 아일랜드는 여름이 가장 붐비며 그중에서도 1월에 가장 많은 인원이 다녀간다. 대부분의 관광객이 퍼스 또는 프리맨틀에서 출발하는 페리를 이용하며 선착장이 있는 톰슨 베이(Thomson Bay)에는 카페, 마트, 기념품 가게, 샌드위치 가게, 레스토랑, 호텔, 홀리데이 하우스가 자리 잡고 있다. 물론 하루 코스의 여행도 좋지만, 숙박을 하며 하루 이상 머무는 것을 추천한다. 눈부신 인도양에서 느긋이 로맨틱한 휴양을 즐겨 보면 어떨까?

섬의 동서쪽을 연결하면 모두 11km에 달하는 로트네스트 아일랜드를 둘러보는 방법 중 가장 잘 알려진 것은 자전거 대여하기. 페리를 예약하면서 미리 예약할 수 있고 섬에 도착하여 인포메이션에서 예약할 수도 있지만, 여름에 방문할 계획이라면 페리 예약 시 함께 예약하는 것이 현명하다. 수영복, 비치 타월, 선크림, 선글라스, 간식거리, 물을 챙겨 들고 뜨거운 햇살과 시원한 바람을 가르며 자전거를 타고, 여러 전망대에서 사진도 찍고, 해변에서의 여유로운 시간을 만끽해 보자. 여기에 다양한 액티비티까지 더하여 즐긴다면 이보다 좋은 휴가가 어디 있을까.

::Travel Tip **로트네스트 익스프레스** 로트네스트 아일랜드로의 여행은 페리 예약에서부터 시작된다. 가장 많은 사람이 이용하는 페리는 로트네스트 익스프레스(Rottnest Express)이다. 페리 왕복편과 함께 자전거나 스노클링 장비 대여, 올리버 힐 건 엠플레이스먼트 기차 투어, 가이드와 함께하는 로트네스트 아일랜드 투어도 한 번에 예약할 수 있어 편리하다.

물론 자전거 외에도 베이시커 버스(Bayseeker Bus)라는 이름으로 섬을 도는 셔틀버스를 이용할 수 있으며 미리 예약한다면 제2차 세계대전 중 군사적 요충지로 이용되었던 올리버 힐 건 엠플레이스먼트(Oliver Hill Gun Emplacement)로 기차를 타고 이동해 역사적 배경을 둘러보거나 가이드와 함께하는 로트네스트 아일랜드 투어에도 참여할 수도 있다.

로트네스트 아일랜드에서의 즐길 해양 레포츠는 다양하다. 그중에서도 스쿠버 다이빙은 빼놓을 수 없는 액티비티 중 하나이다. 석회암으로 이루어진 다양한 산호군과 많은 물고기 덕에 로트네스트 아일랜드는 스쿠버 다이버들이 사랑하는 다이빙 장소로 손색이 없으며 특히 여름에 만날 수 있는 바닷가재(Western Rock Lobster)는 맛이 좋아 인기가 높다. 어린이부터 성인까지 모두 즐길 수 있는 수영, 서핑, 낚시 등과 함께 스노클링을 하는 것도 좋다. 인포메이션을 방문하면 스노클링하기 좋은 해변을 정리해 둔 스노클링 트레일(Snorkel Trail) 지도가 있으니 참고하길.

에메랄드빛 인도양을 만날 수 있는 로트네스트 아일랜드

054 **웨스턴 오스트레일리아** 남붕 국립공원

신비한 돌기둥 피너클스와 함께하는 **남붕 국립공원**

Nambung National Park

다양한 자연환경을 보존하고 있는 남붕 국립공원의 하이라이트는 바로 수천 개의 석회암 기둥이 솟아 있는 피너클스 사막이다. 피너클스 사막을 찾은 여행자는 셀 수도 없을 만큼 오래된 시간에 놀라고 자연이 만들어 놓은 조각품에 다시 한 번 놀란다.

눈앞에 두고도 믿기 어려운 자연의 신비로운 조각품. 개성 넘치는 모습으로 제각각 다른 크기를 자랑하는 피너클스의 향연을 남붕 국립공원에서 만날 수 있다.

퍼스에서 북쪽으로 약 250km 떨어진 곳에 있는 남붕 국립공원(Nambung National Park)의 '남붕'은 원주민어로 '구불구불한' 또는 '굽었다'는 뜻으로 구불구불 흐르는 남붕 리버(Nambung River)의 모습에서 그 이름이 유래되었다. 다양한 자연환경을 보존하고 있는 남붕 국립공원의 하이라이트는 바로 수천 개의 석회암 기둥이 솟아 있는 피너클스(Pinnacles) 사막이다.

자연이 만들어 낸 신비로운 조각품인 피너클스의 사전적 의미는 '뾰족하게 솟아 있는 것'이다. 남붕 국립공원에서는 작은 돌무더기의 피너클스부터 높게는 4m 이상 솟아 있는 피너클스까지 다양하게 만날 수 있다. 피너클스는 아주 오래전 바닷속 조개들로부터 만들어지기 시작했다. 조개껍데기가 석영 모래에 부서져 모래가 되고 그 모래로 형성된 언덕이 오랜 세월을 거치면서 모래는 날아가고 석영 모래와 같이 단단한 부분만이 모여 기둥을 형성하게 된 것이다. 피너클스 사막을 찾은 여행자는 셀 수도 없을 만큼 오래된 시간에 놀라고 자연이 만들어 놓은 조각품에 다시 한 번 놀란다.

피너클스 사막은 1960년대 후반까지 일반인에게 공개되지 않은 장소로 뒤늦게 남붕 국립공원 지역에 추가되었다. 그래서 현재까지 오염되지 않은 모습을 볼 수 있는 곳 중 하나이다. 그 모습을 가장 아름답게 볼 수 있는 시기는 바로 호주의 봄인 8월에서 10월 사이. 야생화가 개화하기 시작하는 시즌으로 황량한 사막의 우뚝 솟은 피너클스와 어울리지 않을 것 같지만 어울리는 야생화의 조화는 색다르다. 피너클스는 이른 아침 또는 늦은 오후에 보는 것이 더 아름다운데 태양의 각도에 따라 다양한 연출하여 보는 이로 하여금 감탄사를 자아내게 한다.

::Travel Tip **피너클스 사막엔 사륜구동 차량** 렌터카를 이용하여 피너클스 사막을 방문하는 경우에는 일반 승용차를 이용하기보다 사륜구동 차량을 이용하길 권한다. 특히 우기에는 사륜구동 차량을 이용하지 않을 경우 진입조차 어려울 수 있으므로 피너클스 사막에 진입하기 전 미리 차량을 정비하는 것이 좋다.

055 **웨스턴 오스트레일리아** 웨이브 록

마치 큰 파도가 순식간에 굳어진 모양을 하고 있어 보는 이로 하여금 눈을 의심하도록 하는 웨이브 록은 '선사시대의 파도'라고 불리기도 하는데 화강암이 주를 이루고 있어 벽을 따라 흘러내린 빗물과 샘물이 화강암의 광물질을 녹이면서 현재의 다양한 빛깔을 연출하고 있다.

자연이 만들어 낸 위대한 파도 바위, 웨이브 록
Wave Rock

퍼스에서 동남쪽으로 약 296km 떨어진 곳에 하이든(Hyden)이란 마을이 있다. 마을에서 좀 더 동쪽으로 들어가면 길게 뻗은 언덕에서 하이든 록(Hyden Rock)을 만날 수 있다. 웨이브 록(Wave Rock)은 자연적으로 만들어진 파도 모양의 바위로 하이든 록의 일부에 속하지만, 보통 하이든 록보다 웨이브 록이라는 이름이 더욱 알려져 있다. 높이 14m, 길이 110m의 바위는 마치 큰 파도가 순식간에 굳어진 모양을 하고 있어 보는 이로 하여금 눈을 의심하도록 한다. 사실 지리학자들도 웨이브 록이 파도 모양을 갖추게 된 정확한 원인을 찾아내지 못하고 있지만 공통으로 주장하는 부분은 지층의 압력에 의해 물결 모양으로 변형된 후 셀 수 없는 긴 시간 동안 비바람에 침식되어 지금의 형태를 유지하게 되었다는 것이다. 약 27억 년 전부터 형성되기 시작한 것으로 추정되는 웨이브 록은 '선사시대의 파도'라고 불리기도 하는데 화강암이 주를 이루고 있어 벽을 따라 흘러내린 빗물과 샘물이 화강암의 광물질을 녹이면서 현재의 다양한 빛깔을 연출하고 있다.

시간에 따라 다른 모습을 보이는 웨이브 록은 그 자체가 오랜 세월을 증명한다. 죽기 전에 꼭 가 봐야 할 여행지로 손꼽힐 정도로 유명한 상징물이며 주변의 또 다른 바위와 동굴에서는 호주 원주민인 애버리진(Aborigine)의 흔적을 만날 수 있다. 그들이 새겨 놓은 벽화에서는 힘들고 어려웠던 원주민의 삶과 동시에 극복하려고 했던 의지와 꿈을 엿볼 수 있다. 일반인도 방문할 수 있는 곳으로는 배츠 동굴(Bats Cave)이 있다.

또한, 독특한 것으로 웨이브 록 주위에 위치한 개 공동묘지(Dog Cemetery)를 찾아볼 수 있다. 외롭고 힘든 황무지의 생활을 도와주고 함께한 개에 대한 사랑을 느낄 수 있는 곳으로 인생의 동반자 역할을 하던 개가 떠나고 나면 한곳에 묻었다고 한다. 개를 그저 한 마리의 동물이 아닌 동반자로 생각하는 원주민의 마음을 느낄 수 있는 곳이다.

::Travel Tip **웨이브 록과 야생화의 조화** 웨이브 록을 방문하기 가장 좋은 시기는 호주의 봄이 찾아오는 8월에서 10월 사이. 웨이브 록 주변에 다양하고 많은 야생꽃이 활개치고 있어 꽃이 만개하는 봄이면 웨이브 록과 함께 이국적인 야생화의 꽃 잔치도 함께 만끽할 수 있다.

056 웨스턴 오스트레일리아 마가렛 리버

와인 애호가가 사랑하는
서호주 대표 와이너리 지역 **마가렛 리버**

Margaret River

인도양에서 가까워 바닷바람이 불어오고 그리 덥지 않은 여름과 그리 춥지 않은 겨울을 보낼 수 있는 지중해성기후를 가진 마가렛 리버. 그만큼 수준 높은 와인을 만날 수 있는 곳이기에 와인 애호가들은 특별히 서호주 마가렛 리버의 와인을 찾기도 한다.

지중해성기후로 호주의 동부와 남부 지역과는 또 다른 맛과 향을 자랑하는 마가렛 리버의 와인은 세계 와인 애호가들의 사랑을 독차지하고 있다.

퍼스에서 남서쪽으로 약 277km 떨어진 곳에 위치한 마가렛 리버(Margaret River) 지역은 제1차 세계대전 이후 서호주의 이민정책 중 하나로 1920년대 초 이민자를 위해 농장을 설립하면서 마을이 형성되기 시작한 곳이다. 또한, 인도양에서 가까워 바닷바람이 불어오고 그리 덥지 않은 여름과 그리 춥지 않은 겨울을 보낼 수 있는 지중해성기후를 가진 지역이다. 그래서 프랑스의 보르도(Bordeaux)와 비슷하며 드라이한 와인을 생산하기에 적당하다.

약 5,500ha에 이르는 와이너리 지역에는 약 140곳의 와이너리가 위치하고 있으며 부티크 사이즈의 와인 제조업이 주를 이룬다. 호주 내에서는 3%밖에 되지 않는 가장 적은 양의 와인 포도를 재배하는 곳이지만, 호주 프리미엄 와인 시장에서는 20% 이상을 차지하고 있다. 그만큼 수준 높은 와인을 만날 수 있는 곳이기에 와인 애호가들은 특별히 서호주 마가렛 리버의 와인을 찾기도 한다.

포도나무가 잘 성장하기 위해서는 적당한 습도를 유지하고 일정한 온도와 토양이 가장 큰 요소인데 마가렛 리버의 와이너리 지역은 이에 부합한다. 강력한 향과 맛을 느낄 수 있는 고급 품질의 샤르도네와 풍부한 과일 향과 여러 대회에서의 수상으로 더욱 유명해진 카베르네 소비뇽이 대표 와인으로 손꼽힌다.

바쁘게 생활하는 우리가 일상에서 여유를 즐기기는 쉽지 않지만, 세계적으로도 사랑받는 와이너리에서 와인 한 잔과 함께 맛있는 식사를 즐기고 포도나무들이 만들어 내는 편안함과 여유를 만끽하는 것은 마가렛 리버에서 꼭 해 봐야 할 것 중 하나이다. 이것만으로 부족하다면 근교의 수공예품과 기념품 가게, 미술관을 방문하는 것도 좋으며 와인뿐 아니라 올리브, 치즈, 초콜릿 등을 맛보며 음식 기행을 즐겨 보는 것도 좋다.

::Travel Tip **석회암 동굴 체험** 마가렛 리버가 와이너리로 유명하기도 하지만 루윈-내추럴리스트 국립공원(Leeuwin-Naturaliste National Park)에 위치한 석회암 동굴도 널리 알려져 있다. 가장 유명한 매머드 동굴(Mammoth Cave)을 비롯해 주얼 동굴(Jewel Cave), 레이크 동굴(Lake Cave), 느길기 동굴(Ngilgi Cave), 칼가덥 동굴(Calgardup Cave), 자이언트 동굴(Giants Cave)등이 관광객에게 열려 있다.

세계적으로도 사랑받는 와이너리에서 와인 한 잔과 함께 맛있는 식사를 즐기고 포도나무들이 만들어 내는 **편안함과 여유**를 만끽하는 것은 마가렛 리버에서 **꼭 해 봐야 할 것 중 하나이다.**

057 웨스턴 오스트레일리아 샤크 베이 해양공원

에메랄드빛의 신비로움이 가득한
샤크 베이 해양공원

Shark Bay Marine Park

호주에서 가장 먼저 유네스코 세계유산 지역으로 선정된 곳으로 그 아름다움도 첫손으로 꼽히지만, 세계에서 가장 큰 해초밭이기도 하다. 에메랄드빛 인도양에서 귀여운 병코돌고래에게 먹이 주기와 물놀이를 하며 서호주의 코랄 코스트에서 새로운 체험을 즐겨 보길.

자연이 안겨 주는 싱그러움과 그 안에 살고 있는 해양 동물을 만날 수 있는 즐거움이 함께하는 샤크 베이 해양공원

퍼스에서 북쪽으로 약 800km 떨어진 곳에 있는 샤크 베이 해양공원(Shark Bay Marine Park)은 에델 랜드(Edel Land)와 페론(Peron)의 반도 두 개와 세 개의 섬 그리고 동쪽 해안까지 포함한 'W' 모양의 해양공원이다. 호주에서 가장 먼저 유네스코 세계유산 지역으로 선정된 곳으로 그 아름다움도 첫손으로 꼽히지만, 세계에서 가장 큰 해초밭을 보유하고 있기도 하다. 바다거북, 병코돌고래, 듀공, 새우, 조개 등의 다양한 해양 생물도 만날 수 있어 휴양과 레저, 교육, 체험을 모두 즐길 수 있는 곳이다.

다양한 매력을 즐길 수 있는 샤크 베이 해양공원 안에서도 멍키 미아(Monkey Mia)는 지난 40년이 넘도록 해안가로 매일 같이 놀러 오는 병코돌고래들을 만날 수 있는 곳이다. 멍키 미아는 행정 도시로 관광객의 이동 거점이 되기도 하는 덴햄(Denham)에서 북동쪽으로 약 25km 떨어진 곳이다. 원래 진주 잡이와 낚시가 주산업을 이루고 있는 곳이었다. 1960년에 어느 어부와 아내가 일에서 돌아오는 길에 해안가에서 만난 병코돌고래에게 낚시로 잡은 고기를 먹이로 주면서 돌고래들이 찾아오기 시작하였고 이를 보기 위해 멍키 미아를 찾는 관광객이 늘어나게 되었다. 1990년부터 멍키 미아의 해변으로 찾아오는 병코돌고래들을 해양공원에서 관리하였으며 그 덕으로 아직 크게 오염되지 않은 채 병코돌고래에게 먹이 주기를 직접 체험할 수 있는 서호주의 유일한 해변이 되었다. 바닥이 훤히 보이는 맑고 시원한 인도양에 발을 담그고 친근하게 다가온 병코돌고래에게 인사하며 먹이 주기를 체험해 보는 것은 특별한 경험이 아닐 수 없다.

::**Travel Tip 샤크 베이로 이동하기** 국제선 항공은 서호주에서 퍼스로 밖에 들어가지 않는다. 여행 기간이 길다면 퍼스에서 출발하여 샤크 베이 해양공원을 포함하는 투어에 참여하거나 차량을 렌탈하여 다녀올 수 있지만, 최소 일주일은 예상하는 것이 좋으며 짧은 일정에도 꼭 방문하고자 한다면 퍼스에서 출발하는 지역 항공을 이용할 수 있다. 다만 금액은 저렴한 편이 아니므로 예산을 잘 잡아 계획하는 것이 좋다.

샤크 베이 해양공원의 또 다른 매력은 덴햄에서 남동쪽으로 45km 떨어진 곳에 있는 신비로운 셸 비치(Shell Beach)에서 만날 수 있다. 이름에서부터 예상되지만 셸 비치의 해변은 모래가 아닌 하얀 조개로 가득 차 있다. 분명 멀리서 볼 때는 구분이 되지 않아 마치 하얀 모래처럼 보이지만, 셸 비치에 서면 당신이 밟고 있는 것은 모래만큼 하얀 작은 조개들이라는 것. 세계에서도 두 군데밖에 없는 조개로 이루어진 해변 중 한 곳으로 직접 보고도 신비로울 수밖에 없는 해변의 길이는 무려 6km에 달하며 그 깊이도 10m에 이른다.

에메랄드빛 인도양의 바다에서 수영과 낚시를 즐기고 귀여운 병코돌고래에게 먹이 주기와 물놀이를 하며 하얀 조개들이 만들어 낸 신비로운 해변에서 스노클링과 스쿠버 다이빙까지. 서호주의 코랄 코스트(Coral Coast)에서 새로운 체험을 즐겨 보길 바란다.

좌 휴양과 레저, 체험을 모두 즐길 수 있는 멍키 미아 우 멍키 미아에서 돌고래 먹이 주기 체험

058 웨스턴 오스트레일리아 닝갈루 해양공원

해양 동물들의 천국 닝갈루 해양공원

Ningaloo

Marine Park

닝갈루 해양공원은 찾아가기 어렵지만 그 이유로 오염되지 않은 아름다운 인도양을 만날 수 있는 곳 중 하나이다. 닝갈루의 바다는 200종이 넘는 산호가 자연이 만들어 낸 살아 있는 앨범 그 자체로 추억과 함께 신선함을 선사한다.

사람의 발길이 드물어 더욱더 아름다운
닝갈루 해양공원의 진짜 모습은
바닷속 생태계에서 찾아볼 수 있다.
200종이 넘는 산호가 만들어 낸
아름다움을 만끽하려면
스노클 하나만으로도 충분하다.

닝갈루 해양공원(Ningaloo Marine Park)은 서호주 코랄 코스트의 끝자락 엑스마우스(Exmouth)와 닝갈루 리프(Ningaloo Reef), 그리고 코랄 베이(Coral Bay)를 포함한 지역으로 주도인 퍼스에서는 북쪽으로 약 1,200km 떨어져 있다. 닝갈루 해양공원 지역의 관문이 되는 엑스마우스는 퍼스와 다윈의 중간쯤에 있으며 호주 대부분 대도시에서 국내 항공이나 지역 항공을 이용하여 이동하는 것이 좋다. 물론 퍼스나 다윈에서 출발하는 투어나 차량을 렌탈하여 여행할 수도 있지만, 여행 기간이 길어질뿐더러 우기 때는 안전상의 이유로 다윈에서부터 엑스마우스까지의 도로가 폐쇄된다. 그만큼 찾아가기 어렵지만, 그 이유로 오염되지 않은 아름다운 인도양을 만날 수 있는 곳이다. 특히 세계적으로도 스쿠버 다이버들이 꿈꾸는 곳이기도 하다.

코랄 베이와 함께 닝갈루 리프는 그 규모가 무려 260km에 이르는 호주에서도 가장 큰 산호군으로 1987년에 해양공원으로 지정되었으며 2011년에는 세계자연유산에 등재되는 영광을 누렸다. 1년 내내 언제 방문해도 좋지만, 3월에서 6월 사이에는 바닷속을 유유히 수영하며 새우와 같은 작은 바다 생물을 먹이로 삼는 고래상어(Whale Shark)를 만날 수 있다. 상어라는 이름 때문에 무섭고 사납다고 생각할 수 있으나 고래상어는 난폭하지 않아 스노클링과 스쿠버 다이빙을 즐기면서 고래상어가 먹이 먹는 모습을 관찰할 수 있을 뿐 아니라 함께 수영도 즐길 수 있다. 색다르고 아찔한 체험이 될 고래상어와 수영하기. 지금 당장 닝갈루 리프로 떠나고 싶지 않은지?

또한, 닝갈루의 바다는 200종이 넘는 산호가 자연이 만들어 낸 살아 있는 앨범으로 추억과 함께 신선함을 선사한다. 바닷속 꽃인 산호와 그 사이사이를 헤엄쳐 다니는 열대어를 감상하며 어렸을 적 보았던 어느 집 어항의 추억을 기억해 보기도 하고 눈앞에 펼쳐진 앨범으로 새로운 추억 하나를 만들어 가기도 한다. 이 아름다움을 만나기에는 1년 중 3월이 가장 좋다. 또한, 겨울에는 돌고래와 듀공, 쥐가오리, 혹등고래가 지나가는 길목이 되어 이들의 이동을 가까운 만에서 찾아볼 수 있으며 산호가 있는 해변에는 여러 종류의 바다거북이 먹이를 찾아 내려와 서식하는 모습도 볼 수 있다.

::**Travel Tip** **지금의 닝갈루 해양공원이 있기까지** 세계 자연 유산으로 닝갈루 해양공원을 보존하고자 하는 이들의 노력이 현재의 닝갈루 해양공원을 있게 한 원천이다. 2000년대 초 닝갈루 리프의 모드 랜딩(Mauds Landing)이라는 지역에 리조트 건립에 대한 논의가 있었다. 리조트가 건립된다면 관광지로써 더 많은 수입이 생길 것은 자명하나 그 때문에 발생할 해양 생물들의 죽음과 손실은 이루 말할 수 없이 컸다. 현지인들을 비롯한 많은 사람이 해양 생물들을 보존하기 위해 리조트 설립을 반대하였으며 특히 지역 출신의 작가인 팀 윈튼(Tim Winton)이 기부와 함께 적극 반대하여 리조트 건립은 진행되지 않았다. 자연을 사랑하는 현지인들의 모습을 보여 준 대표적인 사례라 할 수 있다. 팀 윈튼을 비롯해 지역을 아끼는 사람들이 없었다면 지금의 아름다운 닝갈루 해양공원의 모습은 없었을지도 모른다.

059 **웨스턴 오스트레일리아** 필바라 & 킴벌리

아웃백 여행의 진수를 느끼자 **필바라 & 킴벌리**

Pilbara & Kimberley

서호주의 북서부인 필바라와 킴벌리 지역은 정보와 문명의 홍수 속에 살고 있는 우리에게 자연의 경이로움을 뼛속까지 느끼게 해 주는 곳이다. 백문이 불여일견! 다녀온 자만이 알 수 있는 그 쾌감은 떠나지 않는다면 찾아오지도 않는다.

카리지니 국립공원은 서호주에서도 두번째로 큰 국립공원으로
수억 년이라는 인간이 셀 수 없는 세월이 만들어 낸 지층을 비롯해
건기가 시작되기 전 만날 수 있는 수많은 계곡, 당장에라도 뛰어들고 싶은
자연이 만들어 낸 수영장인 물웅덩이와 같은 태초의 자연을 만날 수 있다.

카리지니 국립공원에서 숭고한 자연과 맨몸으로 부딪치기

지난 2011년 대한민국을 후끈 달아오르게 했던 방송 중 하나인 「남자의 자격」에서 5대 프로젝트 중 하나로 '남자, 그리고 배낭여행'을 기획했다. 정보와 문명의 홍수 속에 살고 있는 우리에게 자연의 경이로움을 뼛속까지 느끼게 해주었던 영상 속의 그곳은 바로 서호주의 북서부인 필바라(Pilbara)와 킴벌리(Kimberley) 지역. 김태원을 중심으로 구성된 팀은 카리지니 국립공원(Karijini National Park)이 주를 이루는 필바라 지역을, 이경규를 중심으로 구성된 팀은 벙글 벙글 산맥(Bungle Bungle Range)을 포함한 푸눌룰루 국립공원(Purnululu National Park)이 주를 이루는 킴벌리 지역을 다녀왔다.

서호주 북서부 지역을 여행하는 데는 사륜구동 차량이 필수이다. 특히 우기에는 엄청난 양의 비로 비포장도로는 모두 강이 되어 버리기에 여행을 계획할 때에도 건기를 택해야 한다. 여행의 기대감에 들떠 단지 장엄하고 아름다운 모습만을 떠올린 채, 자연을 우습게보았다가는 큰코다치기 마련이다. 서호주의 북서부 역시 마찬가지이다. 자신은 여행객일 뿐이라는 이질감은 버리고 자연과 하나가 될 각오로 여행을 준비해야 한다. 진정한 아웃백으로 떠나는 여행인 만큼 철저한 준비가 이루어지지 않는다면 따라올 위험은 큰 부담이 될 수도 있는 곳. 하지만 다녀온 자만이 알 수 있는 그 쾌감은 떠나지 않는다면 찾아오지도 않는다.

카리지니 국립공원은 서호주에서도 2번째로 큰 국립공원으로 수억 년이라는 인간이 셀 수 없는 세월이 만들어 낸 지층을 비롯해 건기가 시작되기 전 만날 수 있는 수많은 계곡, 당장에라도 뛰어들고 싶은 자연이 만들어 낸 수영장인 물웅덩이와 같은 태초의 자연을 만날 수 있다. 켜켜이 쌓여 있는 지층을 보고 있

아웃백으로 어드벤처 여행을 떠날 때에는 물을 아낄 수 있고 쓰레기를 적게 만드는 아웃백에 가장 잘 어울리는 음식을 준비하는 것이 좋다.

노라면 내가 살고 있는 삶이 오히려 하찮게 느껴지기도 하고 그로부터 받은 기운으로 그동안의 고생과 괴로움을 보상받는 것 같기도 하다.

그중에서도 현지인 투어 상품의 필수 코스가 되고 있는 데일스 협곡(Dales Gorge)은 방문한 이들로부터의 극찬이 끊이지 않는 곳이다. 그 외에도 투어 상품에는 포함되어 있지 않지만, 모험을 좋아하는 현지인과 여행객에게 사랑받는 비 협곡(Bee Gorge), 위트눔 협곡(Wittenoom Gorge), 카라미나 협곡(Kalamina Gorge), 얌파이어 협곡(Yampire Gorge)이 데일스 협곡과 함께 카리지니 국립공원의 5대 협곡으로 손꼽힌다.

::Travel Tip **아웃백 여행은 철저한 준비부터** 필바라와 킴벌리로의 여행은 끝없는 모험을 감당해야 하는 아웃백 여행이다. 따라서 배낭여행 상품이 아닌 장기간의 자유여행을 준비한다면 최소 4명 이상의 인원으로 2대 이상의 사륜구동 차량을 준비하여 한 팀을 이뤄 여행하는 것이 안전하다. 그렇다고 혼자 떠나지 못할 것은 아니다. 호주 현지 여행사의 상품으로 퍼스에서 출발하여 카리지니까지 9박 10일의 여행이나 브룸(Broome)에서 푸눌룰루 국립공원을 포함하여 다윈까지 이어지는 8박 9일 여행에 참여하는 것도 가능하다. 다만 출발일이 정해져 있고 한국에서 출발하는 항공을 포함하여 여행 기간도 넉넉히 예상해야 하며 여행 경비도 충분히 준비해야 하는 점만 충분히 참고하길 바란다.

경비행기를 타고 하늘에서 내려다봐야 더욱 진정한 모습을 만끽할 수 있는 푸눌룰루 국립공원의 하이라이트인 킴벌리 지역은 세계자연유산에 속해 있기도 하며 니콜 키드먼과 휴 잭맨이 주연한 영화 「오스트레일리아」의 촬영지이기도 하다. 제2차 세계대전 당시 호주 대륙에서 펼쳐지는 로맨스와 모험을 그린 대서사시로 배우들의 연기도 일품이지만 배경이되는 킴벌리의 고독하고도 웅장한 자연은 또 다른 감동을 선사한다.

특히 「남자의 자격」 방송에서 김국진이 "35억 년의 지구의 모습, 또 다른 행성을 직접 눈으로 보고 있다."라고 묘사한 벙글 벙글 산맥은 그곳을 가 보지 않은 이들에게 자극을 주기에 충분하다. 지금 우리가 살고 있는 지구를 다른 행성에서 바라보는 느낌이 바로 그것일까! 살아 있는 지구와 야생동물을 만끽하고 싶다면 전 세계에서도 몇 군데 남아 있지 않은 야생 구역인 킴벌리로 지금 바로 떠나자.

진정한 4WD 투어의 매력을 만날 수 있는 벙글 벙글 산맥

신성한 곳으로의 출발
앨리스 스프링스

Alice Springs

호주의 중심, 노던 테리토리 주의 거대하고도 황량한 붉은 사막 아웃백으로의 관문, 원주민인 애버리진의 정신적 고향으로 불리는 앨리스 스프링스는 주민의 약 20%가 애버리진으로 그들의 삶과 예술을 보다 더 생생히 느낄 수 있다.

현지인들에겐 앨리스라는 애칭으로 불리는 앨리스 스프링스(Alice Springs)는 저자에겐 저자의 이름(Elice)과 발음이 비슷하기에 애착이 가는 곳이다. 하지만 이곳만이 가지고 있는 이색적이고도 특별한 기운으로 친근하게 다가가기엔 조금 어렵다. 호주의 중심, 노던 테리토리(Northern Territory) 주의 거대하고도 황량한 붉은 사막 아웃백으로의 관문, 원주민인 애버리진의 정신적 고향으로 불리는 앨리스 스프링스는 호주의 다른 대도시에 비해 원주민과 쉽게 만날 수 있다.

앨리스 스프링스 주민의 약 20%를 차지하는 애버리진은 정부의 보조를 받아 생활하고 직접 예술품을 만들어 판매하기도 하는데 그들의 작품을 가장 많이 만날 수 있는 곳은 바로 앨리스 스프링스의 번화가 토드 몰(Todd Mall)이다. 다양하고 훌륭한 애버리진 작품들을 쉽게 접할 수 있도록 여러 예술품 가게가 자리 잡고 있으며 그리 넓진 않지만, 기념품 가게와 마트, 카페, 레스토랑, 모텔과 호텔 등의 숙소도 다양하게 위치하고 있다. 그중 애버리지널 아트 & 컬처 센터(Aboriginal Art & Culture Centre)는 애버리진이 직접 운영하는 곳으로 예술 작품뿐 아니라 애버리진과 함께 직접 예술을 체험할 수 있는 프로그램도 운영하고 있다.

또한, 앨리스 스프링스에 오픈한 최초의 병원으로 현재는 박물관으로 운영되고 있는 애들레이드 하우스 박물관(Adelaide House Museum)에서 애버리진의 삶을 엿볼 수 있다. 호주의 유명화가 헹크 구스(Henk Guth)의 풍경화와 다양한 작품, 애버리진 예술품을 전시하는 파노라마 구스(Panorama Guth)도 둘러볼

붉은 사막의 시작점을 알리는 앨리스 스프링스

앨리스 스프링스의 입구에서는
포토 포인트로도 유명한
붉은 흙으로 만든 안내판이
우리를 맞이하고 있다.

:: Travel Tip 앨리스 스프링스는 되도록 낮에만! 대부분의 애버리진은 선량하고 위험하지 않지만, 간혹 무리를 지어 다니는 애버리진을 만나는 경우가 있다. 많은 수는 아니나 여행자를 위협하는 경우도 있으니 앨리스 스프링스 여행은 되도록 해가 떠 있는 시간에만 즐기는 것이 좋다.

만하다. 그리 높진 않지만, 앨리스 스프링스를 한눈에 조망할 수 있는 앤잭 힐(Anzac Hill)은 지는 석양과 함께 앨리스 스프링스의 풍경을 찍을 수 있는 포토 포인트로 유명하다.

특히 매년 7월에 열리는 낙타 경주인 앨리스 스프링스 카멜 컵(Alie Springs Camel Cup)은 독특하고도 신 나는 분위기로 많은 관광객을 불러 모은다. 1970년에 두 명의 친구가 마른 토드 강바닥에서 낙타를 타고 내기를 한 것을 시작으로 현재는 세계적인 이벤트로 자리 잡았다. 호주에서도 앨리스 스프링스에서만 즐길 수 있는 상징적인 이벤트이니 7월 첫째 주에 앨리스 스프링스를 방문한다면 망설이지 말고 참여해 보자.

061 **노던 테리토리 맥도넬 산맥**

노던 테리토리 주에서 가장 높은 산을 포함한 맥도넬 산맥은 약 3억 5천 년 전에 형성된 것으로 숨 막힐 것처럼 아름다운 틈새와 절벽이 곳곳에 숨겨진 보물 같은 장소이다. 또 앨리스 스프링스의 환경을 그대로 공원으로 만들어 놓은 데저트 파크에서는 우리나라에서는 만나 보지 못한 사막을 경험해 볼 수 있다.

노던 테리토리 주의 아름다운 계곡
맥도넬 산맥

MacDonnell Ranges

앨리스 스프링스에서 가까움에도 지명도가 떨어져 많은 관광객이 건너뛰는 맥도넬 산맥이지만, 이곳만이 가진 독특한 매력이 숨어 있으니 기회가 되면 방문해 보길.

앨리스 스프링스의 동쪽에서부터 서쪽까지 약 644km에 이르는 긴 계곡이 이어진 산맥인 맥도넬 산맥(MacDonnell Ranges)은 노던 테리토리 주에서 가장 높은 산이기도 한 높이 1,531m의 마운트 제일(Mount Zeil)과 1,524m의 마운트 라이빅(Mount Liebig), 1,380m의 마운트 손더(Mount Sonder)를 포함한다. 약 3억 5천 년 전에 형성된 것들로 숨 막힐 것처럼 아름다운 틈새(Gaps)와 절벽이 곳곳에 숨겨진 보물 같은 장소로 앨리스 스프링스에서 가깝다는 장점이 있지만, 앨리스 스프링스에서 연결되는 시내버스가 없어 관광객이 많이 찾지 않는 곳이기도 하다.

1984년에 문을 연 웨스트 맥도넬 국립공원(West MacDonnell National Park)은 정부의 보호 차원에서 국립공원으로 지정한 곳으로 어느 한 곳을 가리키는 것이 아니라 여러 곳의 공원과 협곡 지역을 포함하고 있다. 그중 에밀리 갭(Emily Gap)과 제시 갭(Jessie Gap), 트레피나 협곡(Trephina Gorge) 등지에서는 호주 원주민인 애버리진 중 아렌테(Arrernte People)의 바위 벽화를 찾아볼 수 있어 그들 역사에 중요한 부분을 차지하고 있으며 세계적으로도 유명한 부시워킹(Bushwalking) 트레일인 라라핀타 트레일(Larapinta Trail)에서는 깎아지르는 협곡뿐 아니라 캥거루과의 검정발 왈라비(Black-footed Rock Wallaby)를 찾아볼 수도 있다.

::**Travel Tip 경제적인 맥도넬 산맥 여행** 노던 테리토리 주 아웃백으로의 여행은 여러 가지 방법이 있지만 그중 가장 경비 면에서 현명하고 많은 사람이 만족하는 것이 현지인 가이드와 함께하는 투어에 참여하는 것이다. 대부분이 앨리스 스프링스 또는 울루루에서 출발하여 킹스 캐니언, 카타 추타까지 돌아보지만, 앨리스 스프링스 근처의 맥도넬 산맥까지 방문하는 상품은 많지 않다. 아웃백 여행의 시작점과 가까우면서 독특한 모습들을 만나 볼 수 있는 맥도넬 산맥은 가 보지 않으면 모르겠지만, 알고 난 후에 가지 않고는 섭섭함을 지우지 못할 곳이기에 앨리스 스프링스에서 맥도넬 산맥을 포함한 상품을 이용하거나 앨리스 스프링스에서 출발하는 짧은 일정의 상품을 이용해 보는 것도 좋다.

또한, 자연이 만들어 낸 신비로운 조각품과 같은 캐즘(Chasm)은 '깊게 갈라진 틈'이라는 사전적 의미를 가지고 있는데 라라핀타 트레일에서 만날 수 있는 스탠들리 캐즘(Standley Chasm)은 영화 속 한 장면처럼 바위가 갈라져 있고 그 사이에 샛길을 만들어 놓고 있다. 에어즈 록(Ayers Rock)처럼 해의 위치에 따라 바위의 색이 달라지는 것으로 유명하다. 그래서 되도록 다양한 모습을 볼 수 있게 해가 지기 전에 가는 것이 좋다. 비가 많이 오는 우기에는 빗물이 모여 계곡이 되지만, 평소 건기에는 직접 이 사이를 건너가 볼 수도 있다.

앨리스 스프링스의 기후와 환경을 그대로 공원으로 만들어 놓은 데저트 파크(Desert Park)에서는 우리나라에서는 만나 보지 못한 사막을 경험해 볼 수 있다. 매표소에서부터 시작되는 트레일을 따라가다 보면 사막에서만 만날 수 있는 동물과 식물을 직접 보고 느낄 수 있어 자녀를 동반한 가족 여행에 좋다.

앨리스 스프링스에서 출발해 울루루로 가는 여정 중 가장 흥미로운 곳이기도 하면서 즐거운 체험을 할 수 있는 곳인 프런티어 카멜 농장(Frontier Camel Farm)도 근처에 위치하고 있다. 단순히 옛 농장의 모습과 기차가 아닌 낙타와 함께했던 이들의 삶의 역사까지 볼 수 있는 농장에서 직접 낙타를 타 보는 특별한 체험을 즐기는 건 어떨까?

우기와 건기에 다른 모습을 만날 수 있는 라라핀타 트레일

062 **노던 테리토리 울루루**

신성하고도 신비로운
울루루
Uluru

어떤 방법을 선택하든 울루루를 감상할 때 빼놓지 말아야 할 것은 바로 울루루의 일출과 일몰이다. 특히 일몰이 시작됨과 동시에 석양과 함께 변화하는 울루루의 모습은 색깔만 3,000번 이상 바뀌어 그 광경이 주는 감동은 이루 말로 표현하기가 어렵다

호주 원주민 애버리진이 신성시하는
울루루에서 원주민들의
의식과 역사를 찾아볼 수 있다.

호주의 중북부를 차지하고 있는 노던 테리토리 주의 남쪽, 호주 대륙의 가장 중심에 자리 잡고 있는 울루루(Uluru)는 에어즈 록(Ayers Rock)으로도 불리는 거대한 사암 덩어리이다. 애버리진이 신성시하고 그들이 진행하는 의식의 처음이자 마지막 장소이기도 한 울루루는 카타 추타(Kata Tjuta)와 함께 울루루-카타 추타 국립공원(Uluru-Kata Tjuta National Park)으로 지정되어 있다. 1800년대 탐험가 윌리엄 고스(William Gosse)가 발견하였고 기존에는 서호주 장관인 헨리 에어즈 경(Sir Henry Ayers)의 이름을 따서 에어즈 록으로 많이 불렸지만 현재는 고대부터 애버리진에 의해 붙여진 이름인 울루루를 더 많이 사용한다. 신성하고도 신비로운 바위인 울루루를 방문하기 위해서는 앨리스 스프링스 공항 또는 울루루 공항을 기점으로 이동하는 것이 좋으며 앨리스 스프링스나 울루루에서 출발하는 투어를 이용하는 경우가 많다. 투어 상품은 저렴한 아웃백 투어에서부터 고급 요리나 헬기 투어를 포함하는 비싼 상품까지 다양한 가격대에서 선택할 수 있으며 울루루를 여러 각도에서 감상할 수 있는 일출 혹은 일몰 투어에서부터 울루루를 등반하거나 울루루 둘레길을 트레킹하는 코스까지 울루루를 만나는 방법은 다양하다. 다만 앨리스 스프링스에서 출발하는 투어의 경우 울루루까지의 거리가 가깝다고는 하나 그 거리가 450km이므로 만만히 봐서는 안 된다.

어떤 방법을 선택하든 울루루를 감상할 때 빼놓지 말아야 할 것은 바로 울루루의 일출과 일몰이다. 끝이 없을 것 같은 붉은 사막, 아웃백의 중심에 지상으로

::Travel Tip **울루루로 떠나는 마음의 자세(?)** 울루루 여행은 다양한 방법이 있지만 그중에서도 저렴한 금액으로 진정한 야생을 체험하고자 한다면 마음의 준비를 하고 떠나는 것이 좋다. 어떤 마음의 준비? 물이 부족한 아웃백에서 설거지나 샤워에 대처하는 자세 말이다. 작은 대야 두 개로 수십 인분의 그릇 설거지를 끝내고 정해진 시간 내에 샤워를 마치지 않으면 전구 하나 켜지지 않는 아웃백에 득실대는 벌레들과 함께 남겨질 테니 말이다.

부터 348m까지 솟아 있는 울루루의 얼굴은 사막과 비슷하면서도 다른 색깔을 나타내고 단순한 것 같으면서도 가슴속 밑바닥을 자극하는 무언가가 있다. 무엇보다도 일몰이 시작됨과 동시에 석양과 함께 변화하는 울루루의 모습은 색깔만도 3,000번 이상 바뀌어 이것이 주는 감동은 이루 말로 표현하기가 어렵다. 눈에 담기 어려운 모습을 사진으로 담는 것도 좋지만, 사랑하는 연인이나 친구 또는 나 자신을 어우르며 자연의 아름다움에 감사하는 축배를 드는 것도 또 하나의 즐거움이 될 것이다.

그림과 같은 울루루를 먼 거리에서 감상했다면 가까이 다가가는 것도 다른 모습을 만날 기회이다. 둘레가 약 9.4km인 울루루에서는 우기에 형성된 폭포수 길과 애버리진의 벽화를 곳곳에서 찾아볼 수 있다. 물론 울루루를 직접 등반할 수도 있지만 애버리진이 신성시하는 곳인 만큼 투어 가이드들은 등반을 권하지 않고 둘레길을 걷는 것을 추천한다. 둘레길을 도는 데는 약 3시간 30분 정도가 소요되며 애버리진의 신성한 장소 중 몇 곳은 사진 촬영이 금지되어 있으니 여행 시 주의하자.

수백만 가지 모습을 보여 주는 울루루

063 노던 테리토리 카타 추타

카타 추타를 멀리서 바라보고 있노라면 언뜻 사람의 형상을 하고 있는 것 같기도 하고 미국의 인기 만화 캐릭터인 심슨의 모습을 하고 있는 것 같기도 하다. 하지만 멀리서 바라만 보는 카타 추타보다는 가까이에서 직접 만나는 카타 추타가 더 많은 감동을 안겨 준다.

시간과 자연의 오케스트라 **카타 추타**
Kata Tjuta

노던 테리토리 주를 가로지르는 더 간 열차가 생기기 전의 교통수단인 낙타. 지금은 직접 낙타를 타고 아웃백을 둘러보는 투어 상품도 마련되어 있다.

울루루와 함께 울루루-카타 추타 국립공원을 이루고 있는 카타 추타(Kata Tjuta)는 울루루에서 서쪽으로 약 30km 떨어진 곳에 자리 잡고 있다. 1872년에 어니스트 자일스(Ernest Giles)에 의해 지어진 이름인 마운트 올가(Mount Olga)로 더 많이 알려졌지만, 1993년에 원주민 애버리진의 이름 사용이 허용되면서 마운트 올가와 카타 추타를 함께 사용하다가 2002년 지역 관광협회에 의해 공식적으로 카타 추타·마운트 올가로 지정되었다. 보통 울루루와 마찬가지로 애버리진이 부르는 이름인 카타 추타의 사용을 더 많이 권하고 있다.
22,000년 전부터 이 지역에 자리 잡고 있었던 애버리진인 아낭구(Anangu)의 말로 '많은 머리'라는 뜻을 가지고 있는 카타 추타는 단일 암석의 아름다움을 지닌 울루루와 달리 돔 형태를 이루고 있는 36개의 바위가 이루어 낸 거대한 조각품이라 할 수 있다. 그중 가장 높은 포인트가 바로 마운트 올가이며 해수면에서 1,066m, 지상에서는 546m나 솟아 있다. 울루루보다 약 200m 더 높은 포인트이다.

::Travel Tip **일출은 카타 추타, 일몰은 울루루** 카타 추타는 울루루와 함께 울루루-카타 추타 국립공원을 이루는 곳으로 두 곳 모두 일출과 일몰이 장관을 이룬다. 여유로운 일정으로 두 곳의 일출과 일몰을 모두 감상하면 더할 나위 없이 좋을 테지만 짧은 여행객들이라면 해의 위치와 거리를 고려하여 카타 추타에서의 일출을 감상하고 울루루에서의 일몰을 감상하길 권한다.

한 방울의 빗물과 한 알의 모래, 그리고 한 번 스쳐 간 바람으로부터 시작된 자연의 마술이 수십 억 년의 세월을 넘어 거대한 오케스트라를 형성하며 만들어 낸 조각품을 감상하는 방법은 여러 가지이다. 일정한 거리를 두고 큰 그림을 그리며 돔 형태의 바위들이 만들어 낸 모습을 보며 자연의 과거를 추측해 보기도 하고 바위 곳곳에 새겨진 작은 부분까지 찾아내 세월의 흔적을 거슬러 올라가 보는 것도 좋다.

카타 추타를 멀리서 바라보고 있노라면 언뜻 사람의 형상을 하고 있는 것 같기도 하고 미국의 인기 만화 캐릭터인 심슨의 모습을 하고 있는 것 같기도 하다. 미소를 짓게 하는 카타 추타의 일몰도 울루루 못지않게 아름다워 많은 이의 발길을 이끌곤 한다. 가끔 카타 추타가 자기네 집 마당인 양 뛰어노는 야생 낙타와 야생마도 만날 수 있다. 이런 모습이야말로 아웃백 여행에서 만나는 진미가 아닐까.

멀리서 바라만 보는 카타 추타 보다는 가까이에서 직접 만나는 카타 추타가 더 많은 감동을 안겨 준다. 카타추타에는 짧은 코스에서부터 힘들고 긴 코스까지 다양한 트레킹 코스가 마련되어 있지만 그중에서도 가장 긴 트레일인 약 7.4km의 바람의 계곡(Valley of the Winds)이 하이라이트이며 숨이 턱까지 올라오는 순간을 만날 수도 있지만, 눈앞에 펼쳐지는 장관이 충분히 그 고통을 보상해 줄 것이다.

좌 웅장한 계곡의 시작을 알리는 안내판 **우** 카타 추타의 하이라이트 바람의 계곡 트레일

지옥과 천국을 만나는
킹스 캐니언
Kings Canyon

킹스 캐니언은 조지 길 산맥의 서쪽 끝에 위치한 와타르카 국립공원에 속해 있다. 셀 수 없을 만큼 오래전에 바닷속 지형을 이루고 있던 것이 지각의 융기로 형성된 것이다. 킹스 캐니언을 가장 제대로 둘러보는 방법은 마음먹고 트레킹 코스를 즐기는 것이다.

킹스 캐니언(Kings Canyon)은 울루루, 카타 추타를 뛰어넘는 거대한 협곡이 있는 곳이다. 소름 돋도록 웅장한 사암 절벽과 그 사이를 흐르는 강물이 마치 천국과 지옥을 오가는 듯한 착각을 일으키는 킹스 캐니언은 조지 길 산맥(George Gill Range)의 서쪽 끝에 위치한 와타르카 국립공원(Watarrka National Park)에 속해 있다. 킹스 캐니언은 셀 수 없을 만큼 오래전에 바닷속 지형을 이루고 있던 지각의 융기로 형성되었으며 양쪽 절벽 사이에는 우기에 강물이 흐르는 킹스 크릭(Kings Creek)이 보인다. 킹스 캐니언 지역은 철분 성분이 많아 산화작용 때문에 주위의 모래가 붉은색을 띠고 있다.

킹스 캐니언은 지리적으로 앨리스 스프링스와도 가깝지만, 이동 수단이 여의치 않아 투어 상품에 참여하거나 차량을 렌탈하여야만 다녀올 수 있다. 제대로 둘러보는 방법은 마음먹고 트레킹 코스를 즐기는 것이다. 트레킹 코스는 크게 세 가지 루트로 나뉘는데 그중 하나가 킹스 캐니언 협곡의 바닥으로 내려가 반대편의 뷰포인트까지 다녀오는 약 2.6km의 킹스 크릭 워크(Kings Creek Walk). 꼭대기에서 바닥으로 오르락내리락하면 힘들긴 하지만 1시간 정도면 왕복으로

바다보다 더 깊은 협곡의 바닥. 킹스 크릭 워크

소름 끼치는 협곡을 감상하는 또 다른 방법은 해 질 녘 낙타를 타고 먼 곳을 바라보며 큰 시야로 킹스 캐니언을 바라보는 것이다.

다녀올 수 있어 체력이 약하거나 여행할 시간이 짧은 사람들에게 딱 좋다. 조지길 산맥과 함께 킹스 캐니언을 크게 둘러보는 22km의 길스 트랙(Giles Track)은 2~3일 정도 소요되므로 체력적으로나 시간상으로 여유로운 유럽 여행객이 주로 선택한다.

트레킹 중에서도 가장 많은 이가 선호하는 코스는 약 6km에 이르는 킹스 캐니언 워크(Kings Canyon Walk). 총 3~4시간 정도 소요되는 코스로 킹스 캐니언의 진짜 모습을 만날 수 있다. 해발 100m까지 솟아 있고 1년 내내 높은 온도를 유지하는 곳에서의 트레킹은 30~40분에 한 번씩 휴식을 취하는 것이 좋다. 한참 힘든 처음의 한 시간 동안 오르막 코스를 오르고 나면 보람차게도 휴식을 취하는 포인트에서 장관을 볼 수 있어 흐르는 땀을 시원하게 식혀 준다.

한참을 올라 산등성이에 도착하면 고대 유적의 폐허 같은 '잃어버린 도시(Lost City)'를 만난다. 아무것도 남아 있지 않은 곳에서 종종 보이는 식물은 애버리진의 힘들고 고난했던 삶을 추측할 수 있다. 그 뒤로 이어지는 뷰는 킹스 캐니언 워크의 하이라이트. 깎아지르는 협곡의 끝에서 반대쪽 협곡을 보고 있노라면 들고 있는 카메라의 셔터를 누르는 손길을 멈출 수가 없고 파인더 뒤로 펼쳐지는 자연의 위대함을 온몸으로 느낄 수 있다. 협곡을 따라 조금 더 내려가면, 메마른 지옥을 지나온 뒤 만나는 천국과 같은 '에덴 동산(Garden of Eden)'이 있다. 계곡 사이에는 수풀과 함께 자연 수영장이 형성되어 있는데 연못과도 같은 이곳은 우기가 되면 폭포와 함께 뜨거운 태양을 피해 달궈진 몸을 식혀 줄 천국이 된다.

::**Travel Tip 킹스 캐니언 여행의 필수 준비물!** 킹스 캐니언 여름 기온은 보통 37도를 웃돌고 가장 높을 때는 45도를 넘는 일도 있어 여름철 여행 시 탈수나 탈진, 열사병에 주의해야 한다. 여름철이 아니더라도 항상 물을 소지하고 다니면서 수시로 마시는 것이 좋으며 자외선 또한 높기에 모자, 선글라스, 선크림은 필수품이다. 특히 생각지도 못한 벌레의 습격을 받을 수 있으니 얼굴용 모기장과 벌레 퇴치용 스프레이를 미리 준비하는 것이 좋다.

소름 돋도록 웅장한 사암 절벽과 그 사이를 흐르는 강물이 마치 **천국과 지옥**을 오가는 듯한 **착각**을 일으키는 킹스 캐니언은 조지 길 산맥의 서쪽 끝에 위치한 **와타르카 국립공원**에 속해 있다.

065 노던 테리토리 데빌스 마블스 & 테넌트 크릭

로드 트립의 오아시스 데빌스 마블스 & 테넌트 크릭

Devils Marbles & Tennant Creek

황량한 사막에도 오아시스는 있는 법! 며칠 밤낮으로 달려야 하는 다윈으로의 로드 트립에서 자연의 오묘한 손길에 의해 만들어진 거대한 바위인 데빌스 마블스와 바위를 뒤로하고 지루함에 숨넘어갈 때쯤 만나는 도시 테넌트 크릭을 소개한다.

끝없이 이어지는 붉은 모래의 아웃백, 애버리진의 성지 울루루에서 고대의 열대우림을 만날 수 있는 다윈(Dawin)에 이르는 길은 어찌 보면 지루하기 짝이 없다. 같은 배경의 고속도로를 며칠 밤낮으로 달려야 하는 로드 트립(Road Trip)의 오아시스 같은 곳, 데빌스 마블스(Devils Marbles)와 테넌트 크릭(Tennant Creek)을 소개한다.

앨리스 스프링스에서 떠나 다윈으로 어느 정도 향하다 지칠 때 즈음이 되면 눈앞에 신비로운 광경이 펼쳐진다. 동글동글한 바위가 여기저기 널려 있는 모습은 마치 전설 속 어마어마한 덩치의 새들이 실례(?)를 해 놓은 것도 같고 누군가가 만들어 놓은 구슬 모양의 장난감 같기도 하다. 점점 가까워지며 거대한 모습을 드러내는 것의 정체는 데빌스 마블스. 작게만 보였던 바윗덩어리가 실제론 사람의 키를 훌쩍 넘는 어마어마한 크기를 자랑하며 넘어질 듯 넘어지지 않고 아슬아슬하게 서 있다. 17억 년 전에 평평했던 땅 지하 깊은 곳은 화강암으로 이루어져 있었고 땅을 누르고 있던 압력이 점점 약해지면서 화강암은 지표면으로 올라왔다. 지표면에 닿은 화강암이 비를 맞고 금이 가기 시작하면서 뾰족한 바위가 되었다. 바위들이 수억 년의 시간 동안 풍화와 침식이라는 자연의 오묘한 손길에 의해 조각품으로 만들진 것이 바로 데빌스 마블스이다. 물론 과학적으론 이렇게 설명하지만, 데빌스 마블스를 신성한 곳으로 여기는 애버리진은 카루 카루(Karlu Karlu)라 부르며 지역에 대한 전설을 믿고 있다. 오래전 이 지역을 여행하고 있던 아랑게(Arrange)라는 악마가 남자들이 착용하는 전통 장신구인 머리띠 벨트를 만들다 실수로 머리카락 일부를 땅에 떨어뜨렸는데 그것이 크고 붉은 바위들이 되었다가 아랑게가 돌아가기 전 뱉은 침과 함께 화강암으로 굳었다는 전설이다.

신비한 바위들을 뒤로하고 한참을 달리다 또 한 번 지루함에 숨넘어갈 때쯤 만나는 테넌트 크릭은 로드 트립하는 많은 여행자가 안전한 여행을 위해 하루 정도 묵고 가는 곳이다. 과거 골드러시로 꽤 많은 이민자가 있었으며 지금도 철광석의 광산업이 계속되고 있는 곳이다. 테넌트 크릭의 여행자 정보 센터 옆에는 광산의 모습을 재현한 작은 마을과 광석을 캐는 데 사용한 기계들을 전시해 놓은 배터리 힐 마이닝 센터(Battery Hill Mining Centre)가 있다.

::Travel Tip 데빌스 마블스와 테넌트 크릭으로 이동하기 자가 차량이나 렌터카를 이용하지 않는 경우 데빌스 마블스와 테넌트 크릭은 앨리스 스프링스를 출발하여 다윈까지 도착하는 다국적 배낭여행 투어에 참여해야만 가볼 수 있다. 이 지역의 다국적 배낭여행 투어는 매일 출발하는 것이 아니므로 출발 날짜를 미리 확인하는 것이 좋다. 자가 차량이나 렌터카를 이용할 경우 아웃백 여행의 안전을 위해 지도나 내비게이션을 준비하고 장시간의 운전 중 휴식은 잊지 말고 챙기기 바란다.

066 노던 테리토리 다윈

노던 테리토리의 톱 엔드 **다윈**
Darwin

한국인에게 그다지 잘 알려져 있지 않은 다윈은 제2차 세계대전과 사이클론의 영향으로 엄청난 피해를 입었던 곳이지만 그만큼 힘든 시기를 잘 이겨 냈기에 호주에서 가장 젊고 용감한 도시라고도 할 수 있다.

작다면 작고 크다면 큰
다윈 시내에는 이 표지판과 같은
재미난 요소가 곳곳에 숨어 있다.

노던 테리토리 주라고 하면 끝없이 펼쳐진 붉은 사막인 아웃백을 떠올리는 것이 한국인에게는 일반적일지도 모르겠다. 하지만 다윈(Darwin)은 노던 테리토리 주에 속하면서도 그와는 상반되는 매력을 가지고 있는 곳으로 한국인에게는 잘 알려지지 않았지만, 노던 테리토리 주도이다. 영국 탐험가 존 클레멘츠 위컴(John Clements Wickham)이 그와 함께 여정을 같이 한 찰스 다윈(Charles Darwin)의 이름을 따 지은 곳으로 처음에는 포트 다윈(Port Darwin)이라 불리다 후에 파머스턴(Palmerston)으로 바뀌었고 1911년에 비로소 다윈이란 이름을 얻었다. 제2차 세계대전으로 도시의 많은 부분이 파괴되어 재정비되었으나 1974년의 끔찍했던 사이클론 트레이시(Tracy)의 영향으로 또 한 번 엄청난 피해를 당한 곳이기도 하다. 그만큼 힘든 시기를 지혜롭게 이겨 낸 다윈은 호주에서 가장 젊고 용감한 도시라 할 수 있다.

다윈은 열대사바나기후로 크게 건기와 우기로 나뉜다. 5월에서 9월까지는 따뜻하면서도 비가 오는 날이 적어 건기라고 하며 그중에서도 6월과 7월이 가장 낮은 기온을 기록하지만, 평균 14~15도를 유지한다. 10월부터는 우기가 시작되어 4월까지 천둥 번개를 동반한 많은 비를 만나게 되는데 11월이 가장 더운 시즌이다. 12월에서 3월까지는 70% 이상이 비가 오는 날이라고 해도 과언이 아니다. 한국식으로 표현하자면 장마철이라고 할 수도 있는데 다윈을 방문하기 가장 좋은 시즌은 장마철을 피한 건기인 5월에서 9월 사이라고 할 수 있다.

가장 좋은 시즌을 선택해 다윈을 방문했다 하더라도 다윈 시내는 그리 규모가 크지 않아 하루에서 이틀 정도 시간을 보내면 충분하다. 사실 다윈의 진정

::Travel Tip **다윈 여행의 필수품** 호주의 톱 엔드(Top End)라 불리는 다윈을 여행할 때 꼭 챙겨야 할 필수품은 선크림, 선글라스, 모자, 물이다. 울루루, 킹스 캐니언의 아웃백과는 또 다른 태양의 강렬함을 다윈 시내를 여행하면서도 느낄 수 있다. 특히, 우기가 지난 건기에 잠시만 돌아다녀도 살이 타는(Burn) 경험을 할 수 있으니 여행 중 괜한 고생을 피하고 싶다면 필수품의 준비와 사용에 충실할 것.

한 매력을 볼 수 있는 곳은 다윈 시내보다 그 주변의 카카두 국립공원(Kakadu National Park)이나 리치필드 국립공원(Litchfield National Park), 캐서린 협곡(Katherine Gorge) 등이며 그에 관한 내용은 다른 장에서 살펴보기로 한다.

다윈 시내는 세 가지 길 이름만 기억해도 쉽게 둘러볼 수 있다. 바로 캐버나 스트리트(Cavenagh Street), 스미스 스트리트(Smith Street), 미첼 스트리트(Mitchell Street)이다. 다윈 시내를 동서로 가로지르는 중심 거리와 각 길을 잇는 작은 골목길을 누비다 보면 다윈 시내를 손바닥 보듯 돌아다닐 수 있다. 그 중에서도 다양한 가게와 카페, 레스토랑, 펍이 몰려 있는 스미스 스트리트 몰은 낮과 밤 모두 현지인과 여행객들로 붐빈다. 다양한 볼거리와 즐길거리가 함께 해 시내 여행의 시작과 끝을 이곳에서 하는 것도 좋다.

스미스 스트리트 몰에서 미첼 스트리트 방향으로 내려오면 인도양과 태평양의 바다 생물들을 모아 놓은 수족관인 인도 퍼시픽 수족관(Indo Pacific Marine)과 만난다. 어느 수족관보다도 다양한 종류의 어종과 산호초를 볼 수 있어 가족 여행객에게 인기가 좋으며 특히 진주 채취 과정과 실제 진주 생산 과정을 볼 수 있는 진주 전시장이 흥미롭다. 미첼 스트리트의 현대적인 건물들을 뒤로하고 에스플러네이드(Esplanade)를 따라 걷다 보면 눈앞에 풍요로운 녹색이 펼쳐지면서 바이센테니얼 파크(Bicentennial Park)가 나타난다. 자전거도로와 싱그러운 잔디, 뜨거운 태양을 가려줄 울창한 숲이 다윈 시민과 여행객에게 휴식처를 제공한다. 또한, 근처의 중국 정원과 박물관, 물고기들을 가까이서 만나고 직접 먹이 주기를 체험해 볼 수 있는 아쿠아신(Aquascene)도 가 볼 만하다. 다만, 아쿠아신은 만조에만 문을 열기 때문에 안내 센터를 방문하거나 정보 책자를 통해 미리 문을 여는 시간을 알아보는 것이 좋다.

다윈 시내의 스미스 스트리트

067 노던 테리토리 다윈의 마켓 & 이벤트

노던 테리토리의 주도이면서도 규모가 크지 않아 2~3일이면 충분히 둘러볼 수 있는 다윈은 민딜 비치의 선셋 마켓, 파랍 마켓, 나이트클리프 마켓 등의 마켓과 테리토리 데이, 나이트클리프 바닷바람 페스티벌, 다윈 페스티벌, 스피어그라스 페스티벌 등의 다양한 축제가 있어 소소한 재미를 느낄 수 있는 곳이다.

Markets &

현지인에게는 삶의 활기를, 여행객에게는 소소한 재미를 주는
다윈의 마켓 & 이벤트

Events in Darwin

매주 목요일부터 일요일까지 오픈하는 민딜 비치의 선셋 마켓은 다양한 아이템으로 현지인뿐 아니라 여행객에게도 인기가 좋다.

다윈에도 사람이 사는 곳이라면 빼놓을 수 없는 마켓과 이벤트가 있어 현지인들의 삶에 에너지를 불어넣고 관광객들에게 소소한 재미를 제공하고 있다. 그중에서도 마켓과 이벤트가 함께 진행되는 민딜 비치(Mindil Beach)는 다윈 시내에서 차를 타고 스카이시티 카지노(Skycity Casino) 방향으로 5분 정도 달리면 만날 수 있는 작지만 시원한 해변으로 다윈 여행의 방문 리스트에 꼭 넣어야 할 곳 중 하나이다.

뜨거운 햇볕이 내리쬐는 낮의 민딜 비치는 잠깐의 태닝을 즐기거나 여유로운 오후를 만끽하는 이들이 자리 잡고 있다. 건기인 4월 말에서 10월 사이에는 매주 목요일에서 일요일까지 선셋 마켓(Mindil Beach Sunset Market)이 들어선다. 그 덕에 해 질 녘의 민딜 비치는 하나둘씩 들어서는 노점상과 함께 활기를 찾기 시작한다. 시원하게 솟아 있는 코코넛 야자수 아래에 세팅되어 있는 작은 테이블과 의자에서 아이와 함께 찾은 가족 여행객이 일몰과 민딜 비치를 감상하기도 하고 세계 각국의 음식을 저렴한 가격에 맛보며 깊어 가는 밤을 즐기는 이들도 만날 수 있다.

신선한 과일 샐러드와 크레이프는 남녀노소가 사랑하는 민딜 선셋 마켓의 인기 메뉴이다. 다양한 수공예품과 아기자기한 주얼리, 원주민의 공예품도 찾아볼 수 있다. 특히, 매년 7월 1일인 테리토리 데이(Territory Day)에 민딜 비치를 수놓는 아름다운 불꽃놀이는 다윈에서 흔치 않으므로 현지인들이 많이 보러 온다.

::Travel Tip **다윈 시내에서 마켓으로 이동하기** 다윈 시내에서 민딜 비치까지는 차량이 있다면 5분밖에 걸리지 않지만 걷기에는 꽤 먼 거리이다. 따라서 현지 교통수단인 버스를 이용하는 것이 편리하며 4번, 5번, 6번 버스가 민딜 비치까지 간다. 목요일에서 일요일까지 문을 열지만, 일요일은 평소의 75% 정도의 상만 서기에 일요일보다는 목요일에서 토요일 사이에 방문하는 것이 좋다. 파랍 마켓까지는 다윈 시내에서 10번 버스를 이용하면 쉽게 찾아갈 수 있다.

또 다른 마켓 중 하나는 바로 파랍 마켓(Parap Market). 다윈에서 가장 오래된 마켓 중 하나로 매주 토요일 오전 8시에서 오후 2시까지 개장하며 현지인들에게는 아침 식사나 브런치로 유명하다. 그 이유인즉슨 다양한 음식을 저렴하게 접할 수 있다는 것인데 호주 전통 음식보다는 오히려 동남아 음식과 같은 세계 각국의 음식을 즐기는 이들이 더 많다. 바쁘지만 그 속에서 여유를 만끽하는 현지인들을 만날 수 있는 곳이기도 하다.

다윈 시내 북쪽에 자리 잡은 나이트클리프(Nightcliff)에서도 마켓이 열린다. 관광객보다는 현지인에게 더욱 인기가 좋은데 특히 2005년부터 시작해 매년 5월 둘째 주에 열리는 나이트클리프 바닷바람 페스티벌(Nightcliff Seabreeze Festival)로 뜨거워지는 곳이다. 현지인에게 그동안 숨겨 두었던 끼와 재능을 펼칠 수 있는 자리를 마련하고 연예인이 될 수 있는 발판을 마련해 주는 이벤트인데 시드니와 멜버른과 같은 큰 도시가 아닌 다윈의 시민에게도 기회를 제공한다는 것에 의의가 있다.

그 외에도 매년 시행되는 다윈 페스티벌(Darwin Festival)에서는 코미디, 댄스, 연극, 음악, 필름 등의 다양한 공연과 전시를 만날 수 있고 매년 7월 첫 번째 보름달이 뜨기 전 열리는 스피어그라스 페스티벌(Speargrass Festival)에서는 진정한 톱 엔드(Top End)의 문화와 공연, 사람들의 삶을 만날 수 있다.

일몰이 더욱 아름다운 다윈 선착장

068 노던 테리토리 카카두 국립공원

생태계의 보고 **카카두 국립공원**
Kakadu National Park

카카두 국립공원은 어마어마한 규모의 국립공원으로 호주에서 가장 크고 세계에서는 세 번째로 크다. 생태계의 보고인 카카두 국립공원은 세 차례에 걸쳐 유네스코 복합유산으로 등록되었고 습지로도 지정되어 있다.

2만여 년 전부터 애버리진이 삶의 터전으로 자리 잡았던 노우랜지 지역은 지금도 찾아볼 수 있는 암각화가 그들의 역사를 뒷받침해 준다.

카카두 국립공원(Kakadu National Park)은 다윈에서 동쪽으로 약 250km 떨어진 곳에 위치하여 다윈에서는 2~3시간 정도의 이동 시간이 소요된다. 약 2만㎢에 이르는 어마어마한 규모의 국립공원으로 호주에서는 가장 큰 국립공원이며 규모적으로는 세계에서 세 번째로 큰 국립공원이다. 사실 숫자로만 표현하면 어느 정도 큰 규모인지 잘 이해되지 않겠지만, 타즈매니아 섬의 1/3 사이즈, 스위스의 반이라고 하면 조금 현실적으로 와 닿으려나 모르겠다.

이 넓은 지역의 인구밀도? 국립공원으로 지정된 후로는 관리하는 이들과 여행하는 이들 외에는 주거하는 사람은 찾아볼 수 없다. 그만큼 오염되지 않은 자연을 유지하고 있고 원주민이 살았던 그 과거까지 만날 수 있는 생태계의 보고인 카카두 국립공원은 세 차례에 걸쳐 유네스코 복합유산으로 등록되었고 습지로도 지정되어 있다. 습지로 지정된 만큼 수많은 종류의 철새 서식지로도 중요한 역할을 하고 있다. 야생동물도 철새 못지않게 많이 만날 수 있고 특히 희귀종이나 멸종 위기의 동물이 잘 보호되고 있다.

카카두 국립공원은 크게 7개 지역으로 나뉜다. 카카두 국립공원 여행의 시작지이기도 하고 호텔, 주유소, 슈퍼마켓, 은행, 병원, 레스토랑 등의 편의 시설이 위치하고 있는 자비루(Jabiru)에서부터 우비르(Ubirr)까지 포함한 이스트 앨리게이터(East Alligator) 지역은 애버리진만 들어갈 수 있다는 아넘 랜드(Arnhem Land)와 그들이 약 2만여 년 전부터 거주했다는 증거로 여겨지는 동굴벽화와 암각화와 같은 고고학 유적을 만날 수 있다. 우비르와 함께 애버리진의 암각화가 많이 발견된 곳인 노우랜지(Nourlangie) 지역은 일명 번개 인간이라 불리는 라이팅 맨(Lighting Man) 그림이 주를 이루고 그 외에도 악어와 물고기 등의 많은 그림을 많이 찾아볼 수 있는데 애버리진의 역사에서 중요한 역할을 차지한다.

사우스 앨리게이터(South Alligator)와 메리 리버(Mary River)에서는 셀 수 없이 많은 새가 장관을 이루는 모습을 관찰할 수 있다. 가장 많은 수를 차지하는 새는 매그파이 구스(Magpie Goose)로 오리의 일종이지만 그 외에도 이름과 종류를 다 알 수 없는 수만 마리 새의 모습은 마치 군무하는 것처럼 하늘을 수놓는다. 그중에서도 9~10월경에 가장 많은 수의 새를 만날 수 있다.

호주의 국립공원 중 가장 큰 카카두 국립공원

카카두 국립공원에서는 폭포 사이를 잇는 시원한 계곡에서 수영하는 여행객들을 곳곳에서 볼 수 있으며 남성적인 매력을 잔뜩 뿜어내는 카카두 국립공원의 하이라이트 짐 짐 폭포도 우릴 기다리고 있다.

카카두 국립공원에서도 가장 하이라이트 지역은 바로 짐 짐 폭포(Jim Jim Falls)와 트윈 폭포(Twin Falls)라 할 수 있다. 한 층 한 층이 계단처럼 보이는 짐 짐 폭포는 무려 200m의 높이에서 물이 떨어지는 거대한 규모를 자랑하며 바라보는 순간 넋을 잃고 만다. 그 넓이만 20m가 넘으니 짐 짐 폭포는 남성적인 매력을 물씬 풍기고 있다고 해도 과언이 아니다. 폭포 아래로 떨어지는 물이 웅덩이를 형성하고 초록빛을 자랑하는 웅덩이에서 뜨거운 태양을 피해 수영하고 있노라면 이곳이 바로 천국이 아닐까 하는 생각이 든다.

짐 짐 폭포를 뒤로하고 남쪽으로 이동하면 만나는 트윈 폭포는 그 이름에서 알 수 있는 것처럼 위쪽의 거대한 바위를 기준으로 두 개의 물길로 나뉘어 낙하하는 신기한 형상을 하고 있다. 이 모습을 감상하기 위해 많은 이가 찾고 있지만 짐 짐 폭포와는 달리 숨겨진 트윈 폭포를 만나기 위해서는 카누나 에어보트를 타고 가야 하거니와 종종 악어 떼를 만나는 험난한 여정이 기다리고 있다.

자연보호 때문에 사람의 방문이 제한되어 있는 곳이 많은 카카두 국립공원이지만 옐로우 워터(Yellow Water)는 그나마 사람이 가장 가까이서 만날 수 있는 생태계를 체험할 수 있는 곳이다. 크루즈를 타고 습지를 돌며 멸종 위기인 바다악어(Saltwater Crocodile)를 만나고 그 위를 수놓고 있는 수초과 수상식물을 보고 있노라면 마치 영화 속의 한 장면에 들어온 것처럼 느껴진다. 특히 일출과 일몰 시간에 맞춰 크루즈를 타고 있으면 아무도 없는 고대의 자연을 붉게 물들이는 신비로운 태양을 함께 습지를 감상할 수 있다.

::**Travel Tip 카카두 여행은 꼼꼼한 계획에서부터!** 카카두 국립공원을 여행하는 방법은 크게 차량을 렌탈하거나 현지인 투어에 참여하는 방법이다. 세계에서 세 번째로 큰 규모를 자랑하는 만큼 차량을 렌탈하여 자유여행을 하고자 할 때에는 넉넉한 시간과 꼼꼼한 계획이 필수. 카카두 국립공원의 규모를 우습게보았다간 코코다치기 일쑤이다. 다행히 많은 도로가 포장되어 있어 일반 차량도 괜찮지만 깊숙한 곳까지 둘러보고자 한다면 사륜구동 차량으로 준비하는 것이 좋다. 또는 일일 투어에서부터 3박 4일, 4박 5일까지 다양하게 준비되어 있는 현지인 가이드 투어에 참여하는 것도 또 다른 방법이다.

069 노던 테리토리 리치필드 국립공원

스펙터클한 폭포와 열대우림의 만남
리치필드 국립공원
Litchfield
National Park

매년 25만 명 이상의 관광객이 찾는 유명한 관광지로 열대우림 지역이기도 한 리치필드 국립공원은 오랜 세월이 만들어 낸 다양한 지형이 관광객의 시선을 매료시킨다. 우기와 건기가 나뉘는 다윈이지만, 1년 어느 시기에 방문해도 아름답고 숨 막히는 광경을 연출해 시즌에 구애받지 않고 방문할 수 있다.

다윈으로부터 남서쪽으로 약 100km 떨어진 곳에 위치한 리치필드 국립공원(Litchfield National Park)은 규모 1,500㎢로 매년 25만 명 이상의 관광객이 찾는 유명한 관광지이다. 1864년에 노던 테리토리 지역을 탐험하던 프레더릭 헨리 리치필드(Frederick Henry Litchfield)의 이름을 따서 리치필드라 불렸으며 1986년에 국립공원으로 지정되었다.

열대우림 지역이기도 한 리치필드 국립공원은 오랜 세월이 만들어 낸 다양한 지형이 관광객의 시선을 매료시키고 수천 년 전부터 호주의 원주민 애버리진 중 막 막 마라눙구(Mak Mak Marranunggu)와 웨랫-와라이(Werat-Waray)가 살면서 신성시했던 지역인 만큼 역사적으로나 문화적으로도 중요한 역할을 하고 있다.

우기와 건기가 나뉘는 다윈이지만 1년 어느 시기에 방문해도 아름답고 숨 막히는 광경을 연출해 시즌에 구애받지 않고 방문할 수 있다는 장점이 있다. 마찬가지인 리치필드 국립공원에는 몇몇 명소가 숨어 있다. 국립공원 입구에서 가장 먼저 만나게 되는 마그네틱 터마이트 마운스(Magnetic Termite Mounds)는 서호주의 피너클스로 착각할 수도 있지만, 자연이 만들어 낸 탑인 피너클스와는

좌 리치필드 국립공원 중앙부에 위치한 테이블톱 산맥
우 두 갈래로 나뉘는 물줄기가 더욱 아름다운 플로렌스 폭포

리치필드 국립공원의 입구에 자리 잡고 있는 마그네틱 터마이트 마운스는 흰개미들이 쌓아 올린 탑으로 신기하기도 하지만 그들의 근면성에 소름이 끼치기도 한다.

달리 생물체인 흰개미들이 쌓아 올린 탑으로 신비롭기도 하면서 어떤 면에서는 흰개미의 근성이 무섭기도 하다.

우기나 건기가 시작될 무렵에 더욱 장관을 이루는 폭포는 리치필드 국립공원의 주인공으로 공원 중앙부에 위치한 테이블톱 산맥(Tabletop Range)으로부터 시작해 다양한 모습을 보여 준다. 두 개의 폭포가 함께 떨어지며 깊은 계곡을 형성하는 플로렌스 폭포(Florence Falls)는 더없이 맑은 물과 다양한 수종이 있어 폭포 수영을 즐기는 이들에게 으뜸으로 알려져 있다. 긴 폭포가 연속으로 이어져 있는 것 같은 불리 록홀(Buley Rockholes)에선 놀이기구를 타는 것 같은 즐거움을 만끽할 수 있다. 리치필드 국립공원에서 가장 유명한 곳이라고도 하는 왕기 폭포(Wangi Falls)는 방문하기도 쉬워 아름다운 조망과 함께 수영을 즐기는 이들에겐 안성맞춤인 곳이다. 그 외에도 숨은 장소 중 하나인 톨머 폭포(Tolmer Falls)는 어마어마한 길이의 폭포가 장엄하게 쏟아지며 깊은 계곡을 형성한 곳으로 유령박쥐와 오렌지말발박쥐의 서식지이기도 하며 애버리진의 신성한 의식이 진행되던 채타바 폭포(Tjaetaba Falls)는 폭포 위쪽에서만 수영이 허락된다.

그 외에도 플로렌스 폭포와 왕기 폭포 등의 아름다운 폭포와 열대우림을 즐길 수 있는 39km 길이의 테이블톱 트랙을 따라 트레킹을 즐겨 보는 것도 좋다. 울창한 유칼립투스 숲에서 신선한 공기를 마시고 다양한 자생식물과 토착 동물을 만나는 것도 새로운 경험이 될 것이다.

::Travel Tip **자나 깨나 물 조심, 또 조심!** 사실 어느 나라를 여행해도 가장 기본적으로 체크해야 할 것이 식수. 호주는 어느 지역에서나 수돗물을 식수처럼 마음껏 마실 수 있지만 리치필드 국립공원 지역에서는 꼭 끓여 먹어야 한다. 끓여 먹는 것이 여의치 않을 경우 생수를 여유롭게 준비하여 여행 중 사고를 예방하는 것이 좋다.

070 노던 테리토리 캐서린

그레이 노마드족이
사랑하는 그곳 캐서린
Katherine

은퇴한 이들의 낭만이 바로 캐서린에서 시작된다고나 할까. 시드니와 멜버른, 애들레이드 등의 지역에서 겨울이 시작될 때 따뜻한 기후와 여유로운 삶, 풍요로운 자연을 찾아 캐서린을 방문하는 그레이 노마드족이 많기 때문이다.

캐서린 협곡에는 차량으로 접근할 수 없는 명소가 많다. 카누를 이용해 강을 거슬러 올라가며 숨은 장소를 방문하는 것도 여행의 즐거움을 부가시킨다.

상큼 발랄한 10대 소녀의 이름과도 비슷한 캐서린(Katherine). 이름이 가진 명랑함을 기대했다면 실망할지도 모른다. 오히려 조용하고 평온한 작은 도시로 다윈에서 동남쪽으로 약 320km 떨어진 곳에 위치하며 노던 테리토리 주에서는 4번째로 큰 곳이지만 인구수는 그리 많지 않다. 금광과 같은 채광업이 발달하여 이에 종사하기 위해 거주하고 있는 이들이 대부분인데 그마저도 우기가 시작되면 다윈이나 케언즈 등의 다른 도시로 이동하는 경우가 많다. 하지만 건기가 시작되는 5월부터는 다시 활기를 찾기 시작하는 곳이기도 하다. 오히려 시드니와 멜버른, 애들레이드 등의 지역에서 겨울이 시작될 때 따뜻한 기후와 여유로운 삶, 풍요로운 자연을 찾아 캐서린을 방문하는 그레이 노마드(Grey Nomad)족이 많기 때문이다. 캠핑카 또는 트레일러를 몰고 언제 어디로든 마음만 먹으면 훌쩍 떠날 수 있는 은퇴한 이들의 낭만이 바로 캐서린에서 시작된다고나 할까.

그레이 노마드족뿐아니라 캐서린을 방문하는 여행객이 가장 많이 찾는 곳은 바로 니트밀룩 국립공원(Nitmiluk Natioanal Park)의 캐서린 협곡(Katherine Gorge)이다. 고대의 자연이 살아 숨 쉬는 캐서린 협곡은 총 13개의 협곡으로 이루어져 있으며 그 사이를 빠르게 흐르고 있는 캐서린 리버(Katherine River)가 매력적이다. 카누를 타고 강을 거슬러 올라가며 중간에 잠시 쉬어 가는 그 순간은 사진 속의 한 장면이 된다. 호기심이 생긴다면 카누를 벗어나 부시워킹을 즐기는 것도 캐서린 협곡을 만나는 또 다른 방법이다. 카누가 힘들다면 보트 투어에 참여해 보는 것도 좋다. 짧게는 2시간에서 길게는 8시간까지 캐서린 리

::**Travel Tip 캐서린으로 이동하기** 작은 도시이긴 하지만 노던 테리토리 주의 교통의 요지인 캐서린으로 가는 방법은 다양하다. 앨리스 스프링스나 다윈에서 국내선 항공인 에어노스(Airnorth)를 이용할 수도 있고 호주 대표 버스인 그레이하운드(Greyhound)도 앨리스 스프링스나 다윈으로 가는 길에 들른다. 또한, 남북 대륙횡단철도로 유명한 더 간(The Ghan)도 캐서린에 정차한다. 한국인에게는 많이 알려져 있지 않지만 육로에서 철로, 항공로까지 오픈되어 있는 캐서린은 현지인이 손꼽는 여행지임에 분명하다.

버를 따라 캐서린 협곡의 구석구석을 누빌 수 있는 보트 투어에서는 가끔 캐서린 리버의 악어도 만날 수 있다. 물론 사람을 해치는 경우는 거의 드물기에 걱정하지 않아도 되지만 조심할 것.

캐서린의 또 다른 명소는 캐서린에서 남쪽으로 107km 떨어진 지점에 위치한 마타란카(Mataranka). 1902년에 발표된 호주 작가 제니 건(Jeannie Gunn)의 소설『We of Never-Never』의 배경이 되기도 한 곳으로 마타란카와 엘제이 국립공원(Elsey National Park) 안의 마타란카 온천은 아웃백 여행 중 만나는 숨은 보석이라고 할 수 있다. 엘제이 국립공원의 북동쪽에는 비터 스프링(Bitter Springs) 온천이, 남동쪽에는 레인보우 스프링(Rainbow Springs) 온천이 자리 잡고 있으며 김이 펄펄 나는 한국의 온천과는 다르게 항상 32~34도를 유지하는 따뜻한 온천물에 여행의 피곤함을 녹일 수 있다. 스노클을 착용하고 수영하면 작은 물고기와 거북이가 유유히 노는 또 다른 온천의 신비로운 모습을 만날 수 있다. 그뿐 아니라 온천 주변에 자라고 있는 다양한 식물과 새는 자연 온천의 분위기를 더욱 산뜻하게 만들어 자연스럽게 힐링의 시간을 가질 수 있다.

위에서 내려다본 장엄한 캐서린 리버와 협곡

071 퀸즐랜드 케언즈

에스플러네이드 라군과 함께
여유로운 도시 케언즈

Cairns

케언즈는 호주 동부 해안의 대표 관광지 중 하나로 에스플러네이드 라군이 유명한 곳이다. 에스플러네이드 라군은 인공 해수욕장으로 1년 내내 따뜻한 기온을 유지하는 케언즈에서 야외 수영을 즐기기에 제격인 곳이다.

케언즈의 앞바다에 바다와 해변을 사랑하는 호주인이 특별한 인공 수영장 에스플러네이드 라군을 만들어 놓았다.

시드니, 멜버른, 브리즈번(Brisbane)과 함께 호주 동부 해안 대표 관광지 중 하나인 케언즈(Cairns)는 퀸즐랜드(Queensland) 주에서 두 번째로 큰 도시로 1년 내내 따뜻한 기온을 유지하며 북쪽의 열대우림과 인공위성에서도 보인다는 그레이트 배리어 리프(Great Barrier Reef) 산호 군락으로 가는 교통적 요충지이기도 하다. 열대우림과 그레이트 배리어 리프에 대한 자세한 이야기는 다른 장에서 다루기로 하고 이 장에서는 케언즈 시내에서 가 볼 만한 곳과 해 볼 만한 것을 소개하고자 한다.

쉽게 찾아볼 수 있어 케언즈 시내 여행의 시작점이라 할 수 있는 곳은 바로 대부분의 크루즈가 출발하는 리프 플리트 선착장(Reef Fleet Terminal). 5성급 호텔과 함께 모던하게 단장된 선착장에서 뜨거운 햇살과 함께 달콤한 아이스커피 한 잔을 즐기거나 시원한 맥주나 칵테일을 음미하며 케언즈를 즐기는 첫걸음을 내딛어 보자. 또한, 속을 알 수 없는 바다와 파란 하늘 사이에 떠 있는 크루즈와 요트를 배경으로 사진을 찍다 보면 시간이 어떻게 흘러가는지 알 수 없을 정도. 선착장을 뒤로하고 해안 산책로를 따라 걷다 보면 눈이 시원해지는 인공 수영장인 에스플러네이드 라군(Esplanade Lagoon)이 보인다. 에스플러네이드 라군 뒤로 펼쳐진 케언즈 앞바다는 우리나라의 서해안과 같은 갯벌이다. 해변을 사랑하는 호주인과 관광객을 위해 지역 유지들의 기부금으로 조성된 에스플러네이드 라군은 2003년에 문을 연 이후부터 남녀노소 할 것 없이 사랑받는 곳으로 자리 잡고 있다. 어린이를 위한 유아 풀에서부터 작은 모래사장, 어른을 위

::Travel Tip **케언즈의 나이트 라이프** 낮의 여유와는 또 다른 모습을 볼 수 있는 밤의 케언즈. 메인 거리인 에스플러네이드와 백패커, 호스텔이 모여 있는 그라프턴 스트리트(Gratton Street)에는 펍과 클럽이 모여 있어 신 나는 분위기와 함께 밤을 잊은 젊은이들을 만날 수 있다. 특히 클럽을 여러 군데 순회하며 함께 즐기는 클럽 버스 투어는 세계 각국의 친구를 사귈 수 있는 색다른 기회이다.

한 깊은 풀, 무료 탈의실, 샤워실, 주변의 바비큐 시설까지. 날씨 좋은 날에 특별히 다른 일정이 없다면 에스플러네이드 라군에서 느긋이 휴식을 취하는 것을 추천한다.

여유로운 하루를 보내고 그 시간이 지겨워질 즈음이면 매달 다양한 공연과 이벤트가 열리는 에스플러네이드를 따라 걸어 보는 것도 좋다. 시즌에 따라 세계 각국의 조각품이나 원주민의 예술품을 만날 수도 있고 지역 주민의 작은 행사에서부터 세계적인 공연까지 다양하게 즐길 수 있다. 이곳을 뒤로하면 케언즈 시내의 유일한 차 없는 거리인 시티 플레이스(City Place)를 만난다. 레이크 스트리트(Lake Street)와 실드 스트리트(Shield Street)가 만나는 시티 플레이스에는 마트와 기념품 가게, 여행사, 유학원 등 많은 상점이 위치하며 근처의 나이트 마켓은 케언즈 시내의 쇼핑 1번지로 많은 사람이 찾는다. 그 외에도 근처의 케언즈 센트럴 역(Cairns Central Railway Station)에 위치한 쇼핑센터나 갤러리아 면세점에서 다양한 쇼핑을 즐길 수 있다.

케언즈의 메인 거리 에스플러네이드

072 **퀸즐랜드** 레포츠의 천국 케언즈

머리부터 발끝까지 짜릿함을 원한다면
레포츠의 천국 케언즈로

Activities at Cairns

케언즈는 호주에서도 가장 다양한 레포츠를 즐길 수 있어 레포츠의 천국이라는 별명을 가지고 있다. 기본적인 해양 레포츠에서부터 래프팅, 번지점프, 열기구 타기 등 마음과 주머니의 여유만 있다면 그대가 즐길거리는 무한정!

열대기후로 1년 내내 따뜻하고 높은 기온을 유지하는 케언즈는 북쪽의 열대 퀸즐랜드 지역과 죽기 전에 꼭 가 보아야 할 여행지로 선정된 그레이트 배리어 리프 대산호군으로 가는 관문이기도 하지만, 호주에서도 가장 다양한 레포츠를 즐길 수 있어 레포츠의 천국이라는 별명을 가지고 있다.

케언즈의 대표적인 곳인 그레이트 배리어 리프로의 여행은 가까운 그린 아일랜드(Green Island)나 피츠로이 아일랜드(Fitzroy Island)로 혹은 케언즈 선착장에서 출발하는 크루즈를 타고 먼 바다로 나가는 것 등 다양하다. 그레이트 배리어 리프에서 즐길 수 있는 레포츠는 수 없이 많다. 누구나 쉽게 즐길 수 있는 해면 위에서의 스노클링에서부터 바닷속 세상을 직접 만날 수 있는 스쿠버 다이빙, 바닥이 통유리로 되어 있어 바닷속이 보이는 글라스 보텀 보트(Glass Bottom Boat), 마치 우주복 같은 산소 헬멧을 쓰고 즐기는 시 워커(Sea Walker)까지. 오염되지 않은 그레이트 배리어 리프에서 다양한 산호가 연출하는 신비한 자연의 모습뿐 아니라 그와 함께 어울려 살아가는 바닷속 물고기와 생물을 만날 수 있다. 또한, 헬리콥터를 타고 하늘 위에서 만끽하는 그레이트 배리어 리프의 모습은 잊지 못할 추억이 될 것이다.

또 다른 인기 레포츠 중 하나는 바로 래프팅. 동강이 한국의 대표적인 래프팅 장소라면 호주에서는 케언즈의 털리 리버(Tully River)가 있다. 물론 배런 리버

번지점프의 새로운 형태 바이크 번지

스카이 다이빙은 경비행기를 타고 올라가 **조교와 함께** 점프하여 **자유낙하 후 낙하산을 피고 하강**한다. 요금은 비싸지만, 머리끝까지 치솟는 **아드레날린**을 느끼기에는 최고라 할 수 있다.

어스름한 새벽 혹은
아침 해가 뜨는 시각,
케언즈 마리바 고원에서는
두리둥실 열기구가 떠오른다.

(Barron River)에서도 가능하지만, 털리 리버 급류의 빠르기 등급이 4.5등급, 동강이 3.5등급, 배런 리버가 2.5등급이기에 익스트림 레포츠로 짜릿함을 즐기고자 한다면 털리 리버가 단연 최고이다. 이른 새벽에 케언즈 시내에서 출발하여 약 1시간 정도 이동하면 털리 리버의 상류 부분에 도착한다. 안전 자격증을 소지하고 있는 숙련된 가이드에게 래프팅의 노 젓는 방법과 안전 수칙을 안내받아 초보자도 충분히 즐길 수 있다. 중간마다 만나는 어려운 코스는 6~8명으로 이루어진 다국적의 여행객을 하나로 묶어 주기도 하고 완만한 곳에서의 배 뒤집기, 물에 빠트리기 등은 서로의 장난기를 발동시키기도 한다.

하늘에서 즐기는 레포츠도 빼놓을 수 없다. 번지점프를 처음 레포츠로 만든 A. J. 해킷(A. J. Hackett)의 케언즈 지점은 50m 높이의 타워에서 열대우림을 바라보며 멋지게 번지점프를 즐길 수 있고 45m 상공에서 이루어지는 민진 정글 스윙(Minjin Jungle Swing)은 혼자 또는 친구와 함께 최고 120km/h의 속도감을 만끽할 수 있다. 9,000ft에서부터 14,000ft 상공까지 원하는 높이를 선택하여 점프할 수 있는 스카이 다이빙은 경비행기를 타고 올라가 조교와 함께 점프하여 자유낙하 후 낙하산을 피고 하강한다. 요금은 비싸지만, 머리끝까지 치솟는 아드레날린을 느끼기에는 최고라 할 수 있다. 케언즈 서쪽의 마리바(Mareeba) 고원에서 이루어지는 열기구 체험 또한 특별하다. 새벽 일찍 케언즈를 출발해 마리바 고원에 도착하면 열기구를 띄우기 위해 가스를 켜는 모습과 점점 부풀어 오르는 열기구를 보는 것만으로도 새로운 경험이 될 것이고 열기구를 타고 마리바 고원을 바라보고 있으면 하늘에서만 느낄 수 있는 또 다른 여유로움이 있다.

::Travel Tip **패키지로 저렴하게 즐기는 레포츠** 대부분의 레포츠는 참여 인원이 정해져 있고 종일 소요되는 경우가 많기에 미리 예약하고 이용하길 권한다. 또한, 여러 가지 레포츠를 경험하고 싶다면 패키지 형식으로 묶어 경험해 보자. 더 저렴해지는 경우가 많으므로 하고 싶은 레포츠 리스트를 작성하여 가장 알맞은 패키지를 선택해 경제적이고 알차게 레포츠를 즐기자.

073 퀸즐랜드 쿠란다

정적인 힐링의 시간
쿠란다

Kuranda

작고 조용한 마을인 쿠란다는 열대우림을 감상하며 휴식을 취할 수 있는 곳이다. 또한 쿠란다의 마켓에서는 마을 분위기처럼 아기자기하고 소박한 수공예품과 예술품을 만날 수 있다. 하지만 하이라이트는 세계에서 가장 긴 케이블카인 스카이레일을 즐기는 것이 아닐까.

열대우림 지역인 쿠란다 마을에서
수륙양육차 아미 덕을 타고
정글 탐험을 떠나 보는 것도 좋다.

짜릿한 레포츠로 몸이 녹초가 되었다면 작지만 조용한 마을인 쿠란다(Kuranda)에서 휴식을 취하며 원시의 열대우림을 감상하고 자연의 기운을 담아 힐링의 시간을 가져 보는 것은 어떨까? 쿠란다까지 이동하는 방법은 여러 가지이고 개인의 취향에 따라 선호하는 것도 다르겠지만, 오늘은 못 이기는 척 100% 쿠란다를 즐길 수 있다는 저자의 추천 일정을 따라가 보자. 다만 이 일정을 소화하려면 아침 일찍부터 부지런을 떨어야 한다.

케언즈 시내에 위치한 케언즈 센트럴 역에서 출발하는 쿠란다 관광 열차(Kuranda Scenic Railway)는 1891년에 완공되었고 원래 목재나 쿠란다 주변에 거주하는 광부들을 위한 식료품과 생필품을 운송하는 것이 주목적이었으나 생긴 지 120년이 훌쩍 지난 지금은 케언즈에서 출발해 쿠란다까지 또는 반대 방향으로 이동하는 관광객을 위한 열차가 되었다. 시공에 9년이라는 시간이 소요되었던 만큼 숲과 계곡 사이를 재주 부리듯 달려 나아가는 쿠란다 관광 열차의 속도는 그리 높지 않지만, 배런 폭포(Barron Falls)나 스토니 크릭 폭포(Stoney Creek Falls)와 같은 숨 막히는 절경을 볼 수 있고 아찔한 배런 리버 폭포 교량(Barron River Falls Bridge)을 지난다.

쿠란다 관광 열차의 종착지인 쿠란다는 작고 소박하지만, 그들의 삶을 엿볼 수 있는 쿠란다 마켓(Kuranda Markets)이 소소한 재미를 안겨 준다. 아기자기하고 다양한 수공예품과 원주민 예술품을 볼 수 있는 마켓은 쿠란다 헤리티지 마켓(Kuranda Heritage Markets)과 오리지널 쿠란다 마켓(Original Kuranda

::**Travel Tip 쿠란다 여행은 여행사를 통해서** 쿠란다 여행은 위의 순서에 따라 직접 다니는 것도 좋지만, 시간적인 부분이나 비용적인 부분에서 여행사를 이용하는 것이 훨씬 효과적이다. 여행사의 상품은 쿠란다 관광 열차와 케이블카와 같은 교통편만 포함된 상품에서부터, 레인포레스테이션 자연공원과 나비보호구역 등을 포함한 상품까지 다양하게 구성되어 있으니 본인의 취향에 맞게 선택하면 된다.

Market)으로 나뉘며 장이 서는 날은 바쁘고 활기차지만, 평소에는 기념품 가게만 문을 열기에 장 서는 날을 체크하고 이동하는 것이 좋다. 하지만 장이 서지 않는다고 실망할 필요는 없다. 근처에는 1987년에 개장한 나비 보호구역과 파충류 공원, 새 공원이 있어 야생동물을 만날 수 있으며 특히 나비 보호구역은 기네스북에 세계에서 가장 큰 나비 보호구역으로 기록되었을 정도로 다양하고 많은 종류의 나비를 만날 수 있다.

또한, 30ha의 넓은 레인포레스테이션 자연공원(Rainforestation Nature Park)에서 수륙양용차 아미 덕(Army Duck)을 타고 열대우림을 탐험하는 기회도 놓치지 말자. 마치 군용 보트처럼 생긴 아미 덕은 숲길에서는 네 발로, 늪지대와 계곡 등지에서는 보트가 되어 고대 식물과 다양한 열대 과일로 우리를 안내한다. 아미 덕에서 내려오면 쿠란다 지역에 살고 있던 원주민인 차푸카이의 공연이 기다리고 있고 그 외에도 코알라와 왈라비, 악어와 같은 호주 야생동물을 만날 수 있다.

하지만 뭐니 뭐니 해도 쿠란다의 하이라이트는 세계에서 가장 긴 케이블카인 스카이레일(Kuranda Skyrail)을 즐기는 것이 아닐까. 출발역과 하차역 그리고 중간의 두 개 역을 포함하여 총 네 개 역을 순환한다. 중간에 가벼운 산책을 즐길 수도 있고 배런 폭포의 또 다른 모습을 사진에 담을 수도 있다. 길이가 약 7.5km로 공사 기간만 1년이 넘었던 스카이레일은 그만큼 자연을 훼손하지 않으며 공사한 것에 가장 큰 의미를 담고 있다. 스카이레일에서 바라보는 강, 폭포, 열대우림은 또 하나의 장관을 연출한다.

배런 리버 폭포 아래를 건너는 쿠란다 관광 열차

074 **퀸즐랜드** 데인트리 & 케이프 트리뷸레이션

Daintree & Cape Tribulation

고대의 숨결이 살아 있는 퀸즐랜드의 보석
데인트리 & 케이프 트리뷸레이션

퀸즐랜드 하면 바다만 떠올리기 쉽다. 하지만 퀸즐랜드의 반전이라고 할 수 있는 곳이 있다. 바로 열대우림과 빛나는 강물이 함께하는 퀸즐랜드 북부의 데인트리와 케이프 트리뷸레이션. 정글의 마력이 숨어 있는 보석 같은 곳이다.

퀸즐랜드 주 하면 무엇이 떠오를까? 끝없이 펼쳐진 골드 코스트(Gold Coast)의 해변, 뜨거운 태양을 즐기고 있는 브리즈번 시민, 세계에서 가장 크다는 모래섬 프레이저 아일랜드(Fraser Island), 유네스코 선정 세계자연유산인 그레이트 배리어 리프. 그 외에도 많은 것이 떠오르지만, 대부분이 해변, 바다에 관한 것이다. 하지만 정말 이것이 퀸즐랜드의 전부일까? 정답은 NO! 고대 식물로 둘러싸인 열대우림과 빛나는 강물이 함께하는 퀸즐랜드 북부의 데인트리(Daintree)와 케이프 트리뷸레이션(Cape Tribulation)은 정글의 마력이 숨어 있는 보석 같은 곳이다.

넓이 약 1,200㎢에 달하는 데인트리는 호주에서도 가장 큰 열대우림 지대이며 살아 있는 열대우림 중 세계에서 가장 오래된 곳이기도 하다. 몇 백만 년 전, 셀 수도 없는 오랜 옛날부터 지구에 존재했던 고사릿과 식물인 왕고사리와 자이언트 황소 카우리나무가 끝도 없는 숲을 이루고 있어 마치 원시 세계로 돌아간 것 같은 착각마저 느끼게 하는 데인트리는 유네스코가 선정한 세계자연유산으로 또 다른 퀸즐랜드를 만나는 기회가 된다. 큰 화식조(Cassowary)가 수풀 사이를 걸어가는 광경과 바다이 훤히 보이는 계곡의 작은 물고기들은 도시의 삶이 무엇인지 잊어버릴 만큼 새로운 세계를 보여 준다. 데인트리를 끼고 흐르는 데인

데인트리 리버와 바다가 만나는 맹그로브 숲 근처에서는 야생 악어를 만나는 행운(?)을 누릴 수 있다.

트리 리버(Daintree River)는 살아 있는 자연 보고서라고 해도 과언이 아니다. 리버 크루즈를 타고 강을 거슬러 오르다 보면 들어 보지도 못한 다양한 수상식물과 야생동물을 만나고 바닷물이 데인트리 리버와 만나는 맹그로브 숲 근처에서는 야생 악어와 대면하기도 한다.

데인트리의 끝자락에는 해변과 수풀이 어우러진 특별함을 만날 수 있는 케이

::Travel Tip **데인트리와 케이프 트리뷸레이션 투어 상품** 데인트리와 케이프 트리뷸레이션으로의 가 여행은 케언즈에서 출발하는 1일 또는 1박 2일의 현지인 투어 상품을 이용하는 것이 가장 적당하다. 정글 서핑이나, 승마, 시 카약 등의 레포츠를 추가하고 싶다면 투어 상품을 구매하면서 옵션 선택을 하는 것이 가능하고 좀 더 여유롭게 머물고 싶다면 차량을 렌탈하여 이동하는 것이 좋다.

프 트리뷸레이션이 있다. 한쪽으로 고개를 돌리면 시원한 해변이, 또 다른 한쪽으로 돌리면 초록의 수풀이 눈앞에 펼쳐지는 곳이다. 또한, 다양한 부시워킹 트랙과 정글 체험을 위한 레포츠가 마련되어 있다. 나무 사이에 매달린 줄 하나에 몸을 맡기고 타잔이라도 된 것처럼 수풀을 시원하게 가르는 정글 서핑, 눈앞에 펼쳐지는 풍광을 여유롭게 즐길 수 있는 승마, 케이프 트리뷸레이션의 구석구석을 자유롭게 누빌 수 있는 시 카약, 고대 식물의 비밀을 들춰 볼 수 있는 나이트 워크까지. 그동안 경험해 보지 못했던 정글을 체험하고자 한다면 케이프 트리뷸레이션만한 곳이 따로 없다.

고대 식물로 형성된 열대우림과 아름다운 곡선을 자랑하는 데인트리 리버

075 **퀸즐랜드** 타운즈빌

새로운 관광지로 떠오르는 **타운즈빌**
Townsville

타운즈빌은 예전엔 교통의 요충지로만 주목을 받았지만 이제는 관광지로써의 매력도 갖춘 곳이 되었다. 세계에서 가장 큰 산호초 수족관인 리프 헤드쿼터 아쿠아리움은 타운즈빌의 명물이라고 할 수 있는데 바닷속 모습을 그대로 보여 주어 실제로 해저를 여행하는 것 같다.

세계에서 가장 큰 규모를 자랑하는 산호초 수족관인 리프 헤드쿼터 아쿠아리움에서 다양한 산호를 관람해 보자.

타운즈빌(Townsville)은 관광지로 알려진 지 오래되지 않은 도시이지만 호주 1차 산업의 교통 요충지로 중요한 역할을 담당해 왔다. 세계에서 가장 큰 광산 도시인 마운트 아이자(Mount Isa)로 연결되는 기차가 있는 곳이기도 하고 내륙지역에서 채굴된 광물들을 세계 곳곳으로 수송하는 배편이 출발하는 곳이기도 하다. 교통 요충지로 발전하기 시작한 타운즈빌이 이제는 관광지로써 빼놓을 수 없는 다양한 매력을 가진 도시로도 발전했다.

여러 종류의 야자수과 함께 시원하게 뻗은 해변이 매력적인 스트랜드 파크(Strand Park)는 타운즈빌의 필수 코스이다. 유명한 레스토랑과 카페가 자리 잡고 있고 매달 넷째 주 금요일에 열리는 나이트 마켓은 현지인이 즐겨 찾는 이벤트이다. 해변 근처의 록 풀(Rock Pool)은 1년 내내 따뜻한 기온을 유지하는 타운즈빌의 더위를 한 번에 날려 버릴 것 같고 어린이를 동반한 가족으로 항상 붐비는 워터 파크는 아이들의 웃음소리가 끊이지 않는다.

덴햄 스트리트(Denham Street)에서 시작되는 차 없는 거리의 플린더스 몰(Flinders Mall)은 타운즈빌의 가장 큰 번화가. 작은 기념품 가게와 편의점에서부터 콜스와 같은 대형 슈퍼마켓과 쇼핑센터까지 없는 것 빼곤 모두 다 있는 플린더스 몰에서는 주변을 개의치 않고 개성을 뿜어내는 거리의 예술가도 심심찮게 만날 수 있다. 과거 사탕수수 산업의 노동자로 이주한 일본인이 많던 곳이라 그런지 일본인 예술가도 종종 보인다. 낮보다 오히려 해 질 녘에 더 많은 사람이 모여드는 플린더스 몰의 유명한 바와 카페, 클럽을 방문해 보는 것도 재미있는 경험이 될 것이다.

::Travel Tip **음악의 도시 타운즈빌** 타운즈빌은 흥미롭게도 음악과 관련된 세계적인 페스티벌이 개최되는 곳이기도 하다. 특히 오스트레일리안 페스티벌 오브 챔버 뮤직(Australian Festival of Chamber Music) 즉 호주 실내악 페스티벌은 호주 내에서 뿐 아니라 세계적으로도 유명한 실내악 팀이 참여하는 페스티벌이기도 하다. 또한, 배리어 리프 오케스트라(Barrier Reef Orchestra)단도 타운즈빌을 거점으로 두고 퀸즐랜드 북부 지역에서 끊임없이 연주회를 가지고 있다.

또한, 세계에서 가장 큰 산호초 수족관인 리프 헤드쿼터 아쿠아리움(Reef HQ Aquarium)은 타운즈빌의 명물이라고 할 수 있다. 그레이트 배리어 리프로 가는 또 다른 관문이기도 한 타운즈빌의 바닷속 모습을 그대로 재현하고 있어 실제로 해저를 여행하는 것 같다. 워터 존(Water Zone), 라이트 존(Light Zone) 등의 테마를 가진 여러 전시관뿐 아니라 영화관과 푸드코트를 함께 갖춘 복합공간이기도 한 아쿠아리움에서는 열대어 먹이 주기와 같은 여러 이벤트도 진행되고 있어 다양한 볼거리를 제공한다.

리프 헤드쿼터 아쿠아리움을 뒤로하고 타운즈빌의 뒷동산(?) 캐슬 힐(Castle Hill)에 올라가 보는 것으로 타운즈빌의 여행을 마무리해 보자. 그리 높지도 가파르지도 않지만, 타운즈빌 시내에서 걸어가기엔 조금 먼 거리. 그렇다고 택시를 이용하기엔 아까운 거리이기도 하다. 조금 힘은 들겠지만 캐슬 힐 정상에서 바라보는 타운즈빌은 바다와 해변, 섬 위주의 퀸즐랜드 여행에서 색다른 풍경을 제공한다. 날이 좋을 때는 타운즈빌 시내와 함께 바다 건너에 있는 마그네틱 아일랜드(Magnetic Island)까지 보인다고 하니 캐슬 힐까지의 산책은 충분히 보상받을 수 있을 것이다.

어린이가 있는 가족 여행객에게 사랑받고 있는 워터 파크

076 퀸즐랜드 마그네틱 아일랜드

제2차 세계대전 당시에는 중요한 요새 역할을 한 마그네틱 아일랜드의 만이 지금은 유명한 관광 명소 역할을 톡톡히 하고 있다. 곳곳에서 펼쳐지는 시원한 풍경을 감상하고 왈라비 포인트에서 왈라비와 만나다 보면 마그네틱 아일랜드의 매력에서 빠져나오지 못할지도 모른다.

다양한 매력을 숨기고 있는 아름다운
마그네틱 아일랜드

Magnetic Island

마그네틱 아일랜드의 수많은 뷰포인트 중 특별히 사랑받고 있는 왈라비 포인트에서는 호주 대표 야생동물인 왈라비를 만날 수 있다.

퀸즐랜드 타운스빌에서 약 8km 정도 떨어진 곳에 위치하고 있는 마그네틱 아일랜드(Magnetic Island)는 타운즈빌 동쪽 플린더스 스트리트(Flinders Street)의 페리 터미널에서 약 20~30분 정도 페리로 이동하면 도착하는 곳으로 한국인에게는 잘 알려져 있지 않지만, 유럽 배낭여행자들은 호주 동부 해안에서 꼭 들르는 곳으로 유명하다. 유럽 배낭여행자들이 마그네틱 아일랜드를 방문하는 데는 특별한 이유가 따로 있지만, 그에 대해서는 천천히 이야기하도록 하고 우선 그를 제외한 마그네틱 아일랜드의 매력을 만나 보자.

마그네틱? 그러고 보니 이름도 참 재미있다. 1770년에 토머스 쿡(Thomas Cook)이라는 탐험가가 이 지역을 탐험할 때 나침반의 바늘이 제멋대로 도는 것으로 보고 마그네틱 효과, 즉 섬 근처에 자성이 있는 것 같다고 하여 붙여진 이름이다. 제2차 세계대전 당시에는 중요한 요새 역할을 한 만(Bay)들이 지금은 유명한 관광 명소 역할을 톡톡히 하고 있다. 마그네틱 아일랜드 해변에서 쉽게 할 수 있는 스노클링은 가까운 바다에서도 먼바다에 나간 것처럼 다양한 열대어를 만날 수 있어 무료로 즐길 수 있는 레포츠 중 단연 인기 1위를 차지하고 있다. 또 다른 인기 액티비티는 바로 제트스키. 안전을 위해 먼바다에 나가지 못하는 다른 지역과는 달리 스피드와 짜릿함을 동시에 느낄 수 있는 마그네틱 아일랜드의 제트스키는 시원하게 달리기만 하면 된다. 시 카약 역시 천천히 섬을 돌며 구석구석 살펴볼 기회를 제공한다.

넓이가 약 52㎢로 크지 않은 섬이지만, 숲으로 뒤덮여 있어 반이 국립공원으로 지정되어 있다. 그만큼 다양한 야생 조류를 보유하고 있으며 부시워킹과 트레

::**Travel Tip** **아무 해변에서나 수영 NO! 악어 조심!** 마그네틱 아일랜드로 들어가는 페리는 타운즈빌 페리 선착장에서 하루에 7회 운행을 하기에 시간표에 맞춰 페리를 이용하면 된다. 짧게 다녀오는 것보다는 1박을 하며 여유롭게 섬을 둘러볼 권한다. 자유여행을 할 때에는 섬의 표지판을 주의하는 것이 좋다. 가끔 악어가 출몰하는 해변이 있어 표지판을 보지 않고 수영을 하다 악어와 맞닥뜨리는 참사를 당하게 될지도 모르니 말이다.

킹 코스 또한 마련되어 있기 때문에 산이 주는 즐거움과 함께 레포츠도 만끽할 수 있는 곳이다. 가장 높은 포인트로 마운트 쿡(Mount Cook)이 자리 잡고 있으며 위에서 내려다보는 섬과 바다의 풍경은 또 다른 감동을 선사한다.

마그네틱 아일랜드의 많은 숙소가 자전거를 무료로 대여해 주고 있어 자전거를 타고 섬을 한 바퀴 둘러보는 것도 좋은 방법이다. 자전거가 힘들다면 오토바이나 자동차를 대여할 수도 있고 섬을 순환하는 버스를 이용할 수도 있다. 피크닉 베이(Picnic Bay)에 잠시 멈춰 눈앞에 펼쳐지는 시원한 풍경을 감상하고 왈라비 포인트(Wallaby Point)에서 호주 대표 야생동물 중 하나인 왈라비와 만나다 보면 마그네틱 아일랜드의 매력에서 빠져나오지 못할지도 모른다.

아름다운 포인트, 짜릿한 해변의 액티비티, 국립공원으로 지정된 울창한 숲 등 다양한 매력을 가지고 있는 마그네틱 아일랜드이지만, 유럽 배낭여행자들을 사로잡은 진정한 매력은 따로 있다. 바로 매달 보름달이 뜨면 열리는 풀 문 파티(Full Moon Party). 파티가 열리는 하루만큼은 여행의 피로, 그동안 쌓였던 근심을 떨쳐 버리고 광란의 밤을 보낸다. 한 달에 딱 한 번, 다음 날 아침이면 서로 못 알아볼 정도로 흥겹고 신 나게! 여행자들에게 잊지 못할 멋진 추억을 남긴다면 그보다 더 매혹적인 것이 어디 있을까.

마그네틱 아일랜드 최고봉 마운트 쿡에 위치한 군사용 창고

077 퀸즐랜드 해밀턴 아일랜드

휘트선데이 제도의 대표 섬
해밀턴 아일랜드
Hamilton Island

지상 최대 낙원이라고 불리는 해밀턴 아일랜드는 세계 1% 상류층들이 선호하는 섬이기도 하다. 마치 다른 세계에 온 것 같은 아름다움을 느낄 수 있는 해밀턴 아일랜드에서는 딱히 무언가를 하지 않아도 좋다.

우주에서도 보인다는 자연의 신비, 그레이트 배리어 리프에 속한 휘트선데이(Whitsundays) 제도 74개의 섬 중 가장 큰 섬인 해밀턴 아일랜드(Hamilton Island)는 1975년에 케이트 윌리엄스(Keith Williams)와 브라이언 바이아트(Bryan Byrt)가 구입하면서 리조트와 복합 상가가 들어서고 점차 휴양지로써 자리를 잡은 곳이다. 섬 안에 공항(Hamilton Island Airport)이 있어 호주 대표 도시인 시드니와 멜버른, 브리즈번 등지에서 국내선 항공을 이용해 이동할 수도 있고 에얼리 비치(Airlie Beach)의 슈트 하버(Shute Harbour) 선착장에서 페리를 타고 들어갈 수도 있다. 마치 다른 세계에 떨어진 것만 같은 아름다움을 느낄 수 있는 해밀턴 아일랜드에는 관광객뿐아니라 꿈의 삶을 바라는 거주자도 늘어나고 있다. 은퇴하고 자연과 동화된 삶을 살고자 하는 사람이나 세계적인 갑부가 집을 빌려 오랫동안 지내며 새로운 에너지를 얻어 가기도 한다.

지상 최대 낙원이라고 불리는 해밀턴 아일랜드는 세계 1% 상류층들이 선호하는 섬이기도 하다. 빌 게이츠나 타이거 우즈 등도 해밀턴 아일랜드를 방문하고 그 모습에 반해 직접 홍보 대사가 되기도 했다. 최근에는 오프라 윈프리도 섬을 방문하여 해밀턴 아일랜드의 아름다움을 직접 느끼고 돌아갔다. 또한, 지난 2009년에는 섬 관리인 1명을 뽑기 위해 '세계 최고의 직업'이라는 슬로건과 함께 대대적인 이벤트를 열었던 곳이기도 하다. 전 세계 200여 나라에서 3만

휘트선데이 제도의 가장 유명한 하트 산호

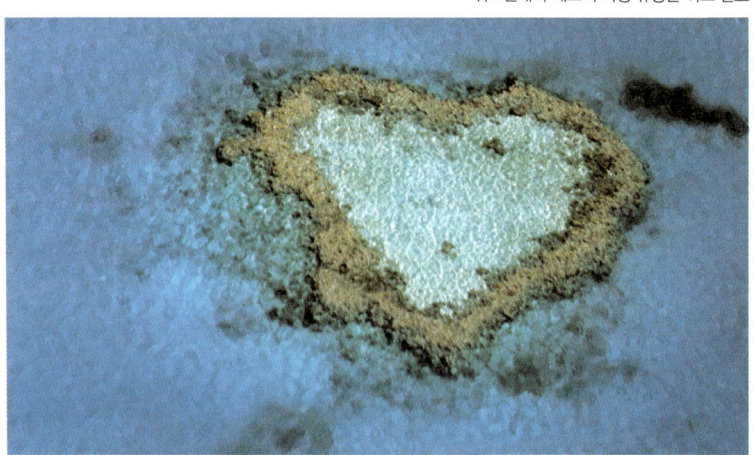

휘트선데이 제도의 해밀턴 아일랜드에는 다양한 숙소가 마련되어 있다. 그중 신혼부부에게 가장 인기 있는 퀄리아는 오프라 윈프리가 묵었던 곳으로도 유명하다.

4천여 명이 지원하면서 유명세를 탔고 이벤트의 위너인 영국인 벤 서덜(Ben Southall)은 30대의 나이로 6개월 동안 휴양을 즐기며 1억 5천만 원을 벌었으니 말 그대로 세계 최고의 직업이 아닌가.

꿈의 섬, 지상 최대 낙원, 세계 최고의 직업 등. 무엇이 해밀턴 아일랜드를 그리 불리게 할까? 1년 내내 약 27도를 유지하는 따뜻한 기후, 3성급 리조트인 팜 방갈로(Palm Bungalows)에서부터 최고급 리조트인 퀄리아(Qualia)까지 다양한 선택을 할 수 있는 숙소, 그레이트 배리어 리프의 섬에서 즐기는 18홀의 챔피언십 골프 코스, 신선한 공기를 듬뿍 마실 수 있는 부시워킹 코스, 때 묻지 않은 그레이트 배리어 리프로의 크루즈를 비롯한 시 카약, 바다낚시, 제트스키, 스노클링, 스쿠버 다이빙, 수상스키 등의 수많은 해양 레포츠, 헬기 또는 경비행기를 타고 바라보는 산호의 향연, 신혼여행객에게 더욱 인기가 좋은 하트 산호(Heart Reef) 등이 끊임없는 감탄사를 유발한다.

다양한 자연환경을 갖추고 있는 해밀턴 아일랜드에서는 특별히 무언가를 하지 않아도 좋다. 누군가 깨우기 선까지 휴식을 취하며 그동안 쌓였던 피로를 녹이고, 온몸의 찌든 때가 비워지도록 열대우림의 초록을 마음껏 거닐고, 스노클 장비를 챙겨 해변에서 산호와 열대어를 감상하며 스노클링과 반 잠수함을 즐기는 것만으로도 충분할지도 모른다. 세계 유명 인사뿐 아니라 모든 사람에게 열려 있는 해밀턴 아일랜드에서 그대도 잊지 못할 추억을 남겨 보는 것은 어떨까.

::Travel Tip **해밀턴 아일랜드 요트 경기** 매년 8월 말 해밀턴 아일랜드에서는 해밀턴 아일랜드 요트 경주(Hamilton Island Race Week Yachting)가 열린다. 무려 150척이 넘는 요트가 호주 전역과 뉴질랜드에서부터 대결을 펼치기 위해 모이니 구경거리도 쏠쏠할 뿐 아니라 특별한 경험을 할 수 있다. 요트 경기 외에도 골프 클럽이나 하프 마라톤 등 다양한 스포츠 축제가 열리는데 다만 축제 기간에는 섬 안 리조트의 예약이 미리 차므로 최대한 빨리 예약하는 것이 좋다.

해밀턴 아일랜드에는 관광객뿐 아니라
꿈의 삶을 바라는 거주자도 늘어나고 있다.
은퇴하고 자연과 동화된 삶을 살고자 하는 사람이나
세계적인 갑부가 집을 빌려 오랫동안 지내며
새로운 에너지를 얻어 가기도 한다.

078 퀸즐랜드 에얼리 비치

시간이 멈춘 곳,
요트 세일링의 천국
에얼리 비치

Airlie Beach

에얼리 비치는 휘트선데이 제도의 관문이다. 휘트선데이 제도는 세계적으로 다이버들이 동경하는 곳으로 스쿠버 다이버만을 위한 요트 세일링이 따로 마련되어 있다.

그레이트 배리어 리프의 중심, 휘트선데이 제도를 여행하는 가장 아름다운 방법인 요트 세일링은 에얼리 비치에서 출발하는 요트를 이용하는 것이 금액, 퀄리티, 일정 등에 있어 선택의 폭이 넓다.

퀸즐랜드 북부에 74개의 섬이 모여 있는 휘트선데이 제도의 관문이기도 한 에얼리 비치(Airlie Beach)는 케언즈에서 버스나 차량을 이용하여 이동하거나 시드니, 멜버른, 브리즈번 등의 도시에서 비행기를 타고 이동할 수 있다. 에얼리 비치까지 가는 길은 오래 걸릴지 모르나 에얼리 비치에서의 시간은 마치 정지한 것과 같이 여유롭고 한가롭기만 하다. 길게 뻗은 슈트 하버 로드(Shute Harbour Road)를 따라 산책을 하거나, 아벨 포인트 마리나(Abel Point Marina)에서 떠나고 들어오는 요트를 구경하거나, 인공 수영장인 라군(Airlie

Beach Lagoon)에서 유유자적 한나절을 보내고 뜨거운 밤의 파티를 즐기는 것이 바로 에얼리 비치에서의 여행이니 말이다.

아벨 포인트 마리나에 앉아 눈앞에 펼쳐진 바다를 보고 있노라면 그 속까지 훤히 보일 것처럼 맑지만, 실제 바다로 뛰어드는 이들을 찾기는 쉽지 않다. 잦은 해파리의 출몰로 바다 수영을 즐기기보다는 감상하는 이가 더 많고 실제 물놀이를 하려는 사람들은 야자수, 모래, 바다와 함께 어우러져 실제 해변보다 더욱 아름다운 에얼리 비치 라군을 선호한다. 호주 동부 해안에서 가장 아름다운 인공 수영장으로도 손꼽히는 에얼리 비치 라군에서 호주식 바비큐로 든든히 배를 채우고 뜨거운 태양을 피해 물속에 몸을 담고 있노라면 그 누구도 부럽지 않다. 그중에서도 에얼리 비치의 멈춰진 시간을 즐기기에는 요트 세일링이 단연 최고. 아벨 포인트 마리나의 셀 수 없이 많은 요트는 낚시를 즐길 수 있는 작은 요트에서부터 수십 억에 달하는 고급 요트까지 다양하다. 실제 여행객이 세일링 체험을 할 수 있는 체험용 세일링 요트도 찾아볼 수 있다. 체험용 세일링 요트의 대부분은 실제 요트 대회에도 쓰였던 것으로 대회 이후에 관광객을 위해 재탄생된 것이다. 짧게는 하루에서부터 길게는 4박 5일까지 체험할 수 있으며 요트의 특성도 다양하여 선택의 폭이 넓다.

호주 동부 해안 최고의 인공 수영장 에얼리 비치 라군

하지만 제대로 된 세일링을 경험하고자 한다면 최소 2박 3일의 요트 세일링을 선택하는 것이 좋다. 실제 요트의 키를 잡고 세일링을 경험하고 시원한 바닷바람을 가르며 함께하는 이들과 파티를 만끽할 수도 있고 뜨거운 태양 아래 낮잠을 즐기다가도 푸른 바닷속으로 뛰어들어 수십 종의 열대어와 함께 수영을 즐길 수도 있다. 이 모든 것이 세일링의 묘미이다. 특히 요트 세일링으로 방문할 수 있는 곳 중 하이라이트라고 하는 화이트헤븐 비치(Whiteheaven Beach)는 그 이름처럼 하얀 모래 알갱이들과 아쿠아 블루의 바다가 묘하게 어우러지는 곳으로 말 그대로 하얀 천국이다.

또한, 휘트선데이 지역은 우주에서도 보인다는 그레이트 배리어 리프에 포함되어 있으며 케언즈와는 달리 아직 많은 이가 방문하지 않아 6천여 종의 해양 생물이 자연 그대로의 모습으로 보존되고 있다. 그래서 세계 곳곳의 열혈 다이버들이 동경하는 곳으로 스쿠버 다이버만을 위한 요트 세일링이 따로 마련되어 있을 정도이다.

::Travel Tip **에얼리 비치의 무료 세일링** 요트 세일링이 유명한 에얼리 비치인 만큼 매주 수요일 에얼리 비치에선 무료로 세일링을 체험할 수 있는 프로그램이 있다. 물론 모든 장소에서 가능한 것은 아니지만 에얼리 비치의 지정된 펍에서는 사람들에게 세일링에 대한 정보를 알려 주고 친숙해지기 위해 실제 요트를 둘러볼 기회를 제공하는 것이다. 요즘에는 많이 알려져서 오후 3시 훨씬 이전에 가야 참여할 수 있다고 하니 묵고 있는 숙소의 매니저 같은 현지인에게 정보를 얻는 것이 가장 좋다.

079 퀸즐랜드 번다버그 & 록햄튼

빼놓긴 아쉬운 퀸즐랜드 주의 작은 도시
번다버그 & 록햄튼

Bundaberg &

Rockhampton

동부 해안에 많은 도시 중 작지만 그들만의 색을 가진 두 도시, 퀸즐랜드 주의 대표 농장 지대이면서 워킹 홀리데이 메이커들의 땀방울을 볼 수 있는 번다버그와 퀸즐랜드 주 정치와 경제를 담당하는 사무실이 많이 위치한 록햄튼에서 잠시 몸도 마음도 쉬어 가자.

호주 대표 축산지 록햄튼의 캐틀 하우스

해안가를 따라 도시가 형성된 호주의 동부 해안에는 많은 대표 도시가 있지만, 규모는 작아도 그들만의 색깔을 가진 작은 도시를 무시할 수 없다. 그중 시드니나 브리즈번에서 출발하여 케언즈로 또는 반대 방향으로 로드 트립을 떠날 때 마냥 지나칠 수 없는 두 도시를 소개하고자 한다.

배낭여행 경비를 마련하기 위한 젊은 워킹 홀리데이 메이커들(Working Holiday Visa Holders)의 땀방울을 볼 수 있는 번다버그(Bundaberg)는 퀸즐랜드 주의 대표 농장 지대이다. 그중에서도 가장 유명한 것은 사탕수수. 끝없이 이어지는 사탕수수밭이 입이 벌어질 정도의 규모를 자랑한다. 사탕수수밭에서 열심히 일한 워킹 홀리데이 메이커들은 아름다운 배낭여행을 상상한다. 생산된 사탕수수는 제분, 정제, 증류를 거쳐 호주의 대표 술인 럼(Rum)주로 완성된다. 번다버그 럼 양조장(Bundaberg Rum Distillery)이 번다버그에 위치하고 있다. 또한, 허비 베이(Hervey Bay)와 함께 혹등고래를 관찰하는 스폿으로도 유명한 번다버그는 겨울철이 되면 고래 관찰을 위해, 여름철에는 거북이 산란을 관찰하기 위해 여행객이 몰리는 곳이다. 특히 거북 산란은 자주 접할 수 없는 특별한 체험이기에 신청하는 이가 많으며 저녁 늦게 시작되는 투어이므로 가이드와 함께 이동해야 한다. 가끔은 새벽 늦게까지 기다려야 볼 수 있는 광경이지만 해변으로 올라와 알을 낳는 거북들을 보고 있노라면 자연의 신비함을 몸소 느낄 수 있다.

퀸즐랜드 주 정치와 경제를 담당하는 사무실이 많이 위치한 록햄튼(Rockhampton)은 생각보다 넓고 관광 포인트가 띄엄띄엄 자리 잡고 있어 도보보다는 현지 교통편을 이용하는 것이 좋다. 시내 중심부인 이스트 스트리트 몰(East Street Mall)에는 기념품 가게, 쇼핑센터, 유명 레스토랑이 즐비하고 시내 남쪽의 머리 라군(Murray Lagoon)에 위치한 보타닉 가든(Botanic Gardens)에는 다양한 식물이 뜨거운 태양 아래 시원하게 펼쳐져 있다. 보타닉 가든 안의 동물원에서는 작지만 악어와 박쥐, 코알라 등 다양한 호주 야생동물을 만날 수 있다. 록햄튼의 상징이라고 하는 남회귀선 기념탑(Tropic of Capricorn Spire)은 빼놓을 수 없는 포토 포인트. 기념탑이 자리 잡고 있는 곳이 정확한 남회귀선의 위치는 아니지만, 첨탑 앞에서는 언제나 사진 찍는 이들을 만날 수 있다.

::Travel Tip **레이디 엘리엇 아일랜드** 그레이트 배리어 리프는 번다버그와 록햄튼 사이의 바다에서 시작하여 케언즈 위의 케이프 요크까지 약 2,000km 정도 이어지는 대산호초 지대이다. 신비로운 산호, 그들과 함께 어우러져 사는 해양식물과 동물을 관찰하는 포인트는 여러 곳이 있지만 아직 자연 그대로 보호되고 관광객의 발길이 많이 닿지 않았던 곳을 찾아보고 싶다면 레이디 엘리엇 아일랜드(Lady Elliot Island)가 답이다. 이동하는 데 쉽지 않고 비용도 저렴하지 않지만, 가면 갈수록 또 가고 싶은 곳, 그래서 한 번 방문할 때 되도록 오래 머물러야 할 곳이 바로 레이디 엘리엇 아일랜드이다.

080 퀸즐랜드 허비 베이

혹등고래와의 만남 **허비 베이**
Hervey Bay

허비 베이는 교통의 요충지 역할을 하고 있어 한 번 정도는 들르게 되어 있다. 하지만 허비 베이를 언급하는 이유는 다른 데 있다. 바로 혹등고래를 만나기 위해서. 새끼 고래들의 놀이터로 적당한 허비 베이는 호주의 그 어느 곳보다 고래 왓칭을 즐기기에 적당하다.

허비 베이는 매년 4월 말에서 10월 중순 사이에 새끼를 낳기 위해 남극을 떠나 호주 동부 해안을 따라 여행하는 흑등고래들을 만나기 가장 좋은 포인트이다.

브리즈번에서 북쪽으로 약 290km 떨어진 곳에 위치하는 허비 베이(Hervey Bay)는 작지만, 프레이저 아일랜드와 레이디 엘리엇 아일랜드(Lady Elliot Island)로 가는 교통의 요충지 역할을 하고 있어 한 번 정도는 들르게 되어 있다. 볼거리가 그리 많은 곳은 아니지만, 허비 베이에 살고 있는 시민이 즐겨 찾고 관광객이라면 꼭 한번 들르게 되는 곳은 바로 우랑간(Urangan) 선착장. 끝도 없을 것만 같은 푸른 바다를 향해 뻗어 있는 우랑간 부두에서 꼬마부터 인생의 해답까지 모두 알고 있을 것 같은 노인까지 언제 움직일지도 모를 찌를 바라보며 낚시를 즐기는 층이 다양하다. 작은 보트에서부터 고급 요트까지 정박되어 있는 우랑간 선착장에는 신혼여행객과 가족 여행객이 좋아할 만한 고급 숙소와 기념품 가게, 레스토랑 등을 찾아볼 수 있다.

하지만 허비 베이를 언급하는 이유는 다른 데 있다. 할 것도 많지 않고 살고 있는 주민조차 숨죽이고 있는 것처럼 조용한 허비 베이까지 왜 가야만 하는가 말이다. 바로 혹등고래를 만나기 위해서. 혹등고래는 남반구의 여름에는 남극의 풍부한 먹이 때문에 남극에 머물다 매년 4월에서 10월 사이가 되면 교미를 위해 긴 여행을 떠난다. 그리고 바닷물이 따뜻한 허비 베이와 프레이저 아일랜드의 중간 지점까지 올라와 새끼를 낳는다. 수심도 얕고 바람이 세지 않아 새끼고래들의 놀이터로 적당한 허비 베이는 호주의 그 어느 곳보다도 고래 왓칭을 즐기기에 적당하다.

::Travel Tip **허비 베이 고래 페스티벌** 허비 베이에서는 혹등고래들의 방문을 축하하고 즐기기 위해 매년 8월에 한 달간 허비 베이 고래 페스티벌(Hervey Bay Whale Festival)이 열린다. 다양한 공연과 이벤트, 재미난 게임과 예술 작품을 우랑간 선착장에서 만날 수 있다. 혹등고래를 보기 위해 허비 베이로 떠난 여정이라면 허비 베이 고래 페스티벌도 빼놓지 말고 참여해 보자.

허비 베이에서 크루즈를 타고 그리 멀지 않은 앞바다로 나가면 혹등고래를 쉬이 만날 수 있다. 지구 상에 있는 포유류 중 5번째로 큰 혹등고래는 몸길이가 평균 12~16m로 크고 무게만 해도 약 40t에 달한다. 덩치가 큰 고래이지만 새끼 고래와 함께 가족의 단란한 모습을 보여 주기도 하고 브리딩(Breathing)이라고 부르는 점프를 하며 아름다운 곡선의 자태를 보여 주기도 한다. 눈앞에 펼쳐지는 경이로운 고래의 모습에 감탄사가 절로 나온다. 특히 애버리진의 언어로 '하얀 친구'라는 뜻을 가진 미갈루(Migaloo)는 흰 혹등고래를 말하는데 지구 상에 단 한 마리밖에 없기에 허비 베이에서 미갈루를 만난다면 로또에 당첨된 것과 같다고 할 수 있다.

혹등고래를 만날 수 있는 가장 좋은 시즌은 7월에서 10월까지이며 많게는 3,000여 마리까지 떼를 지어 고래 가족이 함께 이동하는 모습을 관찰하는 행운을 잡을 수 있다. 특히 다른 고래에 비해 움직이는 것에 관심이 많은 혹등고래이기에 가끔은 고래 관찰을 위해 나온 크루즈 아래까지 다가와 관심을 표현하는 경우도 있다.

자랑스럽게 자리 잡고 있는 허비 베이 선착장의 흑등고래 조형물

081 퀸즐랜드 프레이저 아일랜드

세계에서 가장 큰 모래섬 **프레이저 아일랜드**
Fraser Island

1992년에 세계자연유산으로도 지정된 프레이저 아일랜드는 세계에서도 유일하게 모래 위에 숲이 형성되어 있는 곳으로 부시워킹을 하며 빽빽한 수풀을 만날 수 있다. 또한 하얀 모래와 대비되는 파랑의 아름다운 레이크 매켄지 역시 빼놓을 수 없는 명소이다.

세계에서 가장 큰 모래섬인 프레이저 아일랜드(Fraser Island)는 남쪽의 후크 포인트(Hook Point)에서 북쪽의 샌디 케이프(Sandy Cape)까지 약 123km 이상 뻗어 있는 곳이다. 지난 70만 년 동안 기후와 바다 수면 높이 등의 변화를 통해 거대한 양의 모래가 쌓이면서 형성된 섬이다. 지금도 계속해서 모래를 쌓고 침식시키는 것을 반복하고 있는 아름다운 프레이저 아일랜드를 처음 발견한 사람은 제임스 쿡 선장(Captain James Cook)이지만 그는 프레이저 아일랜드가 호주 본토와 연결되어 있다고 가정하여 당시에는 섬이라고 생각하지 못했다.

그 뒤 1835년에 영국에서 출발한 스털링 캐슬이라는 선박이 다량의 술을 싣고 시드니로 오는 중 폭풍을 만나 좌초되었고 그 배의 선장인 제임스 프레이저(Captain James Froser)와 그의 아내, 그리고 몇몇 선원이 살아남아 어느 섬에 도착하게 되었는데 그 섬이 현재의 프레이저 아일랜드이다. 마지막까지 살아남아 구조된 사람이 바로 선장의 아내인 엘리자 프레이저로 그녀가 영국으로 돌아가 자신의 이야기를 소설로 남겨 널리 알려지면서 후에 섬은 프레이저라는 이름을 갖게 되었다.

1992년에 세계자연유산으로도 지정된 프레이저 아일랜드는 세계에서도 유일하게 모래 위에 200m 이상 뻗은 숲이 형성되어 있는 곳으로 부시워킹을 하며 실제 눈으로 보고도 믿지 못할 빽빽한 수풀을 만날 수 있다. 수풀을 따라 흐르는 작은 샘물은 하루에도 엄청난 양의 물을 섬 중심에서 퍼 올려 바다로 흘려보내고 있으며 이 샘물이 모여 작은 계곡을 이루기도 한다. 그중 하나인 일라이 크릭(Eli Creek)은 염분도 없고 깊이 또한 적당해서 투어 상품에 참여한 세계 각국의 여행객뿐 아니라 어린이를 동반한 호주 현지의 가족 여행객도 바닥이 훤히 보이는 맑은 물줄기를 따라 수영을 즐기고 쉬어 가는 포인트로 유명하다. 또한, 프레이저 아일랜드에는 레이크 베이신(Lake Basin), 레이크 워비(Lake Wabby), 레이크 매켄지(Lake McKenzie), 레이크 알롬(Lake Allom)과 같이 보석 같은 호수를 만날 수 있는데 그중 하이라이트는 단연 레이크 맥켄지이다. 원주민인 부찰라 언어로 '부란구라'라고 불리며 '신비의 물'이라는 뜻이다. 하얀 모래 위의 파란 호수가 수정과 같이 맑은 매켄지 호수는 날씨 좋은 날 푸른 하늘

::**Travel Tip 패키지?! 혹은 리조트!** 프레이저 아일랜드는 세계적으로도 유명한 관광지이기에 1일에서 4박 5일까지 진행되는 많은 패키지 상품을 찾아볼 수 있으며 대부분 퀸슬랜드 주의 골드 코스트, 브리즈번, 레인보우 비치, 허비 베이에서 출발한다. 다만, 프레이저 아일랜드의 하이라이트인 레이크 매켄지나 샴페인 풀 등을 제대로 여행하고자 한다면 가까운 레인보우 비치와 허비 베이에서 출발하는 투어를 이용해야 하니 주의하자. 투어가 아니더라도 현대식 리조트인 유롱 비치 리조트(Eurong Beach Resort)나 에코 리조트인 킹피셔 베이 리조트(Kingfisher Bay Resort)에서 휴식을 취하며 여유롭게 프레이저 아일랜드를 즐기는 것도 또 다른 추천 방법이다.

을 반사하면서 만들어 낸 색이 말로는 표현하기 어려울 정도로 아름답다. 사실 프레이저 아일랜드 곳곳이 모두 아름답지만 맥킨지 호수를 뺀다면 팥 없는 팥빵이라고 할 정도이니 말이다.

프레이저 아일랜드의 북쪽 끝에서 바다를 향해 툭 튀어나온 인디언 헤드(Indian Head)는 끝없는 푸른 바다를 감상할 수 있는 자연 영화관이다. 겨울이면 바다를 가르며 헤엄치는 고래를 만날 수 있고, 절벽 아래에서는 수십 년을 함께 살았을 것 같은 거북 가족이 노니는 모습을 발견할 수도 있으며, 전설의 해양 동물인 듀공(Dugong)을 보는 행운도 누릴 수 있다. 인디언 헤드를 뒤로하고 다시 남쪽으로 이어지는 끝없는 해변은 다양한 해양 생물이 서식하고 있어 어부들의 천국이라 불리는 75마일 비치(75 Mile Beach)이다. 가끔은 모래를 빠져나오지 못하는 차량을 만나기도 하여 모래를 파고 차를 밀어야 하는 잊지 못할 추억을 남기는 장소이긴 하지만, 영화 속 한 장면과 같이 시원하게 해변을 달리고 있노라면 그동안의 시름은 모두 잊어버릴 수 있을 것만 같다.

해변의 중간에서 만나는 마헤노 난파선(Maheno Shipwreck)은 한때 호화로운 여객선이었으나 본인의 임무를 마치고 일본으로 예인되어 가던 중 폭풍을 만나 프레이저 아일랜드 해변으로 떠내려온 것이다. 지금은 프레이저 아일랜드의 빼놓을 수 없는 관광 명소가 되었고 75마일 비치의 반대쪽에 보이는 수십만 년 동안 쌓인 모래의 작품인 피너클스도 장관을 이룬다. 마지막으로 프레이저 아일랜드에서 만날 수 있는 특별한 호주 전통개 딩고(Dingo)는 한국의 진돗개와 비슷하게 생겼지만, 육지와 오래 떨어져 고립되어 생활한 탓으로 오늘날에는 호주에서 야생 상태를 유지하고 있는 가장 순수한 동물이기도 하다.

75마일 비치의 명물 마헤노 난파선

호주인이 사랑하는 휴양지 **선샤인 코스트 & 누사**

Sunshine Coast & Noosa

일년 내내 온화한 기후를 유지하는 퀸즐랜드 주의 대표 여행지 중 하나인 선샤인 코스트는 크게 해변과 내륙지역으로 나뉜다. 해변은 서퍼들의 천국이며 선샤인 코스트의 북쪽 끝에 위치한 누사는 세련되고 멋진 마을로 쇼핑과 식사를 즐기기에 좋다.

이름만큼 따사로운 선샤인 코스트는 해변이 가진 아름다움만으로도 호주 현지인이 가장 선호하는 휴양지로 손꼽히고 있으며 특히 서퍼들이 손꼽는 호주 해변 TOP 10에 선정되기도 했다.

퀸즐랜드 주는 일 년 내내 기후가 따뜻하고 일조량이 많아 사람들에게 사랑받는 여행지가 많다. 그중 햇살 해변이라고 불리는 선샤인 코스트(Sunshine Coast)는 브리즈번에서 북쪽으로 약 140km 떨어진 곳에 위치하고 아름다운 해변과 고급 리조트, 신비로움이 가득한 산, 깨끗한 강이 있는 곳으로 호주인이 사랑하는 대표 휴양지로 손꼽힌다.

선샤인 코스트는 크게 65km로 뻗어 있는 해변과 내륙지역으로 나뉜다. 햇빛에 반사되어 반짝이는 모래알과 시원하게 부서지는 파도 덕에 많은 관광객을 끌어모으는 선샤인 코스트의 해변은 서퍼들의 천국이다. 호주의 많은 해변이 서핑하기에 좋지만, 특히 선샤인 코스트의 선샤인 비치(Sunshine Beach)에는 매년 2~3월에 개최되는 서핑 대회 덕분에 세계 각국의 서퍼들이 모이곤 한다. 선샤인 코스트의 시작이라고 하는 칼룬드라(Caloundra)는 가족 여행객의 휴양지로 유명하며 북쪽으로 올라가면 다양한 레포츠를 즐길 수 있고 해변의 풍경 덕에 즐거워지는 물루라바(Mooloolaba)를 만난다. 선샤인 코스트의 북쪽 끝에 위치한 누사(Noosa)는 세련되고 교양 있는 마을로 멋진 부티크와 쇼핑몰에서 쇼핑을 즐기거나 레스토랑에서 유명한 셰프의 요리를 즐기며 휴가를 보내는 것도 좋다. 유칼립투스에 매달려 휴식을 취하는 코알라를 쉽게 찾아볼 수 있는 누사 국립공원(Noosa National Park)은 레이크 웨이바(Lake Weyba)와 페레지안(Peregian), 쿨럼(Coolum) 지역을 포함하여 4,000ha에 이르고 누사 시내에서 도보로 이동할 수 있어 찾는 많은 사람이 산책이나 산림욕 코스로 방문한다. 누사 동남쪽에 위치한 국립공원에는 유칼립투스나 열대성 상록교목인 판다누스와 뱅크시아를 비롯한 다양한 식물로 이루어진 숲이 있고, 야자나무와 해변이 장관을 이루는 야자수 순환로(Palm Grove Circuit), 곳곳의 전망대에서 아름다움을 만날 수 있는 코스탈 트랙(Coastal Track), 꼭대기에서 시원한 경치를 볼 수 있는 누사 힐 트랙(Noosa Hill Trak) 등의 트랙 코스가 있어 시간과 체력에 맞추어 코스를 선택하는 것이 좋다.

선샤인 코스트의 해변도 유명하지만 반짝이는 누사 리버(Noosa River)는 또 다른 매력을 선보인다. 누사 리버를 끼고 있는 누사빌(Noosaville)은 고급 리조트와 바, 레스토랑이 위치한 곳으로 여러 가지 해양 레포츠로 유명하다. 특히 커플과 가족 여행객의 재방문이 많은 곳으로 친절한 현지인과 안전하며 조용한 분위기가 그 포인트라 할 수 있다. 그중 짐피 테라스(Gympie Terrace)와 토머스 스트리트(Thomas Street)는 먹자골목으로 심플하고 저렴한 카페부터 많은 상을 받은 유명 레스토랑까지 즐비하여 매 식사가 행복해지는 곳이기도 하다.

선샤인 코스트의 내륙지역은 글라스 하우스 산맥(Glass House Mountains)에서부터 시작한다고 해도 과언이 아니다. 글라스 하우스 산맥은 2천만 년 전에 일어난 화산 폭발의 중심지로 오랜 세월에 걸쳐 이루어진 풍화, 침식으로 현재의 높고 뾰족뾰족한 모습을 가지게 되었다. 이런 모습 때문에 드라마틱한 전설이 원주민으로부터 전해지며 각 전망대에 숨어 있는 이야기를 찾아 들으며 여행하는 것이 바로 글라스 하우스 산맥을 여행하는 진정한 방법이다. 근교에서는 열대 과일이 많이 생산되는데 아보카도, 파인애플, 파파야가 대표적이다.

선샤인 코스트의 작은 마을은 다채로운 매력이 가득하다. 그중 선샤인 코스트의 창조적 심장이라 불리는 몽트빌(Montville)은 블랙올 산맥(Blackall Range)에 자리 잡은 매력적인 곳으로 높은 수준의 아트 갤러리와 예술품, 수공예품을 파는 아기자기한 가게들을 만날 수 있다. 또한, 몽트빌에서 시작되는 선샤인 코스트 힌터랜드 그레이트 워크(Sunshine Coast Hinterland Great Walk)는 길이가 58km에 이르는 트레킹 코스로 레이크 바룬(Lake Baroon)과 콘달릴라 폭포(Kondalilla Falls) 구간이 압권이다.

::Travel Tip **누사의 빅 파인애플** 호주를 로드 트립으로 다니다 보면 재미난 조형물을 곳곳에서 만날 수 있다. 누사의 남쪽에 위치하고 있는 빅 파인애플 선샤인 플랜테이션(Big Pineapple Sunshine Plantation)의 커다란 파인애플 조형물이 그중 하나이다. 커다란 파인애플 조형물은 '빅 파인애플'이라는 애칭으로 불리며 포토 포인트로도 유명하다. 또한, 빅 파인애플 선샤인 플랜테이션에서는 파인애플과 망고, 파파야와 같은 열대 과일을 저렴하게 맛보고 구매할 수 있다.

083 퀸즐랜드 모튼 아일랜드

다양한 색깔을 지닌 **모튼 아일랜드**
Moreton Island

호주의 섬 중 비교적 접근이 쉬운 모튼 아앨랜드는 다양한 색을 지닌 곳으로 여행하는 방법은 많지만 그중 탕갈루마 리조트를 빼놓을 수 없다. 탕갈루마 해변에서 즐기는 레포츠와 휴식은 그레이트 배리어 리프로 가지 못하는 여행객의 아쉬움을 충분히 달래 주고도 남는다.

호주 동부 해안에서 유일하게
야생 돌고래 먹이 주기를
체험할 수 있는 모튼 아일랜드의
탕갈루마 리조트는
가족 여행객에게 인기가 좋다.

호주 퀸즐랜드 주로 여행을 계획한다면 동부 해안을 따라 이어지는 섬 여행을 빼놓을 수 없다. 많은 섬 중에서도 한국의 직항 비행기가 들어가는 브리즈번에서 가장 접근성이 좋고 아름다운 모튼 아일랜드(Moreton Island)는 퀸즐랜드 주 남동쪽에 위치한 모튼 베이(Moreton Bay)의 동쪽에 자리 잡고 있다. 섬의 95%가 국립공원으로 지정된 모튼 아일랜드는 북쪽에서부터 남쪽까지 37km 정도 이어지고 폭은 약 13km로 호주에서는 프레이저 아일랜드 다음으로 두 번째로 큰 모래섬이며 세계에서는 세 번째로 크다.

다양한 색깔을 지닌 모튼 아일랜드이기에 여행하는 방법도 다양하지만, 그중에서도 탕갈루마 리조트(Tangalooma Resort)를 빼놓을 수 없다. 섬의 서쪽에 위치한 탕갈루마는 1952년부터 1962년까지 퀸즐랜드의 유일한 포경 기지였다. 매년 혹등고래의 이동 시기에 하루 최대 11마리, 시즌에는 최고 600마리의 포경이 이루어졌으나 개체 수의 감소와 함께 더 이상 이루어지지 않고 폐쇄된 후 휴양지로 개발되어 1963년에 탕갈루마 리조트가 문을 열었다.

'탕갈루마'는 원주민어로 '물고기가 많이 모여드는 곳'이다. 그 말이 뜻하는 것처럼 지금도 돌고래, 고래와 같은 해양 동물 많이 접할 수 있고 수많은 물고기 덕분에 낚시꾼들이 사랑하는 곳이다. 특히 매일 밤 탕갈루마 리조트의 선착장으로 10마리 정도의 돌고래가 간식을 먹기 위해 찾아든다. 1990년대 초에 선

::Travel Tip **나의 모튼 아일랜드 여행은 어떤 스타일?** 모튼 아일랜드로의 여행은 브리즈번에서 출발하는 일일 투어를 이용하거나 탕갈루마 리조트에서의 숙박을 즐기며 여유롭게 여행하는 방법이 있다. 일일 투어는 모튼 아일랜드의 자연경관을 중점으로 여행하는 상품도 있고 탕갈루마 리조트에서의 모래 썰매 타기와 야생 돌고래 먹이 주기를 포함한 상품도 있기에 여행 스타일을 정하고 상품을 정하는 것이 좋다. 여유가 있다면 탕갈루마 리조트에서 숙박해도 좋다. 3성급 호텔, 5성급 부티크 아파트, 가족 여행객을 위한 로지와 홀리데이 하우스 등 선택의 폭이 넓지만 미리 예약해야 한다는 점은 잊지 말자.

착장 근처에서 가끔 먹이를 받아먹던 돌고래 한 마리의 수가 점점 늘어 현재는 10마리 정도의 돌고래가 꾸준히 선착장에 들어와 간식을 기다린다. 탕갈루마 리조트에 숙박하는 여행객이라면 전문가와 함께 야생 돌고래들에게 직접 먹이 주기를 체험할 수 있는데 자연의 신비를 바로 눈앞에서 보고 느낄 수 있는 특별한 경험이 될 것이다.

섬의 북쪽에 위치한 블루 라군(Blue Lagoon)은 꽤나 큰 호수로 파란 하늘과 맞닿아 더욱 푸르게 빛나며 그 주위를 둘러싼 야생화와 함께 한 폭의 그림을 이루고 있다. 그 주위를 날아오르는 많은 종의 새는 블루 라군으로의 산책을 더없이 즐겁게 해 준다. 근처에 위치한 케이프 모튼 등대(Cape Moreton Lighthouse)는 1857년 2월에 지어진 것으로 퀸즐랜드 주에서 가장 오래된 등대이기도 하다. 마운트 템피스트(Mount Tempest)는 해발 280m로 섬에서 가장 높은 포인트이기도 하지만 세계적으로도 가장 높고 안정적인 해안의 모래언덕이라 할 수 있다. 이곳에서 즐기는 모래 썰매는 짜릿하여 아드레날린이 솟구칠 정도이다. 물론 내려올 때의 짜릿함 뒤에는 다시 올라가야 한다는 절망감이 따라오기도 하지만 도전하지 못할 이유는 없다. 사륜구동 오토바이를 타고 마운트 템피스트를 둘러보는 것도 색다른 경험이 될 것이다.

탕갈루마 리조트 앞바다의 난파선은 모튼 아일랜드의 숨은 보석이다. 이 미스터리한 난파선은 바다 중간에서 형형색색을 뿜어내는 산호초의 화분 역할을 하는 동시에 산호초의 미생물을 먹고 사는 열대어의 집이 되고 있다. 탕갈루마 해변에서 즐기는 레포츠와 휴식은 그레이트 배리어 리프로 가지 못하는 여행객의 아쉬움을 충분히 달래 주고도 남는다.

열대어들의 안식처가 되고 있는 모튼 아일랜드의 난파선

084 퀸즐랜드 브리즈번

행운을 만날 것만 같은 낭만 도시
브리즈번

Brisbane

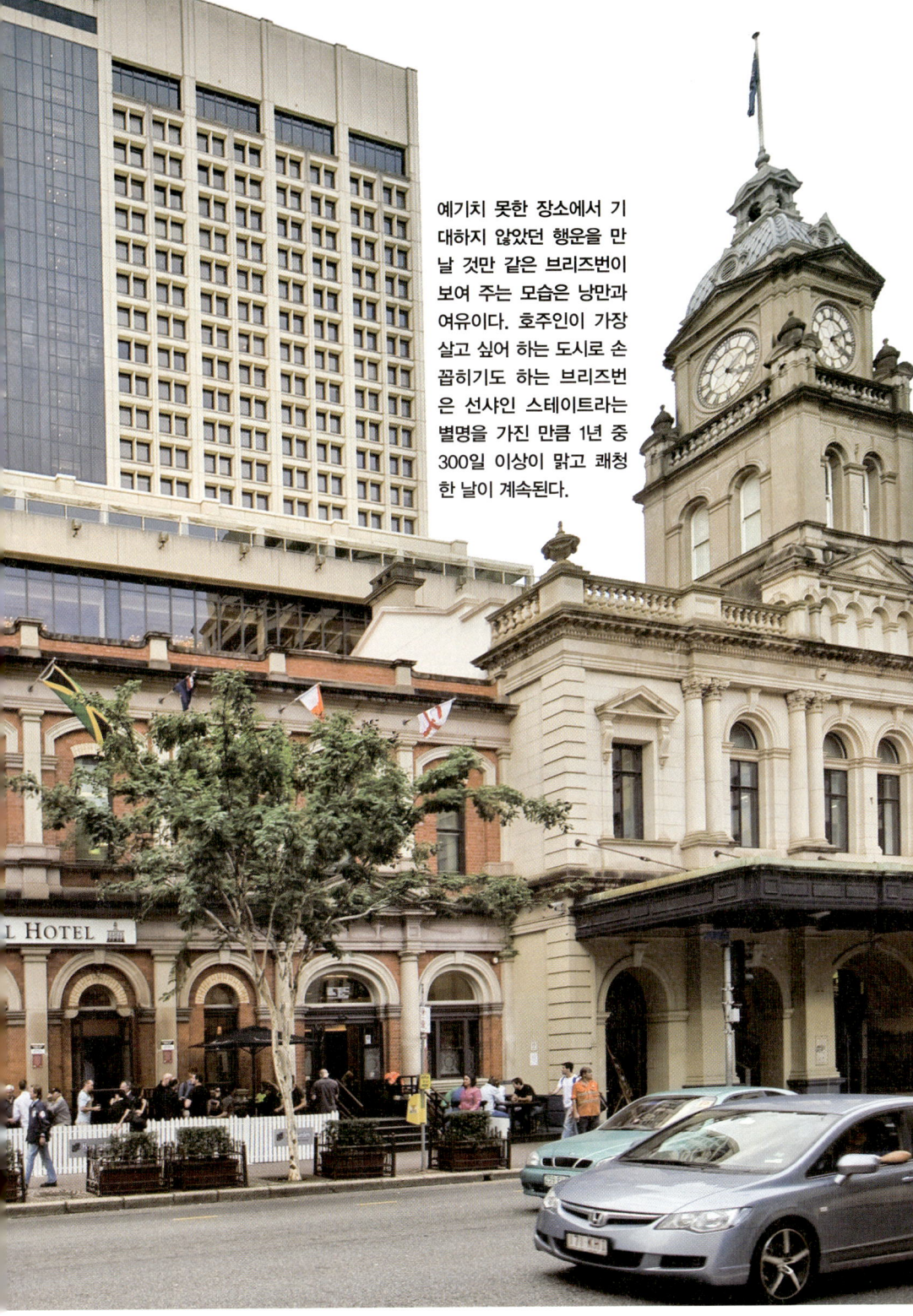

예기치 못한 장소에서 기대하지 않았던 행운을 만날 것만 같은 브리즈번이 보여 주는 모습은 낭만과 여유이다. 호주인이 가장 살고 싶어 하는 도시로 손꼽히기도 하는 브리즈번은 선샤인 스테이트라는 별명을 가진 만큼 1년 중 300일 이상이 맑고 쾌청한 날이 계속된다.

브리즈번을 더욱 즐겁게 여행하고자 한다면 눈을 크게 뜨고 퀸즐랜드의 상큼함과 따뜻함을 찾아볼 수 있는 조형물들을 찾아보는 것은 어떨까.

연중 쾌청한 날씨, 뜨거운 햇볕 아래 U 자형으로 유유히 흐르는 브리즈번 리버(Brisbane River), 강물 위를 날렵하게 미끄러지는 페리, 보드워크를 따라 경쾌하게 자전거 페달을 밟는 사람들. 예기치 못한 장소에서 기대하지 않았던 행운을 만날 것만 같은 브리즈번(Brisbane)이 보여 주는 모습은 낭만과 여유이다. 드넓은 대륙인 호주는 해안가를 따라 도시가 발달했는데 그중 브리즈번은 뉴 사우스 웨일스 주의 시드니, 빅토리아 주의 멜버른 다음으로 큰 도시이고 퀸즐랜드 주의 주도이기도 하다.

호주인이 가장 살고 싶어 하는 도시로 손꼽히기도 하는 브리즈번은 선샤인 스테이트(Sunshine State)라는 별명을 가진 만큼 1년 중 300일 이상이 맑고 쾌청한 날이 계속된다. 그래서인지 몰라도 브리즈번의 주민은 다른 지역 사람들보다 훨씬 더 활달하고 친절하며 쾌활하다. 한국인에 비하면 아주 여유로워 보일지 모르는 시드니 사람들이지만, 브리즈번 사람들에게 시드니 사람들은 항상 바쁘고 무언가에 쫓기듯 살아가는 것처럼 보인다고 한다. 어떤 상황에서도 낙천적이고 늘 여유로운 인생을 즐기는 것이 브리즈번 사람들의 성향으로 과장된 것일지도 모르지만, 브리즈번 시내에서 만나는 그들은 바쁜 것 같으면서도 한껏 여유를 즐기고 있다.

한강을 중심으로 강북과 강남으로 나뉘는 서울과 비슷하게 브리즈번은 U 자형으로 흐르는 브리즈번 리버를 중심으로 강북은 상업 활동의 중심인 중앙 업무 지구(Central Business District, CBD)로, 강남은 퀸즐랜드 박물관과 미술관, 모던 아트 갤러리, 사우스 뱅크 파크랜드 등이 있는 사우스 브리즈번(South Brisbane)

::Travel Tip **브리즈번의 재미난 거리명** 브리즈번 시내의 거리명은 남자와 여자의 이름으로 구분되어 있다. 동서로 연결된 거리는 엘리자베스, 퀸, 메리, 마가렛, 앨리스 등 여자 이름이고 남북으로 이어진 거리는 조지, 알버트, 에드워드 등의 남자 이름이다. 따라서 이 팁만 기억한다면 길을 찾을 때도 조금은 수월하다는 사실.

으로 나뉜다. 중앙 업무 지구의 가장 중심지는 보행자 전용 거리인 퀸 스트리트 몰(Queen Street Mall). 800m가량 이어지는 거리의 양쪽에는 호주 대표 대형 백화점인 마이어를 비롯해 브리즈번 아케이드(Brisbane Arcade), 브리즈번 스퀘어(Brisbane Square), 브로드웨이 온 더 몰(Broadway on the Mall), 퀸스 플라자(Queens Plaza) 등 크고 작은 쇼핑몰이 몰려 있고 노천카페와 다양한 레스토랑이 현지인뿐 아니라 여행자의 발걸음을 멈추게 한다. 세계 각국에서 모여든 여행자들로 활기가 넘치는 퀸 스트리트 몰에서는 다양한 길거리 공연과 이벤트도 볼 수 있어 맛과 멋, 흥, 낭만까지 함께하는 시간을 보낼 수 있다.

또한, 퀸 스트리트 몰 중심에는 새롭게 개장한 인포메이션 센터가 언제나 여행객들을 반기고 있어 브리즈번 시내와 주변의 숙소, 명소, 여행사, 맛집 등의 다양한 정보를 제공한다. 직원들의 친절한 서비스는 물론이거니와 터치스크린을 이용한 예약 시스템도 여행의 편리함을 더해 주니 여행객 입장에선 가장 먼저 가 보아야 할 곳이기도 하다.

브리즈번 리버를 따라 형성된 퀸즐랜드의 주도 브리즈번

085 퀸즐랜드 사우스 브리즈번

시내에서 즐기는 문화와 예술,
그리고 휴양 **사우스 브리즈번**

South Brisbane

브리즈번 리버를 중심으로 강북과 강남으로 나뉘는데 강남은 퀸즐랜드 박물관, 미술관, 파크랜드 등이 있는 사우스 브리즈번으로 불린다. 특히 사우스 뱅크의 파크랜드는 도심 속 최고의 공원으로 아이러니하지만 너무나 잘 어울리는 인공 해변을 만날 수 있다.

퀸즐랜드 박물관, 문화센터, 아트 갤러리 등이 위치한 사우스 브리즈번은 퀸즐랜드 문화, 예술의 상징이라 할 수 있다.

브리즈번의 강북인 중앙 업무 지구에서 강남의 사우스 브리즈번(South Brisbane)으로 들어서는 길은 퀸 스트리트(Queen Street)와 윌리엄 스트리트(William Street) 사이에 위치한 트레저리 카지노 & 호텔(Treasury Casino & Hotel)에서 시작한다. 르네상스 양식의 오래된 빌딩은 약 45년의 공사 기간을 걸쳐 정부 기관 건물로 사용될 예정이었으나 호텔 체인 중 하나인 콘래드(Conrad) 그룹이 건물을 인수하면서 정부 기관과는 전혀 무관한 호텔 카지노가 되었다. 하지만 건물만큼은 다른 카지노에서 느낄 수 없는 건축학적 미학이 뛰어나 포토 포인트로 유명하며 카지노 외에도 고급스러운 객실과 레스토랑, 카페, 바가 함께 운영되고 있어 언제나 방문객으로 가득하다. 특히 1층에 위치한 레스토랑 더 랩 바 & 레스토랑(the Lab Bar & Restaurant)은 2003년부터 연속 4년 동안이나 브리즈번 최고의 레스토랑으로 선정된 곳이니 호텔과 카지노를 이용하지 않더라도 찾아보길 바란다. 건물 바로 맞은편의 브리즈번 스퀘어에는 재미난 조각품과 조형물이 전시되어 있어 포토 포인트로 사람들이 즐겨 찾고 브리즈번의 따뜻한 햇볕을 쐬며 커피 한 잔과 함께 브런치를 먹는 사람이 많아 여유로운 분위기를 연출한다.

트레저리 카지노와 브리즈번 스퀘어를 뒤로하고 빅토리아 브리지(Victoria Bridge)를 건너면 박물관, 아트 갤러리, 주립 도서관이 함께 있는 퀸즐랜드 문화센터(Queensland Cultural Centre)가 있다. 먼저 공룡 뼈대와 야생 동식물 모형을 비롯해 과학, 인류, 환경 등을 통하여 퀸즐랜드의 과거, 현재, 미래를 살펴볼 수 있는 퀸즐랜드 박물관(Queensland Museum)부터 둘러보자. 특별전을

::Travel Tip **브리즈번 리버 따라 사이클링** 사우스 브리즈번은 브리즈번 리버를 따라 자전거도로가 잘 정비되어 있어 자전거를 타는 재미가 남다르다. 아침 9시부터 어두워질 때까지 원하는 시간대를 선택해 자전거를 대여할 수 있으며 금액은 시간당 또는 하루와 이틀로 나뉜다. 대여하면 머무는 호텔에 자전거를 가져다주고 반납도 호텔에 할 수 있어 더욱 편안하게 이용할 수 있다.

제외하고는 무료로 관람할 수 있고 2층에는 간단하게 샌드위치나 샐러드로 요기할 수 있는 카페도 마련되어 있다. 퀸즐랜드 현대미술의 중심지로 불리는 아트 갤러리는 크게 두 군데로 나뉘는데 그중 퀸즐랜드 아트 갤러리(Queensland Art Gallery)는 호주 원주민과 유럽 미술가의 예술 작품을 상설 전시하고 모던 아트 갤러리(Modern Art Gallery)는 20~21세기 현대미술 위주의 전시를 기획하고 개최한다. 지난 2006년 12월에는 제5회 아시아 태평양 현대미술전을 개최하기도 했고 2008년 상반기까지 앤디 워홀전을 비롯한 여러 기획전이 열려 많은 인파가 몰리기도 했다.

브리즈번 리버를 따라 조금 더 내려가면 브리즈번 최고의 도심 공원인 사우스 뱅크 파크랜드(South Bank Parkland)를 만난다. 아이러니하지만 너무나 잘 어울리는 도심 속 인공 해변에서는 수영복 차림으로 태닝을 즐기는 사람, 여유를 즐기며 책을 읽고 낮잠을 자는 사람, 모래성을 쌓으며 물장난을 치는 아이들로 붐벼 실제 해변을 방불케 한다. 친구나 가족과 함께 즐기는 바비큐는 사우스 뱅크 파크랜드의 또 다른 묘미이며 그 외에도 산책로를 따라 걷거나 자전거를 타고 브리즈번 시내를 감상하는 것도 사우스 뱅크에서 느낄 수 특별함이다. 뒤쪽으로는 카페, 상점, 인포메이션 센터가 있는 스탠리 스트리트 플라자(Stanley Steet Plaza)가 있고 퀸즐랜드 해양 역사와 문화를 감상할 수 있는 퀸즐랜드 해양 박물관(Queensland Maritime Museum)이 위치하고 있다.

브리즈번 최고의 도시 공원 사우스 뱅크 파크랜드

096 퀸즐랜드 브리즈번 외곽

366 호주에서 꼭 가봐야 할 여행지 100

Outside of Brisbane

무언가 아쉬울 땐 바로
브리즈번 외곽으로

여유로운 브리즈번을 둘러보고 조금 심심한 느낌이 없지 않다면 과감하게 외곽으로 떠나 보자. 태양과 더위를 날려 줄 시원한 퀸즐랜드 주의 대표 맥주 포 엑스 공장, 보타닉 가든, 천문대, 고급 레스토랑, 론파인 코알라 보호구역이 그대를 반겨 줄 것이다.

코알라 병원이기도 한
론 파인 코알라 보호구역에서는
코알라를 직접 안아 보고 사진을
촬영하는 특별한 경험을 할 수 있다.

낭만이 가득하고 여유로움이 넘치는 브리즈번이지만 바쁘게 살아온 우리에게 브리즈번은 무언가 아쉬운 여행이 될 수도 있다. 그렇다면 주저하지 말고 브리즈번 외곽으로 눈을 돌려 보자. 브리즈번 시내에서 마운트 쿠사(Mount Coot-tha) 방향으로 밀턴 로드(Milton Road)를 따라 오르면 뜨거운 태양과 더위를 날려 줄 시원한 퀸즐랜드 주의 대표 맥주 포 엑스(XXXX) 공장이 위치하고 있다. 시내에서 걷기엔 좀 먼 거리지만, 기차를 이용할 경우 시내에서 약 5~10분 정도 소요된다. 직접 맥주 생산을 하면서 공장 견학과 시음을 함께할 수 있는 몇 안 되는 곳이며 공장의 내부 투어는 미리 예약해야 한다. 맥주 제조 과정을 볼 수 있는 건 물론이고 다양하게 즐길 수 있는 포 엑스의 여러 맥주 시음 덕에 입가에 절로 미소가 지어진다. 부드러우면서도 톡 쏘는 풍미가 일품인 포 엑스를 종류별로 맛보고 호주인이 즐겨 먹는 바비큐와 함께한다면 금상첨화.

브리즈번 강변에서 만나는 고급 주택

::Travel Tip **바비큐와 함께 맥주를** 포 엑스 공장 맥주 시음 투어는 주중에는 오전 11시부터 한 시간 간격으로 총 6회, 주말에는 3회만 진행된다. 수요일 저녁 2세션과 토요일 오전 10시 30분부터 진행되는 4세션에는 바비큐와 함께 즐길 수 있는 맥주 시음 투어도 진행되므로 식사와 함께하고 싶다면 요일을 잘 맞추어 예약하길.

맥주로 기분이 좋아지고 배까지 부르다면 브리즈번을 360도 파노라마로 감상할 수 있는 마운트 쿠사 전망대(Mount Coot-tha Lookout)로 이동해 보자. 브리즈번 시내에서 버스를 이용하면 약 30분 정도 소요되는 전망대는 굽이굽이 흐르는 브리즈번 리버와 시내, 사우스뱅크까지 내려다보인다. 마운트 쿠사는 해발 270m의 나지막한 산이지만, 전망대 덕분에 현지인의 나들이 장소로 인기가 좋고 마운트 쿠사 보타닉 가든(Mount Coot-tha Botanic Garden)과 토마스 브리즈번 경 천문대(Sir Thomas Brisbane Planetarium)도 있다.

그래도 시간이 남았다면 노스 키(North Quay)에서 출발하는 페리를 타고 론 파인 코알라 보호구역(Lone Pine Koala Sanctuary)으로 가 보자. 론 파인 코알라 보호구역까지는 버스로도 이동할 수 있지만, 페리를 타고 이동하며 브리즈번 리버를 따라 지어진 부촌과 고급 주택을 감상하고 신비로운 뱅크시아 늪지대를 보는 재미도 쏠쏠하다. 넓은 부지의 론 파인 코알라 보호구역에는 코알라 이외에도 에뮤와 왈라비, 캥거루와 같은 호주 대표 동물들을 만날 수 있고 타즈매니안 데블(Tasmanian Devil)이나 많은 호주 대표 새도 만날 수 있다. 하지만 뭐니 뭐니 해도 이곳의 하이라이트는 코알라를 직접 안고 사진을 찍어 보는 것. 코알라는 생각보다 무겁고 조금 냄새가 나지만 잊지 못할 체험이 될 것이다.

브리즈번 시내와 사우스 브리즈번을 연결하는 빅토리아 브리지

087 퀸즐랜드 래밍턴 국립공원

동부 해안 중앙의 최대 아열대 보존지구
래밍턴 국립공원

Lamington

래밍턴 국립공원은 고대 숲이 주는 편안함과 힐링을 체험할 수 있는 곳이다. 퀸즐랜드 주에서 가장 사랑받는 공원이며 동부 해안 중앙의 아열대 보존지구로 1994년에 유네스코에서 지정한 세계자연유산에 등재되어 있기도 하다.

브리즈번이 해안 도시가 주는 넉넉함과 여유로움을 대표한다면 브리즈번에서 약 100km 내륙으로 들어간 곳에 위치한 래밍턴 국립공원(Lamington National Park)은 고대 숲이 주는 편안함을 느낄 수 있는 곳이다. 넓이만 해도 약 200㎢에 달하는 래밍턴 국립공원은 퀸즐랜드에서 가장 사랑받는 공원이기도 하며 동부 해안 중앙의 아열대 보존지구로 1994년에 유네스코에서 지정한 세계자연유산에 등재되어 있기도 하다. 뉴 사우스 웨일스 주의 보더 레인지 국립공원(Border Ranges National Park)과 접해 있어 두 주의 경계선 역할을 하기도 한다. 래밍턴 국립공원의 가장 큰 매력은 고대의 나무들이 만든 울창한 숲이다. 가장 오래된 나무의 수령은 5,000년이 넘었다고 한다.

2,300만 년 전에 있었던 트위드 화산(Tweed Volcano) 폭발 이후 형성된 산봉우리와 그 사이를 흐르는 폭포는 자연이 만들어 낸 한 폭의 그림과도 같다. 블랙 캐니언(Black Canyon) 꼭대기에서부터 시작되는 라이트닝 폭포(Lightening Falls)와 선더 폭포(Thunder Falls)는 아름다운 계곡을 형성했지만, 그곳까지 직접 가기엔 어려워 더욱 사람의 손길이 닿지 않고 보존되고 있다. 스펙터클한 경관을 자랑하는 엘라바나 폭포(Elabana Falls)는 래밍턴 국립공원을 대표하는 아이콘으로 사진엽서에도 종종 등장한다. 낮은 바위를 층층이 쌓아 만든 계단 같은 러닝 크릭(Running Creek)에서는 계단 위에서 수도관이 터진 것처럼 시원하게 떨어지는 물줄기의 움직임을 관찰할 수 있고 공원에서 가장 멋진 장관을 이루는 쿠메라 폭포(Coomera Falls)는 쿠메라 트레킹 코스를 따라가야 만날 수 있다.

트레킹 코스는 다양하며 변덕스러운 날씨 때문에 우비를 챙기는 것이 좋다. 해발이 높은 산으로 이뤄져 등반하기 편한 신발과 선글라스, 선크림, 모자도 필수로 준비하자. 트레킹을 하다 보면 만나는 아름다운 계곡에 금방이라도 뛰어들고 싶겠지만 계곡에서의 수영은 안전과 자연보호의 이유로 금지되고 있다.

또한, 조류 보호구역으로도 지정되어 있기 때문에 멸종 위기에 처한 앵무새(Coxen's Fig Parrot)와 수염솔새(Eastern Bristlebird), 금조(Albert's Lyrebird)와 같은 약 150종이 넘는 새를 만나 볼 수 있고 평소에 잘 볼 수 없는 파충류도 찾아볼 수 있다. 하지만 그만큼 제한도 따른다. 야생동물에게 먹을 것은 절대 줄 수 없으며 자연 그대로의 상태로 보존될 수 있게 놔둬야 한다.

::**Travel Tip** 오레일리의 게스트 하우스 래밍턴 국립공원에는 지난 100년이 넘도록 래밍턴 국립공원의 아름다움을 좀 더 편하고 쉽게 감상할 수 있도록 숙소, 식사, 스파 등과 함께 다양한 체험을 할 수 있는 오레일리의 게스트 하우스(O'Reilly's Guest House)가 영업하고 있다. 로지 룸에서부터 고급스러운 2, 3베드 빌라까지 갖춘 곳으로 전문적인 지식을 가지고 오랜 세월 가족 비즈니스를 유지하고 있으며 래밍턴 국립공원을 지키고 보존하면서 발전시키고 있다.

몸과 마음이 정화되는
래밍턴 국립공원의 일몰과
5,000년이 넘은 울창한 숲이
마련해 주는 힐링 타임

끝없이 펼쳐진 황금빛 해변
골드 코스트

Gold Coast

긴 해변과 해안 도로를 갖춘 골드 코스트는 셔터만 눌러도 그림엽서가 되는 곳으로 골드 코스트의 메인 비치뿐만 아니라 서퍼스 파라다이스, 브로드비치도 현지인과 여행객에게 인기가 좋다.

끝없이 이어지는 황금빛 해변을 즐기는 또 다른 방법은 바로 요트 세일링이지만, 무리라면 사우스 포트 마리나에서 요트들을 감상하는 것만으로도 충분히 기분이 좋아진다.

브리즈번에서 약 94km 남동쪽에 떨어진 황금빛 해변. 걸어도 걸어도 끝이 보이지 않고 차를 타고 드라이빙을 즐기기에 더욱 안성맞춤인 골드 코스트(Gold Coast)는 약 57km에 이르는 해변이 울렁이는 파도와 함께 장관을 이루고 해변 반대쪽은 고층 빌딩이 줄지어 있어 하와이의 와이키키 해변처럼 셔터만 누르면 그림엽서가 된다. 가장 북쪽의 사우스 스트라드브로크 아일랜드(South Stradbroke Island)에서부터 남쪽의 프로기즈 비치(Froggy's Beach)까지 그 어느 곳 하나 빼놓을 수 없을 만큼 아름답지만 그중에서도 메인 비치(Main Beach)와 서퍼스 파라다이스(Surfers Paradise), 브로드비치(Broadbeach)가 유명하다.

사우스포트(Southport)에 더욱 가까운 메인 비치는 넓고 조용한 데다 깨끗하여 고급 아파트와 호텔이 모여 있는 곳으로 신혼부부나 경비가 넉넉한 가족 여행객에게 인기가 좋다. 특히 6성급 호텔로 세계 유명 패션 잡지의 화보 촬영지로도 유명한 팔라조 베르사체 호텔(Palazzo Versace Hotel)은 해변과 마주하며 시원하게 뻗은 호텔 수영장을 갖추고 있고 호텔을 들어가자마자 보이는 벽, 타일 바닥, 객실의 모든 소품, 직원의 유니폼 등을 모두 베르사체 제품으로 고급스럽게 꾸며 놓은 데다 조용하여 선호도가 높은 호텔이다. 이 모든 것을 체험하진 못하더라도 호텔 레스토랑 정도를 이용하는 것으로도 즐거운 경험이 될 것이다.

서퍼스 파라다이스는 이름에서도 알 수 있는 것처럼 서퍼들의 천국이다. 골드

::**Travel Tip** 스쿨리 시즌은 피해서 한국에 고등학생들이 치르는 수능이 있듯 호주에는 고등학생들이 대학 진학을 위한 HSC(Higher School Certificate)라는 시험을 치른다. 시험이 끝나고 합격 발표가 나기 전의 기간을 스쿨리스(Schoolies)라고 하는데, 호주에서 스쿨리는 하나의 행사로 자리 잡을 만큼 상당한 규모의 인원의 고등학생이 움직이는 여행 겸 파티라고 할 수 있다. 골드 코스트의 서퍼스 파라다이스는 학생이 가장 많이 찾는 지역 중 하나로 스쿨리 시즌인 11월 중순에서 12월 초 사이에는 어마어마한 인원이 숙소를 가득 메우고 밤을 잊은 파티로 해변이 시끌벅적하니 웬만하면 피하는 것이 좋다.

코스트의 중심이며 해변 휴양지로 5km에 걸친 해안선은 골드 코스트의 많은 해변 중에서도 가장 길다. 저렴한 백패커뿐 아니라 3, 4성급의 호텔과 리조트까지 다양한 숙소가 끝없이 펼쳐진 해변을 따라 늘어서 있어 선택의 폭이 넓다. 그래서 더욱 많은 여행객이 찾는 서퍼스 파라다이스에서는 여러 곳에서 서핑 스쿨을 오전과 오후로 나누어 강습하기도 한다. 강습에서 서프보드와 웨트슈트를 무제한으로 제공하기에 배우고 싶은 열정과 열린 마음만 있다면 언제든 도전해 볼 수 있다. 호주에서는 어린아이들도 쉽게 배우는 서핑이니 지레 겁부터 먹지 말고 가벼운 마음으로 도전해 보길 바란다.

이벤트의 메카인 브로드비치도 있다. 골드 코스트 컨벤션 센터(Gold Coast Convention and Exhibition Centre)에서는 일 년 내내 다양한 행사가 열려 세계 곳곳에서 많은 사람이 모여들며 오아시스 쇼핑센터(Oasis Shopping Centre)에서는 크고 작은 브랜드 상점들이 지나가는 이의 발걸음을 붙잡는다. 쥬피터스 호텔 & 카지노(Jupiters Hotel & Casino)에서는 항상 즐거운 이벤트가 열리고 특히 블루스 온 브로드비치 뮤직 페스티벌(Blues on Broadbeach Music Festival)과 브로드비치 재즈 페스티벌(Broadbeach Jazz Festival) 같은 공연과 행사를 주최하고 있어 항상 활기가 넘친다.

6성급 호텔과 조용한 해변으로 잘 알려진 메인 비치

089 퀸즐랜드 골드 코스트의 낮과 밤

열정 가득한 젊은이여, 함께 즐겨라 골드 코스트의 낮과 밤을!
Day and Night of Gold Coast

골드 코스트에서 카빌 에비뉴와 오키드 에비뉴만 알아도 낮과 밤은 쉴 새 없이 바쁘다. 지칠 만큼 쇼핑해도 쇼핑할 거리는 가득하고 하드 록 카페를 비롯한 노천카페와 맛집이 즐비한 곳이다. 해가 진 후엔 클럽 거리인 카빌 몰로 발길을 돌려 보자.

쇼핑하다 지치면 여기저기 놓인 서프보드 모양의 벤치에서 **한숨 돌리거나** 맛집으로 선정된 노천카페와 레스토랑에서 체력을 보충하는 것도 좋다.

눈부신 태양, 끝없이 펼쳐진 해변, 시원하게 부서지는 파도, 바다를 수놓으며 서핑을 즐기고 있는 서퍼들을 보고 있으면 유유자적한 골드 코스트 해변에서의 시간은 끝이 없을 것 같지만, 해변에서만 시간을 보낸다면 골드 코스트의 앞면만 보고 뒷면은 보지 않은 것과 같다. 골드 코스트의 중심지인 서퍼스 파라다이스 해변의 반대편에는 호텔을 비롯한 고층 건물이 늘어서 있다. 에스플러네이드에는 서핑 상점을 시작으로 해변에서는 꼭 찾게 되는 아이스크림, 티셔츠, 수영복, 기념품 가게가 들어서 있다. 그중에서도 가장 중심은 에스플러네이드에서 오키드 에비뉴(Orchid Avenue)까지 이어지는 카빌 에비뉴(Cavill Avenue)로 차가 다니지 않는 보행자 전용 거리이다.

카빌 에비뉴와 오키드 에비뉴만 알아도 골드 코스트에서의 낮과 밤은 쉴 새 없이 바쁘다. 도로 양쪽으로 빼곡히 들어선 쇼핑센터에는 호주 유명 브랜드와 소매점이 다양하게 들어서 있다. 쇼핑을 좋아하는 사람이라도 종일 시간을 보내고도 쇼핑할 거리가 남을 만큼 다양한 제품이 가득하다. 쇼핑하다 지치면 여기저기 놓인 서프보드 모양의 벤치에서 한숨 돌리거나 맛집으로 선정된 노천카페와 레스토랑에서 체력을 보충하는 것도 좋다. 카빌 에비뉴 중심부에 자리 잡고 있는 세계적인 레스토랑 하드 록 카페에서는 록 밴드 스타들이 직접 사용했던 소품들을 구경하고 구매할 수도 있으며 시원한 맥주와 함께 맛있는 식사를 즐길 수 있다. 저렴하면서도 푸짐한 런치 스페셜을 원한다면 베이거스 인 파라다이스(Vegas in Paradise)에서 $10짜리 스테이크를 맛보는 것도 좋다.

맛집에서 배도 채웠고 쇼핑으로 피곤하니 숙소로 돌아간다고? 물론 숙소로 돌아가는 것도 좋다. 다만 이 글을 읽고 있는 그대가 20대의 끓는 열정을 가진 젊은이라면 잠깐의 휴식으로 체력을 충전시킨 뒤 꽃단장하여 해가 진 카빌 몰(Cavill Mall)로 가 보길 바란다. 낮보다 더 많은 사람으로 가득 찬 카빌 몰의 클럽 거리에는 깊어 가는 밤을 붙잡고 싶어 하는 젊은이가 가득하다. 가끔은 너무 긴 줄로 클럽에 입장하기 전부터 지치게 될지도 모르지만 세계 각국의 친구들과 즐거운 시간을 보내고 호주의 클럽 문화도 경험해 보면서 여행 속 잊지 못할 추억의 밤을 만들어 보는 것은 어떨까?

::Travel Tip **카빌 몰의 클럽 거리** 골드 코스트 카빌 몰의 클럽 거리는 호주뿐 아니라 골드 코스트를 여행하는 젊은 여행객에게 필수 코스로 알려져 있는 곳이다. 따라서 목, 금, 토요일의 밤은 클럽으로 들어가는 것 자체가 힘이 들 때가 있다. 또한, 한 군데만 들러 진득하게 노는 것보다 여러 클럽을 방문해 보는 것도 재미있는 경험이 될 것이다. 낮의 카빌 몰을 돌아다니다 보면 노점상에서 클럽 입장료와 드링크를 패키지로 묶은 클럽 티켓을 판매하기도 하니 관심 있다면 눈여겨 찾아보길 바란다.

골드 코스트 하면 테마파크! 테마파크 하면 어린이나 즐기는 것 아니냐고? 팔짱을 풀고 다양한 어트랙션에 몸을 맡겨 보자. 그러다 보면 어느새 일상의 근심은 다른 세상 이야기가 되어 있을 것이다.

골드 코스트 여행에서 테마파크를 빼놓는다면 치즈 없는 피자를 먹는 셈. 아름다운 해변에서 휴양하는 것도 좋고 쇼핑을 즐기며 맛있는 음식으로 여행을 채워 가도 좋지만, 즐겁고 짜릿한 놀이기구와 다양한 이벤트가 펼쳐지는 테마파크에서 여행의 부족함을 채워 보는 것은 어떨까?

남반구의 할리우드라 불리는 무비 월드(Movie World)는 미국의 그것보다는 허술하고 일본의 그것에 비하면 평범하다고 할 수 있지만 전체가 영화 세트장처럼 꾸며져 있기에 골드 코스트의 테마파크 중에서도 가장 인기가 좋은 곳이다. 매표소에서 표를 구매하면서 무비 월드의 지도와 함께 각종 공연의 시간표도 꼭 챙기자. 워너 브라더스를 대표하는 캐릭터의 퍼레이드는 빼놓을 수 없는 재미이며 영화 세트장에서 진행되는 스턴트맨의 드라이빙은 손에 땀을 쥐게 한다.

그나마 시내에서 가까운 시 월드(Sea World)는 해양 생물을 만날 수 있는 특별한 곳이다. 세계에서 두 번째로 큰 킹 펭귄에서부터 가장 작다는 페어리 펭귄까지 만날 수 있으며 샤크 베이(Shark bay)에서는 다양한 종류의 상어에게 먹이 주는 모습을 직접 구경할 수 있다. 북극곰 쇼어(Polar Bear Shores)는 호주에서 유일하게 북극곰들이 먹고 자고 노는 모습을 관찰할 수 있는 곳이며 새끼 돌고래 수영장(Dolphin Nursery Pool)도 갖추고 있다. 그뿐 아니라 수상스키 쇼, 돌

짜릿함의 극치를 보여 주는 드림월드의 싸이클론

놀이기구와 키즈 월드, 동물원까지 갖춘 드림월드에서는 일석삼조를 즐길 수 있다.

고래 쇼, 물개 쇼 등의 다양한 쇼를 즐길 수 있으며 대형 수영장에서 슬라이드를 타며 물놀이를 즐기거나 해적선 탐험, 바이킹 등의 놀이기구도 탈 수 있다. 어린이들이 사랑하는 스폰지밥과 도라 캐릭터의 퍼레이드도 볼 수 있다. 특히 시 월드에서 출발하는 헬리콥터 투어는 짧게는 5분에서 길게는 30분까지 여러 코스가 있는데 헬리콥터를 타고 끝없이 펼쳐진 골드 코스트 해안을 둘러보는 것도 색다른 경험이 될 것이다.

제대로 된 물놀이를 계획했다면 무비 월드도, 시 월드도 아닌 웨트앤와일드(Wet'n'Wild)로 가자. 무비월드 옆에 위치하고 있는 웨트앤와일드는 최고의 짜릿함을 자랑하는 카미카제(Kamikaze), 15m의 높은 플랫폼에서 40m에 이르는 긴 터널을 통해 하강하며 중간에 소용돌이를 만나는 토매이도(Tornado), 검은 튜브를 끝없이 통과해야 하는 블랙홀(Blackhole), 웨트앤와일드에서도 가장 길고 빠른 슬라이드인 마흐5(Mach 5) 등 물놀이와 관련된 10여 가지의 놀이기구가 있어 지루할 틈이 없다.

시간적인 여유가 없어 한 번에 많은 것을 보고, 타고, 체험하고자 한다면 드림월드(Dreamworld)가 제격이다. 테마파크 중에서도 가장 많은 놀이기구를 보유하고 있으며 다양한 종류의 롤러코스터와 시속 160km의 타워 오브 테러(Tower Of Terror), 기네스북에도 오른 세계에서 가장 높은 자이언트 드롭이 아드레날린을 불비시킨다. 짜릿한 놀이기구 외에도 호주 어린이의 우상 위글

::Travel Tip **스마트하게 티켓을 구매하자!** 대부분의 테마파크 티켓은 한국과 비슷하게 직접 가서 구매하는 것이 가장 비싸다. 물론 그것이 정가이긴 하지만 조금 더 저렴하게 구매하는 스마트한 여행자가 되는 것이 좋지 않을까? 한국인이 운영하는 여행사에서 좀 더 할인된 티켓을 구매할 수 있으며 직접 방문이 어렵다면 트래블 센터 홈페이지(www.travelcenter.co.kr)에서도 저렴한 티켓을 구매할 수 있다. 또한, 스카이포인트 전망대는 골드 코스트 시내에 위치하지만, 나머지는 모두 외곽에 위치하고 있으므로 교통편을 각각 따로 이용하여야 하며 한국과는 다르게 문 여는 시간이 정해져 있고 야간 개장이 없으므로 여행 일정을 짤 때 주의하자.

스(The Wiggles)를 내세운 위글스 월드에서 각종 놀이기구와 함께 다양한 액티비티를 즐길 수 있다. 놀이기구 외에도 새끼 호랑이들의 재롱을 보고, 먹이 주기 체험도 할 수 있는 타이거 아일랜드(Tiger Island), 무시무시한 악어와 호주 대표 동물인 캥거루에게 먹이 주기, 코알라 안아 보기 등을 할 수 있어 동물원에 따로 갈 필요가 없다. 특히 드림월드 옆에 위치한 화이트워터 월드(WhiteWater World)는 워너 브라더스의 웨트앤와일드에 비하면 규모가 작지만 드림월드와 화이트워터 월드를 함께 이용할 수 있는 1일 패스를 구매한다면 놀이기구와 동물원, 물놀이까지 일석삼조를 즐길 수 있다.

그 외에도 호주의 역사와 배경, 패션 등을 그대로 옮겨 호주식 전통 식사와 쇼를 함께 즐길 수 있는 오스트레일리안 아웃백 스펙터큘러(Australian Outback Spectacular)와 양털 깎기, 양몰이 쇼, 채찍질하기 등의 활동을 통해 옛 호주 농장을 간접적으로 체험해 볼 수 있는 파라다이스 컨트리(Paradise Country), 골드 코스트를 360도 조망할 수 있는 스카이포인트(SkyPoint)도 빼놓을 수 없다.

영화 속 주인공을 만날 수 있는 무비 월드

091 타즈매니아 호바트

호바트는 타즈매니아의 주도로 호주에서 가장 남쪽에 위치하고 있다. 금융과 행정의 소박한 도시로 알려져 있어 오히려 가볍게 둘러보기에 좋다. 여행의 마무리로 호바트의 화이트 와인을 해산물과 음미해 보자.

보물이 가득한 그곳,
타즈매니아의 주도
호바트

Hobart

호바트 시민들이 안식을 취할 수 있는
세인트 데이비드 공원의 분수

호주의 8개 주 중에서 가장 작지만 가장 독립되어 있고 울창한 자연, 풍부한 아름다움, 끝없이 이어지는 구릉지대와 목초지, 모든 걸 삼켜 버릴 만큼 시원한 바다, 특유의 야생동물 등 하나하나가 모두 보물인 타즈매니아(Tasmania)의 주도 호바트(Hobart)는 호주에서 가장 남쪽에 위치하고 있으며 시드니 다음으로 오래된 주도이기도 하다. 금융과 행정의 도시로 작지만, 반듯하게 지어진 건물들은 가벼운 발걸음으로 둘러보기에 충분하다. 항구와 거리의 야경이 여행자의 입소문을 타고 최근 유명해지기 시작한 곳이기도 하다.

자동차가 다니지 않는 보행자 전용 거리인 엘리자베스 스트리트(Elizabeth Street)의 엘리자베스 몰(Elizabeth Mall)은 호바트 시내의 가장 중심부로 대형 백화점과 쇼핑 아케이드가 곳곳에 들어서 있어 여행자에겐 여행의 시작점으로, 현지인에겐 쇼핑 데이에 꼭 들르는 곳으로 유명하다. 하지만 생각보다 일찍 문을 닫고 주말에는 아예 문을 열지 않는 곳도 있어 쇼핑하려면 개장 시간을 확인하는 것이 필수.

엘리자베스 몰을 뒤로하고 바닷가 방향으로 내려가다 보면 호바트 타운 홀을 지난다. 호바트 타운 홀 옆에서 타즈매니아 박물관 & 아트 갤러리(Tasmania Museum & Art Gallery)를 만날 수 있는데 규모가 크지 않지만, 타즈매니아의

::Travel Tip **박싱 데이엔 요트 대회를 즐기자** 호주의 박싱 데이(Boxing Day)인 12월 26일, 시드니에서 출발하는 시드니-호바트 요트 레이스(Sydney to Hobart Yacht Race)는 크루징 요트 클럽 오브 오스트레일리아(Cruising Yacht Club of Australia)가 개최하는 세계적인 이벤트. 약 1,170km를 종주하는 경기로 세계에서 가장 어려운 코스로 알려져 있지만, 모험심 강한 선장과 멋진 선원들이 아름다운 요트와 함께 여정을 꾸려나가는 영화 같은 경기이다. 현재 최고 기록은 'Wild Oats XI'가 2012년에 기록한 1일 18시간 23분 12초로 같은 요트가 2005년에 세운 기록을 경신한 것이다.

자연을 직접 체험할 수 있는 동식물 모형과 화석 등의 다양한 자료를 갖추고 있고 가이드 투어를 무료로 체험할 수 있다. 그 외에도 개척 시대의 미술품과 애버리진의 예술품도 찾아볼 수 있다.

이 모든 것을 뒤로하고 조금 더 바닷가 방향으로 내려가면 호바트의 항구인 빅토리아 독(Victoria Dock)과 컨스티튜션 독(Constitution Dock)을 만난다. 시드니 항구에 비해 규모는 작지만, 요트로 가득 차 있고 아기자기함과 함께 독특한 매력을 풍기는 이 항구들이 바로 진정한 호바트를 만날 수 있는 곳이라고나 할까? 부둣가를 따라 늘어선 건물 곳곳엔 작은 카페와 레스토랑이 들어서 있다. 섬이라고 하기엔 너무 큰 대륙인 호주의 본토에 비해 섬이라고 말할 수 있는 타즈매니아에서는 토착 음식과 신선하고 다양한 해산물이 미식가들의 입맛을 자극한다. 따뜻한 햇볕 아래 살랑살랑 불어오는 바닷바람을 맞으며 군침 돋는 타즈매니아산 해산물과 그에 어울리는 타즈매니아산 화이트 와인까지. 여행객뿐 아니라 퇴근 시간에 모여든 현지 직장인도 즐겨 찾는 환상적인 궁합! 한 번이라도 맛보고 느껴 본 이는 곧 호바트와 사랑에 빠지게 될지도 모른다.

호바트 시내의 가장 번화한 거리, 엘리자베스 몰

082 타즈매니아 살라망카 플레이스

독특한 즐거움이 있는 곳,
호바트의 명물 **살라망카 플레이스**

Salamanca Place

살라망카 플레이스는 타즈매니아의 호바트 항 남쪽에 위치하고 있다. 원래는 창고였던 건물이 분위기 좋은 카페와 레스토랑으로 변신했다. 매주 토요일에 열리는 살라망카 마켓은 300여 개의 노점상이 들어서는 호바트의 명물이다.

호주 식민지 시대의 분위기가
남아 있는 살라망카 플레이스는
항구를 따라 형성된 일종의
창고촌이었지만, 지금은 갤러리,
앤티크 상점, 카페로 변신하여
독특한 분위기를 풍긴다.

호바트 항의 남쪽에 위치하고 있는 프린세스 와프(Princes Wharf)를 보고 있노라면 마치 중세로 돌아간 것 같다. 사암으로 만들어진 건물들이 만들어 내는 아이보리, 노랑, 짙은 노랑의 등의 여러 색을 보고 있으면 검정 고깔모자를 쓴 마녀들이 살 것만 같지만, 실제론 햇볕 좋은 날 깊은 커피 향을 즐기는 노부부와 가슴 속까지 시원해지는 맥주를 들이켜는 노동자가 그 자리를 차지하고 있다. 1835년에 세워진 건물들은 고래잡이가 성행하던 시대에 세워진 창고들로 하나의 거리를 형성하며 지금의 살라망카 플레이스(Salamanca Place)를 이루었다. 현재는 카페, 펍, 레스토랑, 바가 자리 잡아 사람들을 맞이하고 있으며 예술품을 파는 갤러리나 공예품점, 기념품가게, 앤티크 상점도 들어서 있다.

매주 토요일 오전 8시부터 오후 3시 사이에는 살라망카 플레이스가 세계 곳곳에서 온 관광객과 현지인 덕분에 시끌벅적한 시간을 맞이한다. 바로 살라망카 마켓(Salamanca Market)이 열리기 때문이다. 1971년부터 시작된 살라망카 마

::**Travel Tip 배터리 포인트** 살라망카 플레이스를 등지고 좀 더 남쪽으로 들어가면 호바트에 처음으로 만들어진 주거지인 배터리 포인트(Battery Point)에 도착한다. 살라망카의 주택은 대부분 현대식으로 다시 지어져 고급 주택으로 바뀌었지만, 배터리 포인트에 아직 남아 있는 빅토리아 양식과 조지아 양식의 오래된 건물들은 나긋한 분위기를 형성하고 옛 모습을 상상할 수 있도록 한다.

켓은 처음에 12개의 노점상으로 시작하여 2010년에는 300개의 노점상이 들어선 호바트의 명물이 되었다. 다른 지역에서는 볼 수 없는 뭔가 다른 활기와 즐거움, 그리고 다양한 품목을 만날 수 있다. 짧은 시간에 많은 현지인과 관광객을 불러 모아 빠르게 성장한 곳으로 과거 살라망카 마켓에 노점상을 세우려면 전날부터 도착해 밤을 꼬박 새우거나 차 안에서 새우잠을 잘 수밖에 없었을 정도라고 하니 그 인기를 두말해 뭐할까.

또한, 살라망카 플레이스에는 1976년에 지어진 살라망카 아트 센터(Salamanca Arts Centre)가 있다. 살라망카 플레이스에 포함된 상가 중 하나로 옛 모습을 그대로 간직한 작은 상점이 들어서 있는데 일반 상점에서는 볼 수 없는 유니크한 공예품을 만날 수 있어 이를 찾는 단골이 주 고객을 이루고 피콕 극장(Peacock Theatre)과 롱 갤러리(Long Gallery), 사이드스페이스 갤러리(Sidespace Gallery)도 함께 운영되고 있다. 쇼핑에 지칠 때 즈음이면 살라망카 스퀘어(Salamanca Square)로 가자. 광장의 중심에 위치한 분수대에 앉아 잠깐의 휴식을 취하는 것도 좋고 분수대를 중심으로 들어선 작은 카페와 레스토랑에서 애프터눈 티와 디저트를 함께하는 것도 좋다. 달콤한 휴식 후에는 또다시 살라망카 마켓으로 돌아가 쇼핑을 즐기거나 살라망카 플레이스에서 멋진 저녁 식사를 하는 건 어떨까.

살라망카 플레이스 중심부에 숨겨진 살라망카 스퀘어

093 **타즈매니아** 마운트 웰링튼

마운트 웰링튼은 호바트에서 가장 높은 산으로 역사적, 환경적으로 중요한 상징성을 가진다. 또한, 정상은 호바트를 360도로 바라볼 수 있는 파노라마를 선물한다.

호바트 시민과 함께하는 **마운트 웰링튼**
Mount Wellington

겨울에는 자주 눈이 쌓이고 여름에도 가끔은 설산을 만날 수 있는 **마운트 웰링튼에 서식하고 있는** 다양한 생물은 낯설기도 하면서 반갑다. 바로 이 동식물들이 마운트 웰링튼을 오랜 세월을 버틸 수 있도록 한 **원동력이다.**

타즈매니아 주의 호바트가 항구도시인 만큼 한쪽으로는 시원한 바다가 펼쳐져 있지만, 등을 돌려 시야를 반대쪽으로 돌리면 높은 산이 우뚝 솟아 있다. 호바트에서 가장 높은 산인 마운트 웰링튼(Mount Wellington)이다. 호바트 현지인이 그냥 '산(The Mountain)'이라고 부를 만큼 친근하고 자주 오르는 곳이기도 하거니와 그만큼 호바트가 도시로 성장하는 데 있어서 역사적으로나 환경적으로 중요한 역할을 한 산이기도 하다.

과거 타즈매니아를 처음 발견했던 아벨 타즈만(Abel Tasman)은 마운트 웰링튼을 보지 못했다. 그 덕(?)에 마운트 웰링튼은 제 이름을 찾기까지 수난의 시간을 보낼 수밖에 없었다. 아벨 타즈만이 타즈매니아를 발견한 것이 1642년인데 그 뒤 18세기 후반까지 다른 유럽인들은 타즈매니아를 방문하지 않았고 1793년에 이르러서야 존 헤이즈 경 선장(Commodore John Hayes)이 더웬트 리버(Derwent River)에 도착하면서 마운트 웰링튼을 스키도(Skiddaw)라고 명했지만, 이름은 오래가지 못했다. 후에 테이블(Table)이라는 이름으로 오래 불리었지만, 1832년에 비로소 현재의 이름인 웰링튼으로 이름을 바꾸었다.

뾰족뾰족한 바위들로 둘러싸여 오르기 어려울 것 같았던 마운트 웰링튼에 실업률을 줄이기 위한 수단으로 착공된 길 공사로 호바트 주민이 활기를 찾기 시작하고 산 정상으로 오르기 위한 여러 개의 트레킹 코스가 만들어지면서 피크닉 장소로 이름을 알리기 시작했다. 겨울에는 자주 눈이 쌓이고 여름에도 가끔은 설산을 만날 수 있는 마운트 웰링튼에 서식하고 있는 다양한 생물은 낯설기도 하면서 반갑다. 바로 동식물이 마운트 웰링튼이 오랜 세월을 버틸 수 있도록 한 원동력이기도 하다.

산 입구에서부터 시작되는 구불구불한 산길은 관광버스도 올라갈 수 있도록 잘 닦여져 있어 관광객은 쉽게 오르지만, 대부분의 현지인은 자전거를 타고 오르거나 등반을 선택한다. 쉽다면 쉽고 힘들다면 힘든 이 코스의 마지막을 장식하는 정상은 호바트를 360도로 바라볼 수 있는 파노라마를 선물한다. 날이 좋은 날엔 저 멀리 타즈매니아보다 더 남단에 있는 작은 섬인 브루니 아일랜드(Bruny Island)까지 볼 수 있는데 한 포인트에서만 바라보지 말고 작은 산책로가 이어져 있는 여러 곳의 포인트에서 시원하게 펼쳐진 호바트를 만나 보길 바란다.

::Travel Tip **호바트의 안테나 마운트 웰링튼** 마운트 웰링튼은 호바트 시민뿐 아니라 라디오와 TV 방송국도 선호하는 산이다. 호바트에서 가장 높다는 이유도 있지만, 호바트 근처에서 마운트 웰링튼만큼 넓은 지역으로 문제없이 위성을 수송해 주는 곳이 없기 때문이다.

094 타즈매니아 포트 아서

슬프고도 아름다운 **포트 아서**
Port Arthur

포트 아서는 과거 죄수 유배지로 자유와 거리가 먼 곳이었지만, 지금은 누구든 쉽게 찾아갈 수 있다. 고요하고 아름답지만 힘든 죄수들의 고통을 느낄 수 있는 역사적인 장소이기도 하다.

조용히 흐르는 강물과 반듯한 잔디밭. 아름답고 고요한 포트 아서는 은근히 풍기는 으스스한 분위기가 한때 이곳이 죄수 유배지였다는 것을 느끼게 한다.

호주의 슬픈 모습이 가득 담긴 죄수 유배지 포트 아서(Port Arthur)는 타즈매니아 반도에 위치한 곳으로 주도인 호바트에서 남서쪽으로 약 60km 떨어져 있다. 지금은 고속도로로 연결되어 여행객이 찾기에 편리하게 되어 있지만, 과거 죄수 유배지의 역할을 할 때에는 죄수들이 탈출은 꿈도 꾸지 못할 곳으로 악명 높았다고 한다.

1830년에 목재 공장이 있었던 포트 아서는 1833년부터 1853년까지 영국의 악명 높은 죄수들의 마지막 유배지였고 분리된 교도소 체제를 수용한 곳으로 당시 다른 교도소에서 형벌로 이용되는 채찍질은 하지 않았지만, 심리적인 형벌이 무섭기로 유명했다. 예를 들어 수감자 중에서도 바른 생활을 유지한다면 풍부한 양의 음식과 함께 티와 커피 등을 넣어 주었고 그렇지 않다면 최소한의 목숨을 유지할 수 있게 빵과 물만을 주었던 것이다.

하지만 이보다 포트 아서가 더 무서운 이유는 자연적으로 형성된 감옥이라는 것 즉 탈출을 꿈꿀 수도 없었다는 것이다. 포트 아서가 있던 타즈만 반도 주위의 바다에는 상어가 우글우글했고 타즈매니아와도 떨어져 있어 수영으로 건너간다는 것은 상상할 수 없었다. 물론 탈출에 성공한 이도 있었다. 산적으로 잡혀 포트 아서에 갇힌 된 마틴 캐시(Martin Cash)가 옷을 머리에 인 채 두 명의 죄수와 바다를 건너 탈출에 성공하였지만, 나머지는 대부분은 실패로 끝났다. 따라서 대부분의 죄수는 포트 아서에서 죽음을 맞이할 수밖에 없었다. 포트 아

::Travel Tip **일일 투어로 즐기는 포트 아서** 포트 아서는 호바트에서 출발하는 크루즈 타고 도착해 히스토릭 사이트를 둘러보고 다시 코치를 이용하여 돌아오거나 조금 더 머물며 고스트 투어를 즐기는 것이 가장 일반적이나 따로따로 예약하는 것보다는 하나로 묶여진 일일 투어 상품을 이용하는 것이 경제적이고 이동에서도 더욱 편리하다.

서 안에 위치한 공동묘지인 사자의 섬(Isle of the Dead)에는 1,600기 이상의 무덤이 있는데 슬픔과 동시에 오싹함이 느껴진다.

교도소의 생활 중 대부분의 생활은 조선소에서의 노동이었고 고된 노동 때문에 몸과 마음이 병들어 가던 죄수들은 정신병에 걸리기도 했다. 이들을 위해 정신병원이 설립되기도 했지만, 죄수의 수가 감소되고 대부분이 죽어 결국 1877년에 이름을 카나본(Carnarvon)으로 바꾸고 교도소는 폐쇄되었다. 하지만 그 역사적 상징 덕분에 현재는 그때 그 모습 그대로 물레방아, 저수지, 수로관 등이 배치되어 있고 고딕 양식의 예배당과 수용실, 부엌, 세탁실 등을 볼 수 있도록 가이드 투어가 진행되고 있다. 3,000명의 어린 죄수를 수용했던 포인트 푸어 소년원(Point Puer Boys Prison)은 포트 아서 건너편에 위치하고 있고 특히 해 질 녘에 시작되는 고스트 투어는 유령을 만날 수도 있다고 하여 재미와 공포를 함께 느끼게 한다. 방문객에게 고요하고 아름다운 유적지의 모습과 함께 슬프고도 힘든 죄수들의 생활을 느낄 수 있게 하는 역사적인 장소이다.

좌 포트 아서 죄수 유배지 안의 병원 부지 **우** 독방 수용소로 가는 길

095 타즈매니아 프레이시넷 국립공원

프레이시넷 국립공원이 위치한 프레이시넷 반도는 타즈매니아 섬에서도 가장 따뜻한 곳이다. 산과 바다가 적절히 어우러진 프레이시넷 국립공원에서는 철저히 보호되고 있는 야생동물도 가끔 만날 수 있다.

우아하고 아름다운 여성미를 보여 주는
프레이시넷 국립공원

Freycinet National Park

하자드의 빨간 화강암. 아름다운 곡선이 만들어 내는 와인글라스 베이, 울퉁불퉁한 마운트 아모스가 만드는 조화는 자연이 만들어 낸 예술품이다.

호바트에서 출발해 동부 해안을 따라 북쪽으로 약 2시간 이상을 달려야 만나는 비체노(Bicheno)는 거친 바다와 잔잔한 바다가 공존하는 해안 마을이다. 한쪽에서는 매일 같이 마을로 향해 달려드는 파도가 세월을 넘고 바위를 뚫어 바위 사이로 분수처럼 솟아오르는 블로홀을 만들어 관광객들에게 장관을 선사하고 있다. 다른 한쪽에서는 높지 않은 파도로 서핑과 낚시를 즐기는 사람들의 모습을 볼 수 있다. 과거 금광이 발달함에 따라 멜버른으로 이주했던 유럽인들이 고래잡이가 한창일 때 비체노로 이주했고 현재 더 이상 고래잡이는 할 수 없지만, 여전히 어업이 주민의 주업으로 남아 있다.

약 1시간 정도 차를 타고 북동쪽으로 더 올라가면 프레이시넷 국립공원(Freycinet National Park)으로 들어가는 입구라 할 수 있는 스완지(Swansea)에 도착한다. 많은 이가 그냥 지나치기도 하는 곳이지만, 잔잔하게 부서지는 파도와 커피 한 잔의 여유를 즐기기엔 스완지만큼 좋은 곳도 없다. 스완지를 뒤로하고 만나는 프레이시넷 국립공원은 산과 바다가 적절히 어우러져 있고 멋진 정경과 함께 철저하게 보호되고 있는 야생동물도 가끔 만날 수 있는 곳이다. 프랑스의 탐험가 루이 드 프레이시넷(Louis De Freycinet)의 이름을 딴 프레이시넷 국립공원은 1916년에 국립공원으로 지정되어 타즈매니아에서 가장 오래된 국립공원이기도 하다.

::Travel Tip **당신이 프레이시넷을 즐기는 방법은?** 자가 차량이나 렌터카를 이용할 경우 대부분이 호바트 또는 론체스톤(Launceston)에서 출발하므로 비체노에서 1박을 하며 프레이시넷 국립공원과 와인글라스 베이를 둘러보는 것이 좋다. 본문에서도 언급한 것처럼 와인글라스 베이와 하자드를 보기 위해서는 마운트 아모스를 올라야 하므로 시간을 넉넉하게 잡는 것이 좋다. 만약 차량이 없다면 호바트 또는 론체스톤에서 출발해 2박 3일간 타즈매니아 동부 해안을 둘러보는 다국적 배낭여행 프로그램에 참여하여 프레이시넷 국립공원과 와인글라스 베이를 만나자.

프레이시넷 국립공원이 있는 프레이시넷 반도는 타즈매니아 섬에서도 가장 따뜻한 곳으로 짙은 청록빛에서부터 에메랄드빛까지 다양한 색깔을 동시에 보여 주는 바다를 만날 수 있다. 그중에서도 하이라이트는 와인글라스 베이 (Wineglass Bay)와 하자드(The Hazard). 와인글라스 베이는 약 1.5km 정도 이어진 해변으로 아름다운 곡선미를 가진 와인 잔과 같이 생겼다고 하여 붙여진 이름이다. 하지만 이곳으로 들어가는 교통편이 없고 마운트 아모스(Mount Amos)를 넘어야 하기에 와인글라스 베이를 만나는 길은 어렵기만 하다. 특히 마운트 아모스는 온통 바위로 뒤덮여 있어 등반하기에 힘들 수도 있지만, 산길을 걸으며 자연 그대로의 모습을 간직한 동식물을 만날 수 있고 정상에 올랐을 땐 충분한 보상이 따르니 절대 포기하지 말길.

새하얀 모래 해변과 푸른 청록빛의 바다가 요염하게 자리 잡은 와인글라스 베이는 보고 있는 그 자체로도 감탄을 자아내고 멀리 보이는 하자드의 빨간빛, 분홍빛 화강암은 바다와 함께 어우러져 여행으로 지친 몸을 위로하고 감성을 자극한다. 타즈매니아 동부 중 꼭 가 보아야 할 프레이시넷에서 당신이 상상하는 그 이상을 만나 보길 바란다.

마운트 아모스와 어우러지는 와인글라스 베이

096 **타즈매니아** 크레이들 마운틴-레이크 세인트 클레어 국립공원

*Cradle Mountain
—Lake Saint Clair*

타즈매니아 여행의 최고점을 찍어 줄 하이트라이트! 겹겹이 쌓인 바위로 이루어진 가파른 등반길의 크레이들 마운틴과 호주에서 가장 깊은 호수 세인트 클레어를 한꺼번에 만날 수 있는 곳이다.

타즈매니아 여행의 하이라이트
크레이들 마운틴-레이크 세인트 클레어 국립공원
National Park

크레이들 마운틴-레이크 세인트 클레어 국립공원은 넘어서지 못할 것 같은 마운트 오사에서 시작하는 오버랜드 트랙의 최종 코스로 유명하다.

호바트보다 론체스톤(Launceston) 또는 데본포트(Devonport)에서 더 가까운 크레이들 마운틴-레이크 세인트 클레어 국립공원(Cradle Mountain-Lake Saint Clair National Park)은 타즈매니아 여행의 최고점을 찍어줄 하이라이트라고 해도 과언이 아니다. 울창한 유칼립투스 숲, 시원하게 흐르는 계곡, 우렁찬 폭포, 타즈매니아 섬에서 가장 높은 마운트 오사(Mount Ossa)를 지나 맑고 깊은 호수까지. 걸으면 걸을수록 둘러보면 둘러볼수록 매력에 빠져들게 되는 공원은 호주에서도 유명한 오버랜드 트랙(Overland Track)이라는 트레킹 코스가 시작되고 끝나는 곳이기도 하다. 약 80km에 이르는 아름다운 오버랜드 트랙은 뉴질랜드의 밀퍼드 사운드 트랙과 비교될 정도로 힘들고 완주하는 데 약 5~6일 정도가 소요된다.

겹겹이 쌓인 바위들과 가파른 등반길로 유명한 크레이들 마운틴(Cradle Mountain)의 입구에는 캠핑과 트레킹을 즐기는 이들을 위한 리조트가 위치하고 있다. 친환경적으로 지어진 크레이들 마운틴 로지(Cradle Mountain Lodge)를 지나 시작되는 크레이들 마운틴으로의 등반을 레이크 도브(Lake Dove)가 맞이한다. 병풍처럼 펼쳐진 크레이들 마운틴 사이에 자리 잡은 레이크 도브는 크레이들 마운틴 정상에 가까워질수록 진가를 발휘한다. 작은 자갈에서부터 거대한 바위까지 다양한 돌이 곳곳에 숨어 있어 크레이들 마운틴으로의 등반을

::**Travel Tip** 지옥의 문을 지나 스트라한으로 크레이들 마운틴-레이크 세인트 클레어 국립공원에서 좀 더 남쪽에 위치한 스트라한(Strahan)은 해안가에 위치한 작은 마을. 아기자기한 유럽풍의 건물들과 선착장의 요트들이 넉넉함을 보여 주고 있지만, 배를 타고 스트라한으로 들어가는 입구는 지옥의 문(Hell's Gate)이라는 별명을 가지고 있다. 과거 죄수 유배지였던 호주에서 한번 발을 들이면 다시 돌아가지 못할 정도로 무시무시함을 자랑했다는 타즈매니아. 그중에서도 가장 힘들고 괴로워 탈출 시도가 가장 많았다는 스트라한. 그러나 실제로 탈출에 성공한 자는 한 명도 없다는 어두운 역사를 가지고 있는 곳이다.

더욱 힘들게 하지만, 정상에서 바라보는 스펙터클한 광경은 오르지 않은 이들은 알 수 없는 뿌듯함과 웅장함을 안겨 준다.

개인적으로 힘든 시간을 보내던 때에 방문한 크레이들 마운틴은 조금 더 넉넉하고 여유로운 나를 찾게 하여 준 곳이기도 하다. 산을 오르면 넘어질까, 미끄러질까 무서워서 앞, 뒤, 옆도 제대로 보지 못하고 걸어가던 예전의 나를 잊고 바로 코앞의 발 디딜 곳보다는 좀 더 먼 곳을 바라보고 탁 트인 시야를 가질 수 있도록 도와준, 자연치유를 실제로 느낄 수 있게 해 준 크레이들 마운틴은 요즘 흔히 말하는 힐링을 진정하게 느낄 수 있는 곳이 아닐까 한다.

오버랜드 트랙의 끝자락에 위치한 레이크 세인트 클레어(Lake Saint Clair)는 호주에서 가장 깊은 호수로 마치 10대 후반의 소녀 같다. 뉴질랜드에서 만날 수 있는 많은 호수 중 동부 해안에 위치한 레이크 테카포(Lake Tekapo)와 비슷하다고도 할 수 있다. 레이크 테카포는 흐린 날보다 맑은 날이 많은 반면 1분만 가만히 서 있어도 시시때때로 변하는 날씨가 변덕이 죽 끓는 것 같다는 10대 후반의 소녀를 떠올리게 한다. 시원한 바람 냄새, 비를 머금은 구름 냄새, 습기 가득 머금은 나무 냄새까지. 가슴속 깊이 자연의 공기를 들이쉴 수 있는 레이크 세인트 클레어의 매력은 직접 느껴 보지 않으면 제대로 알 수 없다.

웅장한 크레이들 마운틴으로의 첫걸음 레이크 도브

097 타즈매니아 **마운트 필드 국립공원**

유칼립투스가 만든 톨 트리 숲과
시원한 폭포를 만나는
마운트 필드 국립공원

Mount Field National Park

타즈매니아 서부에서 풍부한 숲을 만나고 싶다면 마운트 필드 국립공원으로 떠나자. 유 칼립투스 열대우림을 다양한 트레킹 코스로 즐길 수 있으며 코스 곳곳에서 평균 높이 40m를 넘는 톨 트리와 마주할 수 있다.

타즈매니아를 여행하는 방법은 여러 가지이다. 호바트나 다른 항구도시인 론체스톤 또는 데본포트에서 출발하는 일일 투어에 참여하거나 타즈매니아를 한 바퀴 다 돌아볼 수 있는 다국적 배낭여행 투어도 좋다. 하지만 그보다 더 여유롭고 깊숙이 타즈매니아를 둘러보고 싶다면 차량을 대여해 여행하는 것이 가장 좋다. 차량을 가지고 여행할 때 주도인 호바트에서 가까우면서 타즈매니아 서부의 풍부한 숲을 만나고 싶다면 주저하지 말고 마운트 필드 국립공원(Mount Field National Park)으로 가자.

호바트에서 북서쪽으로 약 64km 떨어져 있어 차량을 이용하면 1시간 40분 정도 걸리는 마운트 필드는 타즈매니아에 있는 많은 자연보호 지역 중에서 처음으로 지정된 곳이기도 하고 다양한 자연환경을 동시에 지니고 있어 타즈매니아에서 가장 인기가 있는 국립공원이기도 하다. 특히 2006년 배우 고소영이 '꽃의 요정'이라는 타이틀로 자연주의 화장품 브랜드의 광고를 촬영했던 곳이기도 한데 '열대림 속에 피어난 한 송이 꽃'이라는 테마를 너무나 잘 보여 준 세계의 마지막 원시림 마운트 필드 국립공원의 매력에 광고 제작진과 고소영 씨도 빠질 수밖에 없었다는 후문이 이어진다.

패디멜런과 같은 호주 야생동물의 서식지 마운트 필드 국립공원

살아 움직일 것 같은 키 큰 나무와 젖은 이끼가 또 다른 분위기를 풍기는 마운트 필드 국립공원에는 기본 4~50m가 넘는 톨 트리가 가득하다.

국립공원을 가득 메우고 있는 유칼립투스의 열대우림은 단거리, 중거리, 장거리로 나뉘어 있는 트레킹 코스를 체험하면서 더욱 가까이서 만나 볼 수 있다. 뉴질랜드를 배경으로 촬영한 영화「반지의 제왕」에 등장한 고목처럼 우람한 나무가 가득하고 살아 움직일 것같이 젖은 유칼립투스와 이끼가 만드는 숲 내음은 코끝을 자극한다. 트레킹 코스를 따라 조금만 들어가 보면 높이를 알 수 없을 것만 같은 톨 트리(Tall Tree)를 자주 보게 되는데 평균 높이 40m를 넘는 이 톨 트리 중에는 호주에서 가장 높고 세계에서 두 번째로 높은 톨 트리가 숨어 있으니 꼭 한번 찾아보자. 카메라에 한 번에 담기 어려운 엄청난 크기에 다시 한 번 더 놀랄 것이다.

톨 트리 숲에서 만나는 또 하나의 반가운 얼굴은 곳곳에서 볼 수 있는 야생동물. 캥거루와 왈라비, 왈라비 중에서도 작고 귀여운 패디멜런(Pademelon)도 있다. 패디멜런의 귀여운 얼굴과 눈도장을 찍으면 괜히 기분도 더 좋아진다. 숲 사이를 흐르는 작은 개울은 트레킹 코스를 더 깊은 산속으로 안내한다. 말굽 모양의 작은 폭포로 시원한 물줄기가 떨어지는 곳은 호스슈 폭포(Horseshoe Falls)이다. 소소한 재미를 안겨 주고 톨 트리 숲의 가장자리를 지키고 있는 러셀 폭포(Russell Falls)는 2억만 년 전 자연이 만들어 놓은 거대한 3단 케이크 모양으로 우렁차고 힘찬 남성미를 물씬 풍기고 있다.

::Travel Tip **마운트 필드에서의 스키 타기** 마운트 필드 국립공원은 아름다운 경관을 자랑할 뿐 아니라 겨울이 되면 하얀 눈으로 뒤덮이기 때문에 스키로도 유명하다. 활강 스키를 즐긴다면 레이크 돕슨(Lake Dobson) 위로 뻗은 스키장을 이용하는 것이 좋고 크로스 컨트리 스키장(Cross Country Skiing)은 조금 떨어진 곳에 위치하고 있지만 스키를 즐기기에는 괜찮은 시설이다.

세계에서 두 번째로 큰 소프트 톨 트리의 고향 마운트 필드 국립공원에는 말발굽 모양으로 떨어지는 물줄기에서 이름을 딴 호스슈 폭포가 있다.

중세의 도시 풍경과
때 묻지 않은 자연이 어우러진
론체스톤

Launceston

타마 리버의 물줄기가 시작 되는 곳인 론체스톤은 도보로 충분히 둘러볼 수 있는 소박한 도시이다. 시내 근처의 킹스 파크에서는 타마 리버 위를 유유히 떠 다니는 요트를 볼 수 있고, 크루즈를 타고 직접 타마 리버를 달릴 수도 있다.

타즈매니아의 두 번째 도시 론체스톤은 호바트 다음으로 오래된 도시로 지금도 식민지 시대의 건물들을 만날 수 있다. 타즈매니아의 과거와 현재를 두루 만날 수 있는 론체스톤의 매력에 빠져 보자.

타즈매니아의 북동쪽에 위치한 론체스톤(Launceston)은 주도인 호바트 다음으로 큰 도시로 타즈매니아의 물줄기인 타마 리버(Tamar River)가 시작되는 곳이다. 1806년에 유럽인들이 이주하면서 도시가 만들어지기 시작했으며 호주에서 시드니, 호바트 다음으로 오래된 도시이기에 중세의 모습을 간직하고 있으면서 자연의 아름다움을 함께 느낄 수 있는 특별한 곳이다. 호주의 대부분 도시가 그런 것처럼 영국의 도시 이름을 따 론체스톤이 되었다.

론체스톤을 즐기는 여러 가지 방법 중 하나는 오래된 것을 찾아가 보는 것이다. '호주에서 처음으로 시작된' 혹은 '호주에서 가장 오래된'이라는 별명을 가진 장소나 사건을 론체스톤에서 찾아볼 수 있는데 일상에 묻혀 잊힐 수도 있는 것이지만, 소소한 재미를 안겨 준다. 그중 첫 번째가 호주에서 처음으로 지하 하수관이 건설된 곳이다. 하수관이 만들어질 당시 시드니와 같은 다른 지역은 지상에 하수관이 건설되어 있어 보기에 흉물스럽고 냄새도 났다고 하니 론체스톤의 지하 하수관은 획기적이었다고 할 수 있지 않을까? 또한 호주에서 처음으로 수력으로 전기를 만들어 불을 밝힌 도시이기도 한데 이것만 보아도 호주에서 가장 청결하면서 자연친화적인 도시일 것만 같은 론체스톤은 도시 전체가 누군가에 손에 그려진 것만 같아 디자인 시티라는 별명도 있다.

론체스톤의 명물이라고 하는 퀸 빅토리아 박물관 & 아트 갤러리(Queen Victoria Museum & Art Gallery)는 호주의 수도인 캔버라에 있는 것을 제외하고는 호주에서 가장 큰 규모를 자랑한다. 이유인즉슨, 같은 이름으로 론체스톤 시내의 두 군데에 위치하고 있기 때문인데 한 곳은 로열 파크(Royal Park) 내

::Travel Tip **캐터랙트 협곡** 론체스톤까지 찾아왔다면 근교의 캐터랙트 협곡(Cataract Gorge)도 둘러보자. 멋진 계곡, 아름다운 호수, 시원한 수영장, 아기자기한 카페, 이 모든 것을 둘러볼 수 있는 리프트, 베이스 체어리프트까지 갖추고 있어 때 묻지 않은 자연의 모습을 여유롭게 감상할 수 있다.

에 위치하고 다른 한 곳은 노스 에스크 리버(North Esk River) 건너의 인버레스크(Inveresk)에 있다. 1891년에 설립된 이후로 다양한 컬렉션으로 많은 영국 여행객과 미국 여행객을 유치하는 데 한몫한 퀸 빅토리아 박물관 & 아트 갤러리에서는 식민지 시대의 미술 작품, 현대의 크래프트와 디자인, 타즈매니아의 역사와 자연, 과학과 관련된 자료를 만나 볼 수 있다.

론체스톤 도시 자체는 그리 크지 않기에 도보를 이용해 편안하게 둘러볼 수 있는데 찰스 스트리트(Charles Street)와 존 스트리트(John Street) 사이에 위치한 브리즈번 몰(Brisbanet Mall)이 가장 중심부이다. 작고 조용해 보이지만, 상점에서부터 여행사, 항공사, 쇼핑센터 등이 모여 있다. 길을 따라 킹스 파크(Kings Park) 쪽으로 내려가면 시원한 타마 리버와 그 위를 수놓는 멋진 요트들을 만날 수 있다. 또 다른 모습의 론체스톤을 만나고 싶다면 타마 리버와 그 뒤로 펼쳐지는 전경을 감상할 수 있는 크루즈를 이용해 보는 것도 좋고 킹스 파크에 앉아 여유로운 시간을 보내는 것도 괜찮다.

잔잔히 흐르는 타마 리버와 함께 한 폭의 그림 같은 캐터랙트 협곡

099 타즈매니아 데본포트

평화로운 항구도시
데본포트

Devonport

크루즈인 스프릿 오브 타즈매니아로 멜버른에서 저녁에 출발하면 아침 태양을 보며 데본포트에 도착할 수 있다. 어머니의 품처럼 따뜻함을 가진 데본포트의 멋진 전경을 보고 있노라면 답답한 가슴이 시원해진다.

::Travel Tip **스프릿 오브 타즈매니아** 멜버른과 타즈매니아 사이를 운항하는 스프릿 오브 타즈매니아는 여행하는 시즌과 선택하는 좌석 그리고 함께 싣는 차량이나 오토바이, 자전거 등에 따라 금액이 달라진다. 예약은 크게 까다롭지 않지만 여권 등 신분증에 대한 부분은 까다로울 수 있으니 유의하기 바란다. 체크인 시간이 항공보다 빠르다는 장점이 있다.

타즈매니아 대표 항구도시 데본포트는 영어로 'Cozy'란 말이 가장 잘 어울린다. 특히 시내 중심부인 루크 스트리트 몰에는 작지만 없는 것 빼곤 다 찾아볼 수 있다.

 호주 본토 남쪽의 아름다운 섬 타즈매니아로 가는 방법은 하늘길과 바닷길로 두 가지가 있다. 하늘길이야 대부분의 도시에서 국내선 항공이 운행되기에 이용하는 데 어려움이 없지만, 바닷길을 이용할 때는 멜버른에서 출발하여 타즈매니아의 데본포트(Devonport)로 들어가는 방법밖에 없다. 물론 나올 때도 마찬가지. 이때 이용하는 스프릿 오브 타즈매니아(Spirit of Tasmania) 크루즈는 천혜의 자연을 만날 수 있는 타즈매니아로의 문을 열어 주는 역할을 한이다. 스피릿 오브 타즈매니아는 멜버른에서 저녁에 출발하여 다음 날 아침에 데본포트에 도착한다. 저렴한 일반 의자 좌석, 바다를 바라보며 크루즈를 즐길 수 있는 바다 쪽 좌석, 편안하고 여유로운 시간을 보낼 수 있는 디럭스 캐빈 등의 좌석이 있으며 수영장, 레스토랑, 쇼핑센터까지 다양하게 마련되어 있다. 자전거, 오토바이, 일반 차량 등도 실을 수 있다.

아침의 태양이 떠오르면 타즈매니아의 데본포트가 우리를 반기고 있다. 거대한 대륙이면서 섬이기도 한 호주의 여러 곳에서 항구를 볼 수 있지만, 자식을 반기는 어머니의 품처럼 따뜻하면서도 평화로움을 느낄 수 있는 곳은 데본포트밖에 없는 것 같다. 도착하여 데본포트 시내로 향하다 보면 바다 쪽을 향해 높이 솟아 있는 데본포트 등대를 볼 수 있는데 빨간 줄무늬 옷을 입고 있는 등대 기둥의 둘레는 어른 8명이 둘러도 모자라다. 등대와 함께 시원한 바닷바람을 맞으며 멋진 장관을 자랑하는 데본포트 항을 바라보고 있노라면 답답한 가슴마저 시원해질 것 같다.

데본포트의 시내는 폼비 로드(Formby Road)와 루크 스트리트(Rooke Street)가 있는 루크 스트리트 몰(Rooke Street Mall)을 중심으로 이뤄져 있다. 작은 항구 도시이기에 대부분의 상점이 일찍 문을 닫지만, 영화관, 기념품 가게, 일반 상점, 호텔 등이 모여 있다. 시내 북쪽의 글로스터 에비뉴(Gloucester Avenue)에서는 데본포트의 과거와 현재를 볼 수 있고 여러 가지 배를 만날 수 있는 해양박물관(Devonport Maritime Museum)이 자리 잡고 있어 가 볼 만하다.

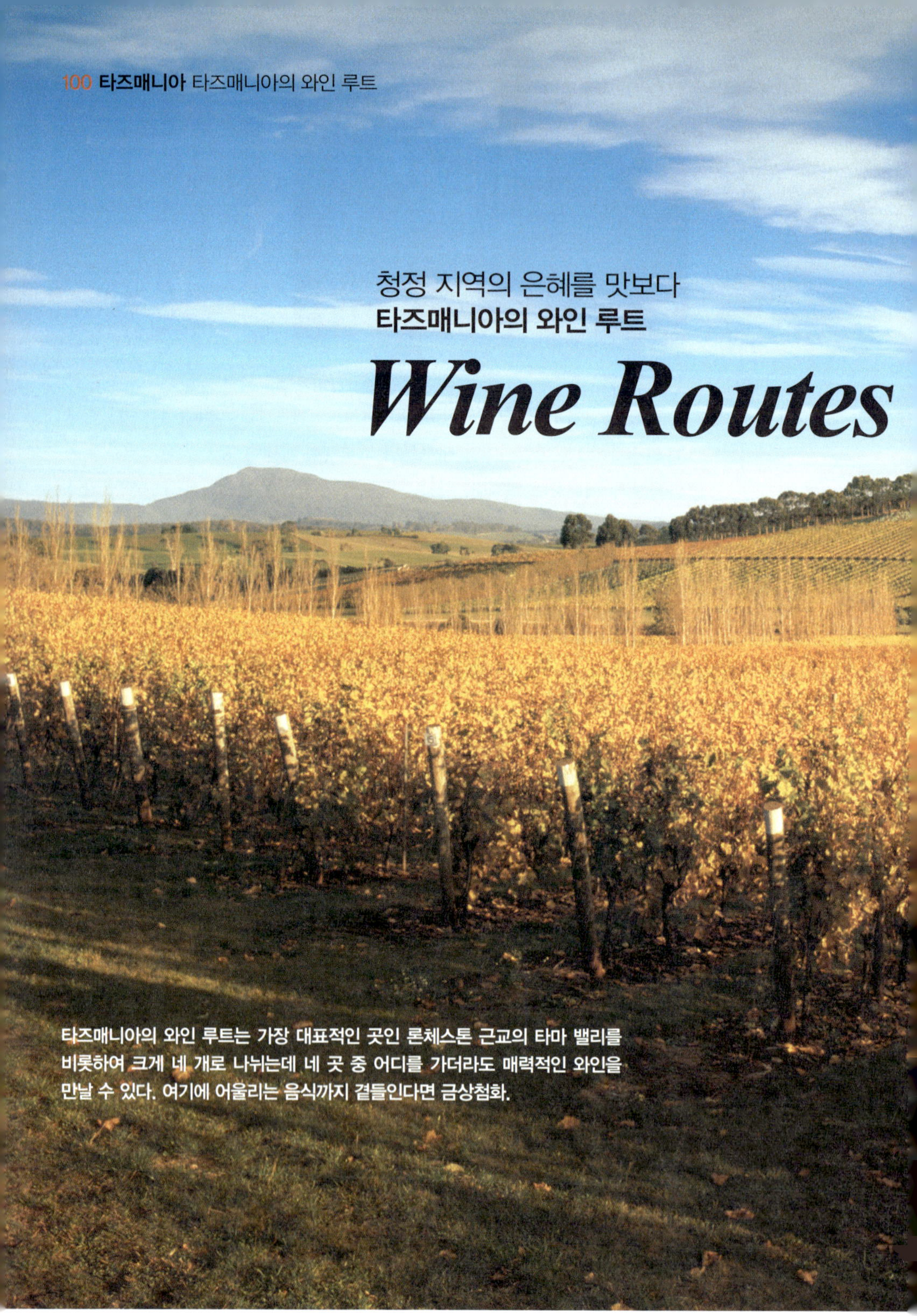

100 **타즈매니아** 타즈매니아의 와인 루트

청정 지역의 은혜를 맛보다
타즈매니아의 와인 루트

Wine Routes

타즈매니아의 와인 루트는 가장 대표적인 곳인 론체스톤 근교의 타마 밸리를 비롯하여 크게 네 개로 나뉘는데 네 곳 중 어디를 가더라도 매력적인 와인을 만날 수 있다. 여기에 어울리는 음식까지 곁들인다면 금상첨화.

at Tasmania

다양한 루트와 함께 다양한 와이너리를 만날 수 있는 타즈매니아 와인 루트의 가장 큰 즐거움은 와인과 어울리는 음식과 함께하는 것이다.

와인 신대륙의 강자로 떠오르는 호주. 뉴 사우스 웨일스 주의 헌터 밸리, 빅토리아 주의 야라 밸리, 사우스 오스트레일리아 주의 바로사 밸리, 웨스턴 오스트레일리아 주의 마가렛 리버까지 어느 곳 하나 빼놓을 수 없지만, 타즈매니아 주 또한 호주 와인에서 빼놓을 수 없는 지역이다. 타즈매니아가 가진 천혜의 자연과 알맞은 기후는 유럽의 유명한 와인 산지와 비슷하여 포도를 알맞게 영글게 하고 부드럽고도 풍부한 향을 지닌 와인을 탄생시킨다. 시원한 여름과 긴 가을이 만들어 내는 피노 누아, 리즐링, 샤도네이, 소비뇽 블랑(Sauvignon Blanc)과 피노 그리(Pinot Gris)는 타즈매니아에서 생산되는 대표적인 프리미엄 와인이다.

타즈매니아의 와인 루트는 크게 네 군데로 나뉜다. 가장 대표적인 곳이 바로 론체스톤 근교의 타마 밸리(Tamar Valley). 타즈매니아에서 가장 오래된 와인 지역이기도 한 타마 밸리에는 끝이 안 보이는 포도밭을 따라 약 30여 개가 넘는 와이너리가 위치하고 있다. 시장에서 신선한 과일과 치즈 등을 구해 타마 밸리에서 피크닉을 즐겨 보자. 아름다운 장관과 함께 소박하지만, 전통이 깊은 곳에서 다양한 와인을 만들며 그들이 각자가 가진 이야기와 함께 와인을 즐기고 있노라면 눈, 귀, 코, 입이 모두 행복한 비명을 지를지도 모른다.

호바트 근교의 서던 와인 루트(Southern Wine Route)는 타즈만 다리(Tasman Bridge)에서부터 시작해 코울 리버 밸리(Coal River Valley), 역사적인 리치먼드(Richmond), 언제나 과일로 풍작을 만끽하는 휴온 밸리(Huon Valley), 시원한 강바람이 매력적인 리버 더웬트의 더웬트 밸리(Derwent Valley)까지 이어

::**Travel Tip 빈속에 와인은 금물!** 와이너리를 방문하면 셀러나 소믈리에들이 꼭 하는 말이 있다. 와인을 마시기 전 빈속은 금물! 와인 테이스팅 후에는 많은 양의 물을 마시고, 입맛에 맞지 않거나 부담스럽다면 와인용 타구를 이용하자. 가이드 투어를 이용했다면 상관없지만, 직접 차량으로 와이너리를 방문했다면 운전할 사람을 따로 두는 것도 잊지 말자.

진다. 루트 중 어디로 가도 매력적이고 스타일리시한 와인을 만날 수 있다.

비체노와 프레이시넷 국립공원 근처에 자리 잡은 이스트 코스트 와인 루트(East Coast Wine Route)의 와이너리에서는 바닷바람을 맞은 포도들이 색다른 맛을 만들어 내는 특별한 경험을 즐길 수 있다. 체리와 여러 종류의 베리(Berry) 그리고 유기농 허브의 고향인 노스 웨스트 와인 루트(North West Wine Route)에서는 부티크 와인이 준비된 부티크 와이너리가 와인 애호가들을 기다리고 있다. 전시회와 공연을 진행하는 와이너리도 많으니 와인을 잘 즐기지 않는 사람도 방문해 볼 가치가 있지 않을까?

와인 시음뿐 아니라 각각의 와인과 곁들일 수 있는 음식과 함께하면 와인 여행은 더욱더 풍부해진다. 상큼하고 시원한 피노 그리는 해산물 샐러드, 풍부하고 부드러운 샤도네이는 연어 스테이크, 입안을 간지럽히며 도는 소비뇽 블랑은 신선한 굴과 함께 즐겨 보자. 지금 이 글을 읽으면서 입맛을 다시고 있다면 책을 덮자마자 바로 떠나도 무관하지 않을까?

낮은 언덕 꼭대기에 위치한 배링우드 파크 와이너리(Barringwood Park Winery)

앨리스와 함께하는 호주 여행의 진수

호주에서 꼭 가봐야 할 여행지 100

초판 1쇄 | 2013년 6월 20일
초판 2쇄 | 2014년 12월 12일

지은이 | 앨리스 리

발행인 겸 편집인 | 유철상
책임편집 | 손지영
디자인 | 서은주
교정·교열 | 손지영
마케팅 | 조종삼, 남유니
사진제공 | 호주관광청

펴낸 곳 | 상상출판
주소 | 서울시 동대문구 정릉천동로 58, 306호(용두동, 롯데캐슬피렌체)
구입·내용 문의 | 전화 070-8886-9892~3 팩스 02-963-9892
이메일 cs@esangsang.co.kr
등록 | 2009년 9월 22일(제305-2010-02호)
찍은곳 | 다라니

※ 가격은 뒤표지에 있습니다.

ISBN 978-89-94799-45-2(13980)

© 2013 앨리스 리

※ 이 책은 상상출판이 저작권자와 계약에 따라 발행한 것이므로
   본사의 서면 허락 없이는 어떠한 형태나 수단으로도 이용하지 못합니다.
※ 잘못된 책은 구입하신 곳에서 바꿔 드립니다.

www.esangsang.co.kr

국립중앙도서관 출판시도서목록(CIP)

호주에서 꼭 가봐야 할 여행지 100 / 지은이: 앨리스. ―
서울 : 상상출판, 2013
    p. ;   cm

ISBN 978-89-94799-45-2 13980 : ₩17000

해외 여행[海外旅行]
호주(국명)[濠洲]

986.202-KDC5
919.404-DDC21   CIP2013006880

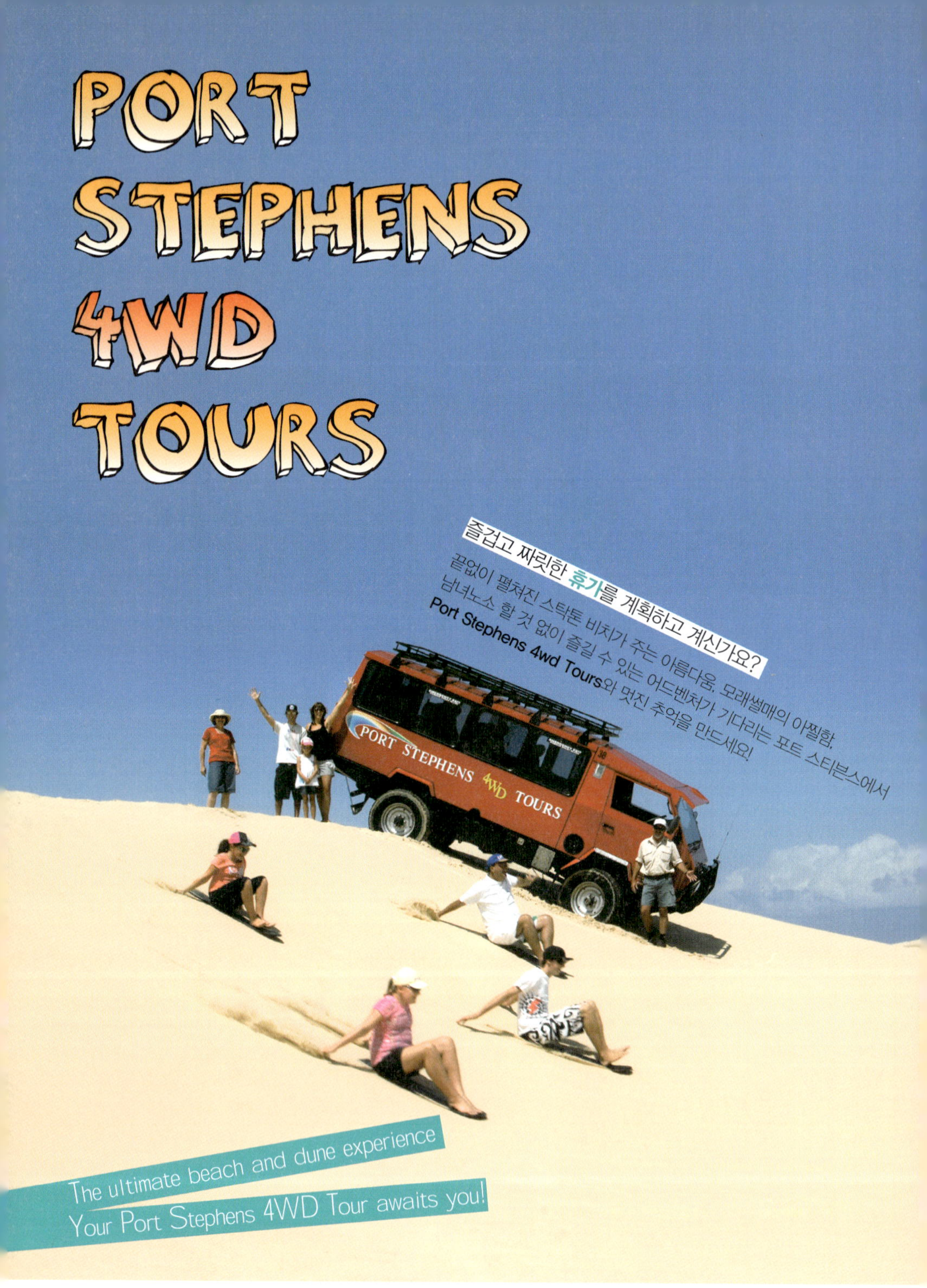

www.atelice.com
Tel. (61) 02-9267-5848   **Fax.** (61) 02-9267-5857   **Mobile.** 0403-716-676
Email. info@travelcenter.co.kr   **Address.** World Tower
Commercial Suite 1305 / 87-89 Liverpool St SYDNEY NSW 2000

Special Coupons

『호주에서 꼭 가봐야 할 여행지 100』 독자를 위한 특별 할인 쿠폰(토털 20만 원 상당)

Coupon

Sydney Tower Eye
URL. www.sydneytowereye.com.au
Tel. 트레블 센터 : (61) 02-9267-5848, 070-4042-9249

Sydney Aquarium
URL. www.sydneyaquarium.com.au
Tel. 트레블 센터 : (61) 02-9267-5848, 070-4042-9249

Wildlife Sydney
URL. www.wildlifesydney.com.au
Tel. 트레블 센터 : (61) 02-9267-5848, 070-4042-9249

Madame Tussauds
URL. www.madametussauds.com
Tel. 트레블 센터 : (61) 02-9267-5848, 070-4042-9249

Sydney Hop-on Hop-off Bus
URL. www.sydney.com.au
Tel. 트레블 센터 : (61) 02-9267-5848, 070-4042-9249

Captain Cook Cruises
URL. www.captaincook.com.au
Tel. 트레블 센터 : (61) 02-9267-5848, 070-4042-9249

Showboats
URL. www.sydneyshowboats.com.au
Tel. 트레블 센터 : (61) 02-9267-5848, 070-4042-9249

Opera House
URL. www.sydneyoperahouse.com
Tel. 트레블 센터 : (61) 02-9267-5848, 070-4042-9249

Ella Day Tour
URL. elladaytour.com
Tel. 트레블 센터 : (61) 02-9267-5848, 070-4042-9249

Eureka Skydeck 88
URL. www.eurekaskydeck.com.au
Tel. 트레블 센터 : (61) 02-9267-5848, 070-4042-9249

Movie World
URL. movieworld.com.au
Tel. 트레블 센터 : (61) 02-9267-5848, 070-4042-9249

Sea World
URL. seaworld.com.au
Tel. 트레블 센터 : (61) 02-9267-5848, 070-4042-9249

▶ 쿠폰 사용 시 본 쿠폰 소지자임을 미리 말씀해 주시고, 모든 문의는 트레블 센터로 해 주십시오.
▶ 본 쿠폰은 개인 관광객에 한하여 사용하실 수 있으며, 제휴사의 상황에 따라 사전 공지 없이 변경 및 중단될 수 있습니다.

Coupon

Special Coupons

「호주에서 꼭 가봐야 할 여행지 100」 독자를 위한 특별 할인 쿠폰(토털 20만 원 상당)

호주 대표 해양 생물을 만날 수 있는 수족관
시드니 아쿠아리움
30% D.C
· 1매당 2인까지 사용 가능

시드니 전경을 360도로 감상할 수 있는 전망대
시드니 타워 아이
15% D.C
· 1매당 2인까지 사용 가능

세계 유명인을 만나는 밀랍 인형 박물관
마담 투소
30% D.C
· 1매당 2인까지 사용 가능

도심 속의 동물원 와일드라이프 시드니
와일드라이프 시드니
30% D.C
· 1매당 2인까지 사용 가능

세계 3대 미항 시드니 항을 즐기는 특별한 방법
캡틴 쿡 크루즈
10% D.C
· 1매당 2인까지 사용 가능

시드니 시내와 시드니 동부 해안을 여행하는 알찬 방법
시드니 홉온 홉오프 버스
10% D.C
· 1매당 2인까지 사용 가능

한국인 가이드와 함께하는 오페라 하우스 내부 투어
오페라 하우스
10% D.C
· 1매당 2인까지 사용 가능

멋진 공연+맛있는 식사+시드니 항을 모두 즐기자
쇼보트
10% D.C
· 1매당 2인까지 사용 가능

멜버른 최고 높이의 전망대 유레카 스카이덱 88
유레카 스카이덱 88
15% D.C
· 1매당 2인까지 사용 가능

한국인 가이드와 함께하는 시드니 근교 일일 투어
앨라 데이 투어
10% D.C
· 1매당 2인까지 사용 가능

수상스키 쇼, 돌고래 쇼 등 다양한 쇼와 놀이기구
시 월드
20% D.C
· 1매당 2인까지 사용 가능

남반구의 할리우드 골드 코스트 최고 테마파크
무비 월드
20% D.C
· 1매당 2인까지 사용 가능

▶ 쿠폰 사용 시 본 쿠폰 소지자임을 미리 말씀해 주시고, 모든 문의는 트래블 센터로 해 주십시오.
▶ 본 쿠폰은 개인 관광객에 한하여 사용하실 수 있으며, 제휴사의 상황에 따라 사전 공지 없이 변경 및 중단될 수 있습니다.